Hubertus Brantzen
Lebenskultur des Priesters

Hubertus Brantzen

Lebenskultur des Priesters

Ideale – Enttäuschungen – Neuanfänge

Herder
Freiburg · Basel · Wien

Werner Krimm
zum 70. Geburtstag

Umschlaggestaltung: Finken & Bumiller, Stuttgart
Umschlagmotiv © KNA

Herstellung: Freiburger Graphische Betriebe
Gedruckt auf umweltfreundlichem,
säure- und chlorfrei gebleichtem Papier
ISBN 3-451-26381-5

Inhalt

2 Grundlegung

3 Menschliches

Noch ein Buch über Priester?
Einführung

... eine Frage, die sich aufdrängt im Blick auf die Vielzahl von Veröffentlichungen zu Problemen des priesterlichen Lebens heute. Theologische Reflexionen über das kirchliche Amt füllen ebenso ganze Bände wie spirituelle Überlegungen zum priesterlichen Dienst. In den letzten Jahren hat sich zudem ein eigenes Genus entwickelt, das man mit »Zölibatsliteratur« bezeichnen könnte. Hinzu kommen Diskussionen zu pastoral-praktischen Fragen wie Priestermangel, Gottesdienste ohne Priester und anderes mehr. Für den Bereich der Aus- und Weiterbildung kursieren Kompetenzlisten und Anforderungsprofile für den Priester von heute. Was man alles sein und haben muß, um Priester werden oder sein zu können, ist erstaunlich!

Was in die Diskussion gerät

Es war schon immer so: Was selbstverständlich ist, braucht man nicht zu reflektieren. Was jedem klar erscheint, muß nicht in Büchern klargestellt werden. Was dagegen in die Diskussion gerät, ist zuvor fragwürdig geworden. Bevor man beispielsweise im vierten Jahrhundert sogar auf Marktplätzen über die Gottheit Jesu diskutierte, mußte zuvor dieser Jesus von Nazaret ein echtes, für die Menschen lebens-relevantes Anliegen werden. Theologisch-theoretische »Sachfragen« allein bewegen noch nicht oder selten die Gemüter.

Wenn heutzutage ganze Talkshows zum Thema Priester und Zölibat bestritten werden, dann kann man erfreut feststellen: Kirche ist irgendwie interessant. Man diskutiert auf den Marktplätzen unserer Gesellschaft über die Amtsträger der Kirche. Zwar melden sich da oft Leute zu Wort, die mit Priestern wenig zu tun haben. Nicht selten werden Gehässigkeiten oder einfach Kirchenhetze verbreitet. Doch oft ist auch ernstes Suchen, manchmal bewunderndes Fragen zu spüren. In jedem Fall sind die Kirche und ihre Priester der Rede wert. Was wollen wir mehr?!

Neben diesem (eher) positiven Aspekt gibt es jedoch den nachdenklich stimmenden: Die gute Plazierung des Priesters in unserer Gesellschaft ist verlorengegangen. Nicht selten wird der Pfarrer in einer Reihe mit den Vorsitzenden der örtlichen Vereine gesehen. Er ist nichts Besonderes mehr. Selbst in unseren Gemeinden schleichen sich – bei aller Wertschätzung, die vielen Priestern nach wie vor entgegengebracht wird – Zweifel oder Vorwürfe ein. Hinter »Sein«, »Wesen« und Aufgabe des Priesters steht heute offenbar ein großes Fragezeichen. Besonders drängend ist dieses Fragezeichen, wenn es von Priestern selbst gesetzt wird: Wer bin ich eigentlich? Was soll ich? Wozu werde ich ernsthaft gebraucht? Wie passe ich überhaupt in diese heutige Welt hinein?

Doch das bekannte Wortspiel darf auch hier angewandt werden: Was fragwürdig geworden ist, ist einer Frage würdig. Die Priester sind es »bei Gott« wert und würdig, daß man sich Gedanken um sie macht.

Was dieses Buch will und was nicht

Dieses Buch möchte Überlegungen, Frag-würdiges zu den ganz konkreten Lebensvollzügen des Priesters, zu seiner »Lebenskultur« vorlegen. Die Überlegungen sind weder für eine TV-Talkshow noch für sonstige öffentliche Foren geeignet, sondern Gedanken, die dem einzelnen oder einem Gespräch in der kleinen Gruppe anempfohlen seien.

Dabei soll nicht alles wiederholt werden, was an theologisch Richtigem und Wichtigem bereits ausführlich gesagt ist, so etwa zur Theologie des Amtes, zum Wandel und zur Korrektur des Priesterbildes, zur theologisch-spirituellen Hinführung zum priesterlichen Dienst. Hier soll vielmehr das konkret vollzogene Leben des Priesters als Person und Beauftragter zur Sprache kommen.

Viele Priester sind es inzwischen leid, über die heutigen schwierigen Bedingungen für den Glauben und das Leben als Christ, zumal als Priester zu lamentieren. Sie haben keine Lust mehr, ewig in das Wehgeschrei über pastorale Probleme einzustimmen.

Dies ist auch der Standpunkt dieses Buches: Es will keine Probleme weg- und auch nicht schönreden. Vielmehr möchte es die Lebensbedingungen mit ihren erfreulichen und einengenden Seiten in Ruhe anschauen und durchdenken, um dann Wege aufzuzeigen, wie die Lebenssituationen positiv, zukunftsgerichtet und kreativ gestaltet werden können, und zwar mit der Überzeugung, daß Gottes Geist die Geschicke unseres eigenen Lebens und der Kirche fester in der Hand hält, als wir es je tun könnten.

Der Blick für das Ganze

In manchen Gesprächen und Diskussionen hat man den Eindruck, daß alle Probleme der Kirche mit einigen wenigen Änderungen zu beseitigen wären. Zu diesen geforderten Änderungen gehört z. B. auch die Abschaffung des Pflichtzölibats. Wir gehen hier davon aus, daß die Frage nach dem Lebensstil und der Lebenskultur des Priesters nicht auf eine bestimmte Frage, etwa auf die des Zölibats, reduziert werden kann. Identität des Priesters, Freude am Beruf, Gelingen und Erfolg in der Seelsorge umfassen weit mehr: Gelungene Beziehungen zu den Menschen wie zu Gott, geglücktes Mensch- und Mann-Sein, Fragen der Beheimatung, der Überzeugungen, der Verantwortung, der Arbeitskultur und viele andere, zweifellos auch die Frage nach einer integrierten Sexualität spielen dabei ebenso eine Rolle. Alles zusammen ergibt einen Lebensorganismus, der als ganzer in den Blick kommen soll. Erst die Betrachtung der vielen Aspekte gemeinsam läßt eine Beschreibung der Lebenskultur des Priesters zu.

Option für die priesterliche Existenz

Dieses Buch setzt eine klare Option für die priesterliche Existenz, indem es fragt: Wie kann positiv und konkret eine Lebenskultur des Priesters gestaltet werden? Wie kann diese Lebenskultur eingeübt, erworben, erhalten werden? Wie kann priesterliche Existenz heute gelingen?

Bei alldem spielt Theologie eine Rolle, doch nicht immer die wichtigste. Bei der Betrachtung von Lebensvorgängen ist der Blick auf alle Dimensionen menschlichen Lebens gefragt. Emotionen und Affekte sind dabei ebenso wichtig wie Einsichten und pragmatische Aspekte. Anders ausgedrückt: Priester *sein* kann man nur mit Kopf *und* Herz *und* Hand.

So wenig wie im folgenden theologisch deduziert werden soll, so wenig soll eine fromme Rede über priesterliche Lebensvorgänge gehalten, noch weniger über den grauen Lebensalltag eine fromme Soße gegossen werden. Religiöse Verbrämung mag nett aussehen, hilft aber nicht. Es geht vielmehr darum, die Lebensrealitäten in aller Nüchternheit zu betrachten, in eine priesterliche Lebenskultur einzuordnen und zu gestalten.

Ein Blick für Ohnmacht und Scheitern

Gedacht ist im folgenden auch nicht an einen »Superpriester«, der alles, einschließlich sich selbst, fest im Griff hat. Ohnmacht und Scheitern im Kleinen wie im Großen sind möglich, manchmal sogar nötig. Wie soll ein Seelsorger sich freuen mit den Feiernden, weinen mit den Weinenden, trauern mit den Trauernden, wenn er nicht selbst Höhen und Tiefen erlebt? Ein Mensch ohne die Erfahrung von Ohnmacht und Scheitern wird leicht hochmütig, überfordert sich und seine Mitmenschen und urteilt ungerecht.

Hinsichtlich Erfahrungen von Ohnmacht und Scheitern mag zunächst an viele Situationen im persönlichen Leben, im geistlichen Bemühen und in der pastoralen Arbeit gedacht werden. Unvermögen, Kurzsichtigkeit, Mißlingen trotz aller Mühe gehören zu den alltäglichen Erfahrungen. Diese Erfahrungen nicht wegzuschieben, sondern zuzulassen macht eine menschliche Seelsorge möglich. Darum möchten die folgenden Gedanken dazu anregen, sich an den eigenen Fähigkeiten zu erfreuen, die eigenen Schwächen zu akzeptieren, sich mit seinen Unfähigkeiten zu versöhnen, letztlich mit dem eigenen Leben einverstanden zu sein.

Ohnmacht und Scheitern können sich aber auch grundsätzlich anmelden, heimliche Fluchtgedanken sich einstellen, wenn etwa die Last des seelsorglichen Dienstes zu schwer wird oder Einsamkeitsgefühle überhandnehmen. Trotz aller Bereitschaft, Begeisterung und allem guten Willen am Anfang ist auch ein Scheitern möglich. Um eines ehrlichen Gespräches willen möge niemand Versagen und Scheitern zu weit von sich weisen.

Einladung

So möchte dieses Buch einladen zum Mitdenken, Impulse zur Reflexion geben, das ansprechen, was seltener zur Sprache kommt. Immer wieder werden als Grundfragen auftauchen:

- Wie kann priesterliche Lebenskultur aussehen?
- Wie können Lust und Freude an der Arbeit und im Dienst an den Menschen gefördert werden?
- Wie kann ich mangelnde oder schwindende Motivation umwandeln?
- Welche Überzeugungen geben mir persönlich und meiner Arbeit Kraft und Lebensfrieden?
- Zu wem kann ich mit meinen Enttäuschungen, Frustrationen, mit meinem Ärger und meiner Wut gehen?
- Wie kann ich überhaupt sicher sein, den richtigen Weg zu gehen?
- Wie ergeht es mir in der Zusammenarbeit mit anderen pastoralen Mitarbeiterinnen und Mitarbeitern, mit den Ehrenamtlichen etc.?
- Was bedeutet dabei das Zauberwort »Kooperation«?
- Wie nehme ich als Pfarrer und Priester »Leitung« wahr?
- Was bedeutet es für mich, in einer Gemeinde »letztverantwortlich« zu sein?

Die einzelnen Abschnitte des Buches können im Zusammenhang oder für sich gelesen werden. Vielleicht gibt es einen persönlich unmittelbaren Bezug zu dem einen oder anderen angesprochenen Thema. Die Impulse jeweils am Ende eines Abschnitts möchten zum Weiterdenken und Meditieren anregen.

Authentische Beispiele werden die einzelnen Themen immer wieder veranschaulichen. Diese Beispiele stammen aus der seelsorglichen Arbeit des Verfassers, sind aber so abgewandelt, daß die Diskretion gewahrt bleibt.

1

Lebenskultur und Lebensvorgänge

Einstimmung

Was meint Lebenskultur?

Der Besuch im Pfarrhaus eines ungarischen Priesters war beeindruckend. István ist mit seinen knapp 70 Jahren in der Nähe von Budapest Pfarrer zweier Gemeinden, die etwa zehn Kilometer auseinanderliegen. Die Menschen seiner Gemeinden sind arm. Nach der politischen Wende sind sie sehr mit dem Aufbau ihres eigenen Lebens beschäftigt. Da bleibt nicht viel übrig für Sonntagskollekten, durch die kaum Kerzen, Licht und Strom in der Kirche finanziert werden können. Für die Fahrten zwischen den Gemeinden benötigt István ein Auto. Bei seinem extrem geringen Gehalt und den hohen Benzinpreisen ist die Haltung eines Autos fast nicht möglich. Alles in allem fragt man sich – zumal wenn man einige Tage Gastfreundschaft genießen darf –, wie dieser Mann überhaupt existieren kann.

»Lebenskultur« ist im Zusammenhang mit einer solchen Erfahrung ein nachdenklich stimmender Begriff. Konfrontiert mit sehr schwierigen Lebensumständen, liegt die Frage nahe: Wie steht es mit der eigenen »Lebenskultur«?

Unreflektierter Lebensstil und Lebensstandard

Jeder lebt mehr oder weniger reflektiert einen bestimmten Lebensstil. Dieser äußert sich im Konsumverhalten, in dem, »was man so braucht«. In der Art, wie Freizeit gestaltet wird. In der Weise, wie sich jemand in Gruppen, während Veranstaltungen, in der Öffentlichkeit und im privaten Bereich gibt. Grenzen sind durch die finanziellen Mittel gesetzt: Wenn der Bedarf höher ist als das Einkommen, muß man zusehen, wie man zu diesen Mitteln kommt – oder sich bescheiden.

Der eigene Lebensstil bleibt selbstverständlich und unreflektiert, solange Menschen oder Umstände nicht daran kratzen. Änderungen im Lohn- und Gehaltssystem lassen eine ganze

Gesellschaft aufschreien, wenn ein mühsam erreichter Lebensstandard zu wanken droht.

Als vor einigen Jahren erstmals die deutschen Bistümer das Weihnachtsgeld der Priester kürzen wollten, gab es an vielen Orten auch Aufschreie von Priestern, bis hin zu Interviews im Fernsehen. Da war zu hören, daß auch Priester finanzielle Verpflichtungen eingegangen seien, die durch solche Kürzungen in Frage gestellt würden. »Besitzstandswahrung« – auch das kann als Ausdruck für einen Lebensstil stehen. Protest ist verständlich, unter bestimmter Perspektive auch gerechtfertigt. Dennoch entsteht ein fader Geschmack, eine Nachdenklichkeit.

Bei dieser Nachdenklichkeit geht es nicht um Gewissensbisse oder den moralischen Zeigefinger, etwa nach dem Muster: Die anderen, etwa in Ungarn, haben zu wenig, wir zu viel, das geht nicht! Nein, sie könnte vielmehr einen Bewußtwerdungsprozeß anstoßen. Aussteigen aus einem unbewußten, vielleicht bewußtlosen und besinnungs-losen Lebensstil und fragen: Wie lebe ich eigentlich? Was ist mein Bedarf? Was brauche ich für meinen Lebensstandard?

»Stilvoll leben«

Vom Begriff des Lebensstils liegt die Intention, »stilvoll zu leben«, sprachlich nicht weit weg. Doch kommt bei »stilvollem Leben« ein Plus hinzu. Dieses Plus liegt in der Sensibilität, mit den Dingen und Möglichkeiten, die zur Verfügung stehen, liebevoll, sachgerecht und zugleich ästhetisch umzugehen.

Und das ist auch mit geringeren finanziellen Mitteln möglich. Stilvolles Leben muß nicht »Leben im großen Stil« sein.

Mit dem ungarischen Freund stand der Besuch bei einem Priester ganz im Osten des Landes auf dem Programm. Nahe dem ungarischen Hauptwallfahrtsort Maria Pócs, nahe der rumänischen und ukrainischen Grenze, ist dieser ältere Mann Pfarrer mehrerer ländlicher Pfarreien. Jede der Gemeinden besitzt eine moderne

Kirche, die ein liturgiewissenschaftliches Seminar über Kirchbau wert wäre. Mit einfachen Mitteln und in Selbsthilfe haben die Gemeinden unter Anleitung ihres Pfarrers Kirchen errichtet, die in ihrer hintergründigen Architektur und stilvollen Ausstattung jeden Vergleich aushalten.
Der Pfarrer führte seine Gäste durch die Kirchen. Die Art seiner Erklärung ließ den Schluß zu: Dieser Mann lebt und versteht sich so, wie er seine Kirchen gebaut hat.

Mitten in schwierigen Lebensbedingungen ist offenbar stilvolles Leben möglich. Vielleicht erschwert sogar ein finanzielles Übermaß, mit den einzelnen Dingen und vor allem mit sich selbst würdevoll umzugehen.

»Lebensqualität«

Mit dem stil- und würdevollen Leben kann auch der Begriff der »Lebensqualität« in Beziehung gesetzt werden. »quality of life«, als Begriff in den USA aus der Krise der modernen Industriegesellschaft entstanden, steht zunächst für die Lebensbedingungen in einer Gesellschaft. Er umfaßt Arbeitswelt, Freizeitbedingungen, Umwelt, Erziehung und Bildung ebenso wie Recht, Sicherheit und Politik.

Doch liegt es nahe, diesen Begriff von seiner Wortzusammensetzung her noch anders zu verstehen: Qualität des Lebens, Qualität in der Lebensführung.

»Qualität« ist ein Gütebegriff. Was Qualität hat, ist erstrebenswert, macht zufrieden. »Lebensqualität« wird erzeugt durch das, was uns das Gefühl vermittelt: Ja, das Leben – dieses mein Leben – ist gut so. Es macht mich zufrieden und fördert mein Wohlbefinden.

»Lebenskultur«

Damit stoßen wir an den Begriff der »Lebenskultur«, der weiter greift als die Begriffe Lebensstil, Lebensstandard und Lebensqualität.

»Kultur« meint ursprünglich den Ackerbau, die Bestellung der Felder, aufgrund derer der Mensch gezielt für seinen Lebensunterhalt ernten kann. Später beinhaltet »Kultur« allgemein »Veredelung«, »Pflege«, »Vervollkommnung«. »Lebenskultur« kann dann als die Veredelung, Pflege und Vervollkommnung aller Lebensumstände und Lebensformen verstanden werden.

»Lebenskultur« umschließt die Gesamtheit aller Lebensformen und Lebensbedingungen, die Art und Weise, wie Menschen zusammenleben, wie sie ihr Zusammenleben institutionalisieren. »Lebenskultur« beinhaltet Ideen, Ideale, Werte, Leitvorstellungen und Sinngebungen, die in einer Gruppe von Menschen eines bestimmten Lebensraumes gelten.

»Lebenskultur« setzt voraus, daß jemand bewußt gestalterisch tätig werden will. Das Leben wird nicht einfach abgewickelt, indem man die primären Bedürfnisse der Nahrungsaufnahme und des Schutzes sichert. Alle Lebensvorgänge werden gleichsam in bewußt gewählte Formen gegossen.

Die jeweils gegenwärtige Lebenskultur eines Menschen oder einer Menschengruppe hat eine generationenlange Geschichte. So beginnt die Erziehung und Prägung eines Kindes nicht erst mit seiner Geburt. Lebensweisheit lehrt, daß bereits hundert Jahre vor der Geburt eines Menschen von dessen Vorfahren die Grundlinien der Erziehung festgelegt werden. Von Generation zu Generation läuft ein Prozeß der Weiterentwicklung und Veränderung.

Dieser Wandel läßt sich auch an Baustilen und Architekturepochen beispielhaft verfolgen. Jahrhundertelang drückt sich das Lebensgefühl, die Lebenskultur der Menschen in einer bestimmten Weise aus. Dann plötzlich verändert sich dieses Lebensgefühl und mit ihm die Ausdrucksformen.

Am Westportal der Kathedrale von Chartres, am »Portail royal«, kann man neunzehn große Säulenstatuen aus dem 12. Jahrhundert entdecken. Fast schwerelos, auf den Fußspitzen stehend, strahlen diese Männer und Frauen hohe menschliche Würde und innere Gelassenheit aus. Vergeistigt schauen Apostel, alttestamentliche Gestalten, Frauenfiguren wie Hagar und die Königin von Saba

über die Köpfe der Betrachter hinweg in die Ferne. Sie sind mit ihrem Hintergrund, jeweils einer Säule, verwachsen.
Tritt man an das Nordportal mit seinen Figuren aus dem beginnenden 13. Jahrhundert, ergibt sich ein neues Bild. Die Gestalten sind gleichsam auf der Erde angekommen. Sie stehen mit beiden Füßen fest auf dem Boden. Melchisedek, Abraham, Mose und die vielen anderen haben sich von ihren Säulen gelöst und stehen fast frei. Sie strahlen Würde aus und scheinen sich ihrer selbst bewußt zu sein. Zudem wenden sie sich einander zu. Der mittelalterliche Mensch erreicht immer mehr ein neues Selbst-, ein neues Ichverständnis.

Die Studie eines solchen Bauwerkes verdeutlicht, wie die Leitvorstellungen eines Lebensraumes und einer Epoche – hier manifestiert in Stein – sich einerseits zu einer Lebenskultur verdichten, andererseits sich wandeln. Dieser Wandel geht selten abrupt vor sich, eher behutsam oder in Schüben. Es gibt gleitende Übergänge, die sich dennoch irgendwann als deutliche Veränderung präsentieren.

Lebenskultur des Priesters

Priesterliche Lebensweise unterliegt ebenfalls den Gesetzmäßigkeiten, die eine Lebenskultur bestimmen, so auch den Gesetzen des Wandels. Zweifellos sind die Vorstellungen, wie ein Priester sein soll, in den Strudel fundamentaler gesellschaftlicher Veränderungen mit hineingenommen. Verschiebungen gesellschaftlicher Wertekoordinaten berühren auch Religion und Kirche. Ebenso wandelt sich das Bild, das sich Menschen von den Vertretern von Religion und Kirche machen.

Binnenkirchlich präsentieren sich heute die Priester in einem Pluralismus, der den Eindruck erweckt, sie gehörten nicht alle zur gleichen »Firma«. Nicht nur im äußeren Erscheinungsbild, auch in der Art ihrer Verkündigung, auch in der Weise, wie Priester Seelsorger sind, gibt es deutliche Unterschiede. Auf der einen Seite scheinen einige ein Priesterbild aus dem letzten Jahrhundert zu repräsentieren (schließlich begann die Erziehung vieler heutiger Priester vor hundert Jahren; s.o.). Andererseits meinen einige genau zu wissen, wie der Priester in fünfzig Jahren auszusehen hätte. Sie möchten alte Priester-»Zöpfe« abschneiden und alles anders machen. Zwischen solchen Extremen gibt es alle Variationen. *Den* Priester gibt es nicht mehr.

Es ist ganz offensichtlich: Verschiedene Sicht- und Lebensweisen priesterlicher Lebenskultur prallen derzeit aufeinander, kämpfen miteinander. Um im Bild zu bleiben: Die Figuren an den Säulen unserer heutigen Kathedralen wandeln sich. Wohin?

Priesterliche Lebenskultur als »Subkultur«

Ein weiterer Aspekt: Innerhalb der Kultur eines Lebensraumes entfalten sich Unterkulturen, sogenannte Subkulturen. Diese stimmen mit den Werten, Normen, Symbolen und Verhaltensweisen der Gesamtkultur mehr oder weniger überein. Dennoch kennzeichnen diese Subkulturen Besonderheiten. Sie entstehen aus besonderen Interessen heraus, durch Zugehörigkeit zu einem bestimmten Beruf, durch Generationsunterschiede.

Die priesterliche Lebenskultur kann in diesem Sinn als Subkultur verstanden werden. Priester teilen den größten Teil der Kultur-Zeichen der Gesellschaft, in der sie leben. Sie nehmen hierzulande teil am Lebensstandard ihrer Umwelt und teilen nicht selten – ebenfalls mehr oder weniger – deren Wertvorstellungen.

Dennoch gibt es wahrnehmbare Unterschiede. Sie haben, zumindest in ihrer christlichen Gemeinde, eine exponierte Stellung. Sie heiraten nicht wie viele oder gar die meisten Menschen ihres Umfeldes. Ihre Berufsaufgaben zeichnen sich vor allem dadurch aus, daß sie Menschen an Schnittpunkten ihres Lebens begleiten, was ihnen ein besonderes Ansehen einträgt. Ferner gibt es für sie eigene spirituelle Lebensregeln. So haben sie sich etwa zu besonderen Gebeten verpflichtet.

Aber auch in anderen, vielleicht nebensächlich erscheinenden Bereichen gibt es Sonderregelungen. Priester tragen, wenigstens bei offiziellen Anlässen, besondere Kleidung. Sie fahren eher kleinere Autos, als es sonst in der Gesellschaft für diese Gehaltsklasse üblich ist. Und anderes mehr.

Eine Gegenkultur?

Solange sich die Besonderheiten einer Subkultur »im Rahmen« halten, d. h. in die Gesamtkultur einfügen, bleibt die Subkultur unauffällig. Man läßt sie gewähren. Die Institutionen der gesellschaftlichen Gesamtkultur schreiten dann ein, wenn sich eine Subkultur zur Gegenkultur entwickelt.

Gegenkulturen können verschiedenster Qualität sein. Da gibt es die Randalierer, die sich durch Aggression und Zerstörung gegen eine Kultur oder das, was in ihr seit langer Zeit wert und wichtig ist, durchsetzen wollen. Sie legen Bomben, zünden Häuser oder Autos an, riskieren Menschenleben, inszenieren Bandenkriege.

Politische Bewegungen beginnen oft als Sub- und Gegenkulturen. So setzte sich beispielsweise die »Umweltbewegung« als Bewegung gegen die herrschende und akzeptierte Ausbeutung der Natur ein. Sauerteigartig verbreiteten sich ihre Ideen, die heute so sehr Bestandteil unserer Lebenskultur geworden sind, daß alle Parteien ein Umweltprogramm entwickelt haben. Und sehr viele Haushalte haben mehrere Behälter zum Sortieren ihres Abfalls. »Umweltsünder« werden zur Kasse gebeten.

Priesterliche Lebenskultur ist ebenfalls auf dem Weg, zu einer Gegenkultur zu werden. Sie ist ins Gerede gekommen, regt zur Diskussion an. Man regt sich über sie auf. Sie wird offensichtlich in unserer Gesellschaft als so eckig und kantig, ja sperrig empfunden, daß sie inner- wie außerkirchlich Widerspruch erregt.

Pfarrer O. wollte in seiner Stadtgemeinde die Elternabende im Rahmen der Erstkommunionvorbereitung thematisch neu gestalten. Nicht entlang der Vorbereitung der Kinder sollte die Themenauswahl erfolgen, sondern nach den Wünschen der Eltern. Eines der drei von ihnen gewählten Themen lautete: »Wie verste-

hen Sie sich als Priester? Warum verlangt die Kirche den Zölibat?« Der Pfarrer gab zu bedenken, dieses Thema diene doch wohl weniger der Vorbereitung auf die Erstkommunionfeier. Die Eltern konterten: »Sie fragten doch, was uns interessiert.«

Priesterliches Leben, wie es die Kirche versteht, entwickelt sich immer mehr zu einer Art Gegenkultur. Selbst innerhalb der Gemeinden entsteht eine Distanz zu dieser Lebensform. Echte, ernst gemeinte Frömmigkeit, glaubwürdiges Zeugnis über religiöse Erfahrung, Zuwendung zu den Menschen, wenn es sein muß, rund um die Uhr und Verzicht auf ausgelebte genitale Sexualität wirken gesellschaftlich wie eine kulturelle Zeitbombe. Es ist noch nicht entschieden, ob durch diese Lebenskultur Impulse in die Gesellschaft gegeben werden, die Nachdenklichkeit und neue Suche nach Werten erzeugen. Oder ob dieses Zeugnis als Versuch, Altes und Ewig-Gestriges zu retten, einfach ins Abseits verdrängt werden wird.

Natürlich steht das Zeugnis des Priesters nicht allein und isoliert als christliches Zeugnis in unserer Gesellschaft. Da gibt es Ordenschristen oder Frauen und Männer, die als Mitglieder von Säkularinstituten oder als Einzelchristen mitten in der Welt leben, nicht zuletzt die vielen christlichen Ehen und Familien. Sie alle verstehen ihr Leben, ihr gesellschaftliches und berufliches Engagement ebenfalls unter der Perspektive des Glaubens. Auch sie sind mit ihren Lebensformen in unserer Gesellschaft in Frage gestellt.

Vieles von dem, was in den folgenden Überlegungen über die Lebenskultur des Priesters gesagt wird, gilt darum in entsprechender Weise auch für sie.

Impulse zum Weiterdenken

LEBENSTIL - LEBENSFORM

- Konnte ich in letzter Zeit über meinen konkret gelebten Lebensstil nachdenken?
- – Was waren dabei meine Überlegungen?
- – Ist mir das Leben als Priester mit seinen speziellen Lebensformen eher hilfreich?
- – Oder erlebe ich diese Form mehr als ein Kreuz?

LEBENSSTANDARD

- Bin ich mit meinem Lebensstandard einverstanden?
- – Bin ich mit meinem Gehalt zufrieden?
- – Komme ich damit aus?
- – Nach welchem Prinzip gebe ich mein Geld aus?

ANSPRÜCHE UND BEDÜRFNISSE

- Wo spüre ich den Einfluß meiner Umgebung auf meine Ansprüche?
- – Welche Bedürfnisse halte ich für richtig und akzeptiere ich?
- – Mit welchen Bedürfnissen bin ich unzufrieden?

BESITZ – LEBENSSTIL

- Pflege ich den bewußten Umgang mit meinem Besitz?
- – Achte ich auf stilvolle Einrichtung meiner Wohnung?
- – In welchem Verhältnis stehen bei mir stilvolles Leben und anspruchsvoller Lebensstil?

PRIESTERLICHE LEBENSQUALITÄT

- Was bedeutet für mich priesterliche Lebensqualität?
- Was bedeutet für mich priesterlicher Lebenstil?

Reaktionen von aussen

- Wie erlebe ich von außen Achtung und Zuspruch, wie Widerstand gegenüber meinem Leben als Priester?
- – In meiner Gemeinde? In meinem Arbeitsfeld?
- – Im Leben der bürgerlichen Gemeinde oder Stadt?
- – In der gesellschaftlichen Öffentlichkeit?

Eine Gegenkultur?

- Empfinde ich meine Lebenskultur als Gegenkultur?
- Verbinde ich mit priesterlicher Lebenskultur einen Auftrag, eine Sendung, einen bewußten Impuls für die Menschen?
- Ist mir die Rechtfertigung meines Lebens vor den Menschen ein Anliegen?
- Wo ist mir dieses ständige Rechtfertigen lästig?

Eine Grenzerfahrung: enttäuschte Ideale

Jürgen hat sich in Brigitte verliebt. Diese Frau trifft in vielem das, was er sich in seinen Träumen von einer Frau erhofft hat. Sie ist blond und schlank, ist geistvoll und hat Humor. Sie teilen Interessen. Typischerweise haben sie sich nach einem Konzert kennengelernt. Auf den ersten Blick, vielleicht auch auf den zweiten: der Himmel auf Erden.
Nach der Hochzeit kommt es dann Schlag auf Schlag. Sie möchte auch mit anderen Männern ausgehen. Eine Partnerschaft solle schließlich kein Gefängnis sein. Während eines längeren Besuchs bei Brigittes Eltern erkennt Jürgen wie nie zuvor, daß er zu dem vornehmen Getue im elterlichen Hause nicht paßt. Ein erster handfester Streit schließt sich an, als es um eine Investition von persönlichem Vermögen geht.
Jürgen spürt, daß Brigitte für ihn immer ferner rückt. Sie ist nicht mehr ganz so blond wie am Anfang. Ihren Geist setzt sie bei Gelegenheit auch gegen ihn ein. Und ihr Humor ist manchmal schwarz.

Das könnte auch die Liebesgeschichte zwischen einem jungen Priester und seiner Kirche sein. Was gibt es doch an und in dieser Kirche Reizvolles und Reizendes!

Die Kirche ist nicht blond. Doch eine Barockkirche oder eine gotische Kathedrale haben schon etwas! Für jeden Geschmack ist etwas dabei. Für Musikfreunde ist Kirche besonders attraktiv. Große Teile der Musik sind schließlich für religiöse und liturgische Zwecke komponiert. Und eine Familie, in die man aufgenommen wird, gibt es auch.

Was an diesem Vergleich mit der Liebesgeschichte von Jürgen und Brigitte eher lustig erscheint, hat einen ernsten Kern. Von dieser Kirche kann eine große Faszination ausgehen. Die Liturgie und ihre Symbole, der Kirchenraum, das ganze Ambiente können fantastische Ausstrahlung besitzen. Die seelsorgliche Arbeit kann eine große und beglückende Nähe zu den Menschen bringen. Und das Gefühl von Stolz darf auch nicht unterschätzt werden: Zu dieser weltumfassenden Kirchenfamilie gehöre ich!

Doch dann gibt es immer wieder das, was jede menschliche Beziehung prägt und relativiert: enttäuschte Liebe, geplatzte Hoffnungen, unerfüllte Sehnsüchte, zu hoch gesteckte Erwartungen und Ideale. Für den Priester bedeutet das: Neben dem ästhetisch Reizvollen, der Gemeinschaftserfahrung, dem Ansehen und der Wertschätzung, die er genießt, steht der oft graue Alltag: Ärger in der Schule, Verwaltung bis zum Überdruß, Konflikte mit dem Kindergarten, eine Küsterin bzw. Mesnerin, die alles besser weiß, und vieles andere mehr. Und das jahraus, jahrein. Eben die Geschichte einer Liebe. Ein Lebensvorgang: Hochgefühl, Ideale und Engagement am Anfang und dann die fast unausweichliche Enttäuschung.

Herkunft der Ideale

Da sind zunächst die Ideale des Anfangs. Durch verschiedene Erlebnisstränge hat sich für den einzelnen ein Bild des Priesters entwickelt. Dieses Bild trägt er in sich. Dieses Bild möchte er in die Wirklichkeit umsetzen.

In einem Gespräch junger Seelsorger ging es um zwei Fragen: Woher kommt meine Vorstellung, wie ein Priester sein sollte? Woher stammt mein Bild, wie ein Priester Seelsorge tun sollte?
Rundum erzählte jeder von Personen, die seinen bisherigen Lebensweg und darum auch das Bild des Priesters und Seelsorgers geprägt hatten. Da wurde vom Glauben der Eltern ebenso berichtet wie von imponierenden Pfarrern und Religionslehrern. Auch erlebte Negativfiguren motivierten: »Mir ist der Glaube wichtig. Darum will ich alles daransetzen, es besser zu machen als unser Religionslehrer.«
Ein Kaplan berichtete: »Das Bild vom Priester wurde hauptsächlich von meinem alten Heimatpfarrer bestimmt. Wie er Liturgie

feierte, wie er die Sakramente spendete, so möchte ich das auch tun. Wenn ich mich frage, wie ich den Menschen in der Seelsorge begegnen möchte, dann kommt mir meine Mutter in den Sinn. So wie sie mit uns Kindern umging, wie sie den Nachbarn und Freunden begegnete, wie sie Gäste in unser Haus aufnahm – so möchte ich zu den Menschen sein.«

Zweifellos prägt die Sozialisation durch die Eltern das Erscheinungsbild eines Priesters am nachhaltigsten. Die Intuition, Gutes im Umgang mit den Menschen leisten zu können, stammt in der Regel von den Eltern. Ein gesundes Selbstwertgefühl verdanken Menschen zum größten Teil einer gelungenen Erziehung durch die Eltern. Doch auch menschliche Probleme, die die seelsorgliche Arbeit behindern, haben oft ihre Wurzeln in Konflikten mit dem Elternhaus.

Ein zweiter Erlebnisstrang, der das persönlich in den Dienst mitgebrachte Priesterbild konturiert, sind das Studium der Theologie, erste Begegnungen mit der Pastoral und die Begleitung im Priesterseminar. Es ist für den einzelnen wegweisend, welche Art von Priester de facto in der Ausbildung favorisiert wird: etwa ein Priester, der vor allem Liturgie feiert; ein Priester, der das Wort Gottes verkünden soll; ein Priester, der menschlich reif auf Menschen zugehen kann; ein Priester, der ein spiritueller Mensch ist; ein Priester, der gut organisieren kann und darum erwarten läßt, daß er einen gediegenen Verwaltungschef abgeben wird; und andere Bilder mehr. Natürlich hätte er am besten alle Vorzüge. Worauf legt die Ausbildung den größten Wert? Was sind letztlich bei der Zulassung zur Priesterweihe die Kriterien? Wo drückt man ein Auge zu? Was muß bestimmt erfüllt sein?

Ein weiterer Erlebnisstrang hängt mit der Persönlichkeit des Ortsbischofs zusammen. Er prägt durch seine Person das Bild vom Priester im Raum eines Bistums. Durch die Art und Weise, wie ein Bischof Seelsorger seiner Seelsorger und erster Priester seines Bistums ist, entwickelt sich gleichsam eine diözesane Mentalität. Ein neu ernannter Bischof wird nicht sofort alles ändern können. Ein Bistum steht schließlich in einer Tradition, wie es seine Priester sieht und einsetzt. Doch wird der Bischof – sei es als Person oder sei es aufgrund seines Führungsstils – auf Dauer das Selbstverständnis seiner Priester und ihre Berufsmotivationen positiv wie negativ beeinflussen können.

Weiter ist die großkirchliche Wetterlage für das Priesterbild einflußnehmend. Damit ist zunächst ein gesamtkirchlicher, von der obersten kirchlichen Autorität favorisierter Kurs gemeint. Doch bei genauerem Hinschauen präsentiert jeder kirchliche und kulturelle Lebensraum ein eigen geprägtes Priesterbild. So ist zweifellos das Bild, wie sich ein Priester üblicherweise im deutschsprachigen Raum darstellt, ein anderes als etwa in Frankreich, Italien oder Polen. Diese Unterschiede werden z. B. dann besonders greifbar, wenn Priester anderer kirchlicher Lebenskulturen in die Seelsorge eines deutschen Bistums integriert werden sollen.

Natürlich gibt es nicht *den* »deutschen« Priester. Doch gibt es deutlich wahrnehmbare Tendenzen, wie man ihn in diesem Lebensraum sieht oder sehen möchte. Von dieser Tendenz her bestimmt sich beispielsweise, wer als »konservativ« oder »progressiv« angesehen wird. Von dieser Tendenz her werden auch Nischen (etwa Priestervereinigungen) bestimmt, in denen sich solche aufhalten können, die von diesem »Durchschnittsbild« abweichen.

Bewußtsein der Berufung

Neben diesen Erlebnissträngen, die das persönliche und kollektive Bild des Priesters bestimmen, spielt die Erfahrung der persönlichen Berufung eine Rolle.

»Berufung« ist das letztgültige Argument, warum jemand Priester werden möchte oder werden soll. Die Überzeugung, berufen zu sein, ist die conditio, ohne die Priestersein nicht denkbar ist. Die Ehrfurcht vor der Berufung eines Menschen ist auch letztes Kriterium für die Zulassung zum priesterlichen Dienst. Mehr noch: Gäbe es diesen Ruf Gottes nicht, gleichgültig ob er mit Begriffen wie »Berufung«, »Sendung« oder »Auftrag« ausgedrückt wird, wäre der Dienst des Priesters ein großer Bluff. Alles wäre ein gut inszeniertes

Show-Geschäft, in dem die Akteure ein erhebliches Sozialprestige genießen und satte Finanztransaktionen vorgenommen werden.

»Berufung« meint ursprünglich: »vom Bischof auf eine Stelle berufen werden«. Das kommt im Sprachgebrauch noch zum Ausdruck, wenn davon gesprochen wird, daß einer zum Professor auf einen Lehrstuhl oder als Propst an eine besondere Kirche berufen wird.

Doch ist der Begriff im Sprachgefühl weitgehend spiritualisiert. Gemeint wird meist die persönliche Erfahrung des einzelnen, von Gott gerufen zu sein. Es ist eine Erfahrung, die vom Bischof angenommen und damit anerkannt oder aber abgelehnt werden kann. In diesem Sinn kann »Berufung« auch zum Kampfbegriff werden. Die persönlich empfundene Berufung kann gegen die Entscheidung des Bischofs stehen. In der Diskussion um die Zulassungsbedingungen zum priesterlichen Dienst und um das Priestertum der Frauen spielt der Begriff ebenfalls eine kämpferische Rolle.

Der, der sich persönlich berufen glaubt, muß sich kritisch anfragen lassen. Er muß Zweifel zulassen können. Muß damit rechnen, daß er sich selbst etwas einredet. Muß bereit sein, nicht ein Amt an sich zu reißen, sondern es sich übertragen zu lassen. Persönlich empfundene Berufung bedarf der Annahme, der Bestätigung.

Und dennoch ist dieses persönliche Empfinden und Überzeugtsein unersetzlich. Es besitzt nämlich eine ungeheuere, motivierende Kraft. Es ist wie eine Triebfeder, die zum Engagement im Reich Gottes von innen her befähigt. Es reizt, lockt, ermutigt. Es läßt, wenn auch subjektiv, erleben: Ich werde gebraucht. Ich habe eine Sendung, die mehr ist als ein Job.

Sehnsüchte des Anfangs

Am Anfang des priesterlichen Dienstes stehen nicht nur Ideale und Vorstellungen, wie ein Priester sein sollte, und das Bewußtsein, zu diesem Beruf berufen zu sein. Da gibt es auch Erwartungen, Wünsche, Sehnsüchte. Ein Priester ist nicht ein Ausbund an Selbstlosigkeit. Er hat Bedürfnisse. Er soll sie haben. Er darf sie haben. Sie sind geradezu notwendig, damit er menschennah Seelsorger sein kann.

Da gibt es die Sehnsucht nach einem sinnvollen und sinngebenden Lebenskonzept. Das, wofür ich mich einsetze, soll wertvoll und wichtig sein. Was mir heilig ist, soll meines Lebenseinsatzes würdig sein. Die Suche des Christophorus nach dem höchsten Herrn spielt sich auch in mir selbst ab.

Da gibt es die Sehnsucht nach Gemeinschaft, nach erfüllten und beglückenden Beziehungen. Das Leben in kirchlichen Gemeinden und Gemeinschaften verspricht, diese Sehnsucht zu erfüllen. Die Aussicht, in der Gemeinschaft des Presbyteriums zu leben, weckt Hoffnungen. Freundschaften mit anderen, die den gleichen Berufsweg wählen, können Halt geben.

Da gibt es die Sehnsucht, für andere hilfreich, wichtig, von Bedeutung zu sein. Priester werden gebraucht. Besonders, weil sie in unseren Breiten immer weniger werden. Wichtig sein für die Menschen. Wichtig sein für Gott. Wichtig für die Kirche. Wichtig für den Bischof.

Da gibt es die Sehnsucht nach einem geordneten Lebens- und Arbeitsrahmen. Dazu gehört eine kompetente Leitung und Autorität, die einerseits das selbstverantwortliche Engagement der einzelnen würdigt, andererseits aber auch Richtlinien vorgibt. Da erwarte ich konkret eine Bistumsleitung und eine Personalführung, die hinter mir steht. Ich möchte durchaus gefragt werden, wie es mir geht und was ich treibe.

Gemeindeerwartungen

Mit den Idealen des Anfangs, mit einem ausgesprochenen Berufungsbewußtsein und einem Herz voller Sehnsucht trifft der junge Priester auf seine erste Gemeinde. Die Erfahrung ist immer die gleiche: Praktika während des Studiums oder ehrenamtliche Tätigkeit in einer Gemeinde sind das eine – verantwortlicher Seelsorger als »Gegenüber« in einer Gemeinde sein ist ein anderes.

Ein neu geweihter Diakon kam zum Diakonatspraktikum in eine Gemeinde, in der er zuvor bereits ehrenamtlich tätig war. Nach einem Monat Dienst berichtet er:
»So habe ich mir die Veränderung nicht vorgestellt. Plötzlich kommen Menschen mit ihren geheimsten Vorstellungen, Ängsten und Wünschen zu mir und wollen mit mir darüber reden. Eheprobleme, Fragen der Erziehung sowie Streitigkeiten etwa im Pfarrgemeinderat werden an mich herangetragen. Und ich soll darüber Bescheid wissen und dazu Stellung nehmen. Wer bin ich denn? Zudem versucht eine Gruppe der Gemeinde, mich auf ihre Seite zu ziehen. Sie wollen mich vor einen Karren spannen, der gegen den Pfarrer fährt. Das habe ich mir doch ein wenig anders vorgestellt.«

Ein Seelsorger, hier der Diakon, erst recht ein »ausgewachsener« Pfarrer, erfährt fortlaufend die Ansprüche der Gemeinde. Er soll am besten überall dabei sein. Er soll zu allem kompetent Stellung nehmen. Dabei soll er es natürlich jedem recht machen, besonders dann, wenn die Meinungen diametral gegeneinander stehen. Sonntags soll er eine Predigt halten, die kurz ist, aber dennoch viel beinhaltet. Und, und, und.

Der Priester, der Pfarrer, steht nach wie vor für viele auf einem Podest. Es gibt geradezu unheimliche Erwartungen. Alle betonen zwar: Auch ein Pfarrer darf Fehler haben. Aber wehe, wenn er Fehler begeht. Alle betonen: Ein Pfarrer ist auch nur ein Mensch. Aber wehe, wenn er nicht übermenschliche Wünsche erfüllen kann.

Erwartungen, die an einen Pfarrer herangetragen weden, erinnern an Vorstellungen, die dem Archetyp des Helden, des Heros zukommen. Der tötet böse Drachen, führt sein Volk zum Heil, weiß Rettung in Not. Er hat die Mittel zur Hand, die Gnade der Götter zu erwirken. Er kann Unrecht verzeihen und zur Wiedergutmachung beitragen. Vielleicht gesteht man ihm zu, daß er wie Siegfried eine Schwachstelle hat. Doch darf das Blatt, das ihn verletztlich macht, nicht zu groß sein.

Eine Gruppe von Kaplänen und Pastoralassistenten besuchte im Rahmen ihrer Ausbildung ein Jugendgefängnis. Nach einer Ein-

führung durch den Gefängnisseelsorger in dessen Arbeit und einem Rundgang durch das Gefängnisgelände kam es zu einer Begegnung mit Inhaftierten. Das Gespräch in einer kleinen Gruppe verlief folgendermaßen:
Auf die Einstiegsfrage eines Kaplans, was die Inhaftierten von der Kirche hielten, begannen zwei Jugendliche, in groben Umrissen ihre Lebensgeschichte und über die Gründe ihrer Haft zu erzählen. Aus Zwischenfragen ergab sich, daß der eine ungetauft war, der andere katholisch, jedoch ohne jeden Bezug zum kirchlichen Leben. Auf die Anfrage, ob er zur Erstkommunion gegangen sei, fragte er zurück, was das sei.
Dann kam das Gespräch auf den Gefängnispfarrer. Die Insassen verglichen ihn mit den Aufsichtsbeamten: Während diese »total streng« die Vorschriften durchsetzten, habe der Pfarrer Verständnis für ihre Anliegen und Probleme. Er lasse zwar nicht alles mit sich machen. Doch sei er der einzige »Mensch« im Haus. Das sei für sie als Insassen schon klar gewesen, als sie »reingekommen« seien. Auf die Bitte, das genauer zu erklären, meinte der eine Jugendliche: »Zu einem Pfarrer kann man halt absolutes Vertrauen haben. Das Vertrauen zu einem Pfarrer ist einem praktisch angeboren. Das kann man nicht so genau erklären.«

Die fast rührende Aussage über das angeborene Vertrauen zu einem Pfarrer weist deutlich auf eine kollektive Vorstellung vom Priester hin. Er ist einer, der verfahrene Situationen heil machen und Heil bringen kann.

Dieses Bild vom Heros ist strukturell gestützt. Der Priester hat vor allem als Pfarrer eine Entscheidungsbefugnis, von der man in anderen Berufen nur träumen kann. Mit dem Einverständnis des Pfarrers kann vieles in einer Gemeinde laufen, ohne oder gegen sein Einverständnis fast nichts. Wenn ein pastoraler Mitarbeiter »bockt«, dann tut das einer Gemeinde nicht gut. Doch wenn ein Pfarrer schwierig ist, kann das für die Gemeinde eine Katastrophe sein.

Auch der Zölibat unterstreicht das Bild vom Heros. Die Verpflichtung, ehelos zu leben, ist einmalig. Sie hebt den Priester sozusagen vom Rest der Menschheit ab. Wenn ein Mensch solches auf sich nimmt, um besser für andere da sein zu können, löst das zunächst entsprechende Reaktionen der Bewunderung und Verehrung aus, gegebenenfalls auch Unverständnis.

Notwendige Enttäuschungen

Hohe, selbstgesteckte Ideale, das Bewußtsein von der eigenen Berufung, die persönlichen Sehnsüchte, die mit dem Priesterberuf verbunden werden, und die Erwartungen der Gemeinden – das alles sind Hypotheken, die kein Mensch und kein Leben einzulösen vermag. Enttäuschungen sind geradezu vorprogrammiert.

Da sind zunächst die Enttäuschungen über sich selbst. Die Enttäuschung über die Grenzen der eigenen Kräfte. Über die eigene Verletzlichkeit. Über die Erfahrung, daß trotz intensivem Einsatz und ernstem Bemühen vieles nicht gelingt. Über die herbe Erkenntnis, sich selbst überschätzt zu haben. Die Enttäuschung, daß sich das Hochgefühl des Anfangs nicht durchträgt, sondern der pastorale Alltag einfach Grau in Grau sein kann.

Ein junger Priester schildert sein Lebensgefühl nach den ersten enttäuschenden Erfahrungen so: »Ich hatte bisher in meinem Leben immer ein Ziel vor mir. Zuerst wollte ich das Abitur erreichen. Dann stand das theologische Diplom als Ziel vor mir. Dann bemühte ich mich, in die Pastoralausbildung aufgenommen zu werden. Dann sehnte ich die Diakonen- und schließlich die Priesterweihe herbei. Jetzt habe ich das Gefühl: Ich schwimme auf einem weiten Meer und sehe keine Insel.«

Der junge Priester schildert die Leere, die oft dann entsteht, wenn jemand nach langer Anstrengung an einem Ziel ankommt. Ein verständlicher und normaler Vorgang. Aber eben doch eine Erfahrung, die ernüchtert. Die unsicher macht. Die fragen läßt: Ist das alles? Eine Enttäuschung, die verarbeitet werden muß. Denn auf einem weiten Meer ohne Insel ertrinkt man.

Ein ganzer Enttäuschungskatalog

Ein Enttäuschungskatalog von oft beträchtlicher Länge wartet auf die überschwengliche Liebe des Anfangs.

Die Sehnsucht nach Gemeinschaft wird nur unvollkommen erfüllt. Die Gemeinde trägt schon irgendwie. Doch zu intensiv kann der Priester kaum bei einzelnen oder kleinen Gruppen in seiner Gemeinde persönlich Beheimatung suchen, sonst erstickt er am Ende in Eifersüchteleien oder verheddert sich in Netzen von Gefühlen.

Die Vorstellung, im Presbyterium des Bistums beheimatet zu werden, entpuppt sich als Illusion. Mit einzelnen Mitbrüdern Gemeinsamkeiten haben, sich treffen, etwas unternehmen – ja. Aber getragen sein von der Gemeinschaft, die mit dem Bischof die Seelsorge verantwortlich trägt – davon ist wenig zu spüren.

Und wichtig sein für andere? Natürlich gibt es die positive Rückmeldung von Menschen, denen er helfen konnte. Doch Anerkennung und Lob von offizieller Seite für die getane und oft anstrengende Arbeit erreicht ihn eher selten. Es entsteht leicht das Gefühl: Da wird einer gehegt und gepflegt bis zur Priesterweihe. Doch dann geht es hinaus aufs offene Meer. Die in der Vorbereitungszeit erworbenen Motivationen müssen wohl für die nächsten vierzig Jahre ausreichen?

Oft genug gibt es Enttäuschungen über die Leitung eines Bistums. »Wer kümmert sich ›von denen da oben‹ denn wirklich um mich? Wer fragt mich, wie es mir wirklich geht? Die dort im Generalvikariat oder Ordinariat machen die großen Pläne. Wer fragt ernsthaft danach, wie ich bei der Verwirklichung dieser Pläne Tag für Tag über die Runden komme? Ein geordneter und sinnvoller Rahmen für meine Arbeit? Wer kümmert sich darum?«

Wer kennt nicht die Erfahrung: Sitzen mehrere kirchliche Profis zusammen, wird geschimpft. Die Priester über die Laien, die Laien über die Priester. Die Pfarrer über die Kapläne, die Vikare über die Pfarrer. Alle über die Bistumsleitung. Über den Bischof. Über die Verteilung der Kirchensteuer und falsche Prioritätensetzungen. Es gibt eine schier endlose Reihe von Dingen, über die man sich aufregen kann.

In der Liste der Enttäuschungen sind die Mitarbeiterinnen und Mitarbeiter in der Gemeinde nicht zu vergessen. Der Traum war, möglichst viele für die Arbeit im Reich Gottes begeistern zu können. Doch nur wenige tun mit. Da war der Traum, daß sich viele selbstlos in der Gemeinde einsetzen. Doch in Wirklichkeit findet sich da viel Egoismus, Machtbedürfnis und Selbstdarstellung auf der Bühne des Gemeindelebens.

Alles zusammengenommen: Als Held fühlt sich bestimmt kein Pfarrer.

Umgang mit Enttäuschungen

Enttäuschungen ziehen persönliche und berufliche Konsequenzen nach sich. Einzelne Frustrationserlebnisse können nicht vermieden werden, gehören zum Alltag des Berufs, zum Leben. Häufen sich dagegen diese Erlebnisse und halten gegebenenfalls über Jahre an, dann geht das, wie die Redewendung so richtig formuliert, an die Substanz. Die Substanz ist hier: Motivation für den Beruf, das Gefühl und die Erfahrung, eine wichtige Arbeit zu tun, das Bewußtsein, zu dieser Aufgabe berufen zu sein.

Aus permanenten Enttäuschungen entsteht Motivationsverlust. Aus Motivationsverlust erwachsen Fluchtgedanken. Fluchtgedanken können sich zu Fluchtversuchen verdichten. Fluchtversuche können in einem Ausbruch aus dem Beruf enden.

Nimmt diese Reaktionskette ihren Lauf, dann beginnt der einzelne, Überlebensstrategien zu entwickeln. Wenn es in dem Meer des Lebens keine »natürlichen« Inseln oder Festlandsstreifen gibt, dann müssen eben künstliche geschaffen werden. Jene Überlebensstrategien sind so vielfältig, wie die Menschen vielfältig sind. Einige seien hier kurz skizziert. Dabei soll es nicht um die tatsächlich vorhandenen pastoralen Probleme gehen, sondern um das innere Erleben des Seelsorgers, um seine Befürchtungen und Ängste und sein Suchen nach Auswegen.

- *Flucht in die Krankheit* – Die Suche nach Auswegen kann dazu führen, daß der Bedrängte die erlebte Frustration gegen sich selbst kehrt. Schlaflosigkeit, Kopfweh, Rückenschmerzen sind erste Symptome. Körperliche und seelische Krankheit können folgen. Alte, lebensgeschichtlich bedingte seelische Verwundungen können mit neuer Kraft aufbrechen.

- *Selbstzweifel* – »Bin ich überhaupt für diesen Beruf geeignet?« »Habe ich mir meine Berufung nur eingebildet?« »Wie lange werde ich das noch aushalten?« »Bin ich hier der richtige Mann?« Diese und ähnliche Fragen können zur dauernden Begleitung werden.
- *Ersatzhandlungen* – Zweihundert Kilometer auf der Autobahn »zum Ausgleich« entlangrasen kann genauso zur Möglichkeit werden, in Ersatzhandlungen zu kompensieren, wie Essen und Trinken, Besitzen und Kaufen, Sammeln und Reisen im Übermaß.
- *Flucht in die Sucht* – Die erhöhte Suchtgefahr bei Priestern hängt nicht damit zusammen, daß sich in diesem Beruf besonders anfällige oder labile Persönlichkeiten treffen. Es ist vielmehr der Versuch, persönliche und berufliche Belastungen, die eng miteinander verknüpft sind, zu dämpfen, zu überspielen oder zu vergessen.
- *Innere Kündigung* – Je länger jemand in dem Beruf bereits arbeitet, desto schwieriger werden alternative Lebensentwürfe. Zu groß werden die Risiken bei einem Ausstieg. Wer will noch einen 50-jährigen Theologen einstellen? So bleibt oft nur die Möglichkeit, äußerlich weiter zu arbeiten, innerlich aber zu kündigen.
- *»Alle sind gegen mich«* – kann zum Lebensgefühl werden, wenn immer häufiger seelsorgliches Tun mißlingt. Hinter jeder Anfrage und Kritik wird ein Angriff auf die eigene Person vermutet.
- *Protest gegen die Strukturen der Kirche* – ist ebenfalls eine Möglichkeit, Schuldzuweisung von sich selbst abzuwenden. Der Papst, die Kurie, der Bischof, die Personalführung des Bistums oder der schlechte Ruf der Kirche allgemein sind daran Schuld, daß vieles in der Gemeinde vor Ort schiefgeht.
- *Wegwerfen der Ideale* – Wenn die hoch gesteckten Ideale für das persönliche, auch geistliche Leben und für die Seelsorge nicht erreichbar sind, besteht die Möglichkeit, diese Ideale als untauglich zu erklären. Gemeint ist dabei der innere Vorgang, die Art und Weise, wie mit Idealen, Werten, Normen und Zielen umgegangen wird.

- *Religiöser und pastoraler Rigorismus* – Wer nicht wahrhaben will, daß vieles nur halb oder gar nicht gelingt, kann zu rigoristischen Strategien greifen. Die eigene enttäuschte Sehnsucht nach Vollkommenheit wird gleichsam nach außen geklappt: Wer es nicht deutlich erkennbar mit dem christlichen Lebenvollzug ernst meint, dem kann nicht getraut werden, dessen Kinder können nicht getauft werden oder zur Erstkommunion gehen.
- *Anpassung* – als Gegenteil zum Rigorismus – sucht einen Ausweg in dem Wunsch, es den Menschen recht zu machen. Die Suche nach ehrlichen und klärenden Worten, klare Stellungnahmen oder gar Konfrontation um eines weiteren Wachstums willen entfallen weitgehend. Ein guter Pfarrer ist in diesem Sinne der, der den Menschen zu Willen ist.
- *Suche nach dem einen Menschen, der rettet* – kann der Versuch sein, sich wenigstens eine kleine, private, vielleicht heimliche Rettungsinsel zu schaffen. In den Armen eines Menschen, einer Frau, einfach alles andere vergessen und »glücklich sein«.

Kreative Neuanfänge?

Allenthalben kann man erleben, daß die gegenwärtig favorisierten Lösungsmodelle negativ, depressiv, destruktiv, manchmal gar selbstzerstörerisch sind. Alle folgenden Überlegungen gehen jedoch davon aus, daß diese Art, mit enttäuschten Idealen umzugehen, nicht die einzige ist. Im Gegenteil: Sie gehen von der Überzeugung aus, daß jede Krise die Möglichkeit zu neuem Wachstum, zur Um- und Neugestaltung der eigenen Lebenskultur in sich birgt. Kreative Wandlungsprozesse und Neuanfänge sind gefragt.

Daß das keine Wunschträume sind, zeigen Alltagserfahrungen: Wenn ein Mensch nicht in seiner persönlichen Entwicklung mit Problemen konfrontiert wird, bleibt er lebensuntüchtig. Wenn ein Kleinkind, das bisher nur krabbeln konnte, einen Gegenstand von einem Stuhl herunterziehen möchte, wird es versuchen, sich solange am Stuhl hoch zu ziehen, bis es steht und den Gegenstand ergreifen kann. Wenn ein Kind und ein Jugendlicher die Welt nicht nur aus den Augen seiner Familie kennenlernt, wird er selbständig. Wenn ein Ingenieur die Elektroanlage zu einer komplizierten Maschine entwickeln muß, wird er unter Umständen gedankliche Wege gehen müssen, die vor ihm noch keiner ging.

Kreative Neuanfänge sind also möglich! Das ist bei genauerem Hinsehen auch die Erfahrung von Seelsorgern und Priestern. Nicht nur bei Problemen der Kirchenrenovierung oder des Kindergarten-Neubaus. Auch bei Problemen in der seelsorglichen Arbeit. Doch leider werden diese Erfolge oft zu klein, zu gering, zu selten gesehen. Und wenn sie jemand sieht, werden sie zu schnell abgewertet.

Während eines Treffens berichteten junge Pfarrer gegenseitig von den Problemen in ihren Gemeinden. Pfarrer P., der schon länger in einer Gemeinde seinen Dienst tat, stellte seine Arbeit schwarz in schwarz dar. Nach seinem Bericht zu urteilen, jagt eine Katastrophe die andere. Alles geht schief. Jeder ist gegen ihn. Die Zahl der Gottesdienstteilnehmer hat sich halbiert. Und vieles andere. Alle Anwesenden hörten schockiert zu. Einer fragte: »Gibt es denn in deiner Gemeinde gar nichts, was dir gelingt?« Ein anderer platzte mit der Frage heraus: »Wieso bist du eigentlich noch Pfarrer?« Nun war Pfarrer P. seinerseits schockiert über die Reaktion seiner Mitbrüder und begann abzuwehren: »Ja ganz so schlimm ist es nun auch wieder nicht.«

Ein Perspektivenwechsel ist notwendig: Probleme sind keine Feinde, die man möglichst umgehen muß, sondern Freunde, die zu mehr Leben anregen.

So ist die richtige Antwort auf Probleme mit dem eigenen Leben nicht ein geschickt angelegtes Ausweich- oder Ablenkungsmanöver. Vielmehr kann ein beherztes Zupacken der Anfang zu mehr Persönlichkeitsreife sein, die bekanntlich nicht im Alter von 25 Jahren abgeschlossen, sondern ein lebenslanger Prozeß ist.

Genauso ist die richtige Antwort auf Probleme in der Seelsorge nicht die Suche nach Sündenböcken, seien das einzelne oder Gruppen, die säkularisierte Gesellschaft, die höheren kirchlichen Amtsträger oder der Pfarrer selbst. Probleme können zur Möglichkeit verwandelt werden, die Bedürfnisse der Menschen klarer zu sehen, das Wort Gottes greifbarer zu verkünden, auf die Fragen der Menschen genauere Antworten aus dem Glauben zu suchen – letztlich den Willen Gottes für sich selbst und diese Gemeinde zu erkennen.

✎

Impulse zum Weiterdenken

Es empfiehlt sich, die nachfolgenden Impulse entweder mit viel Zeit oder in mehreren zeitlichen Abschnitten zu bedenken.

Herkunft meiner Ideale

- Welche Menschen, welche Begegnungen prägen meine Vorstellungen vom Priester und Seelsorger?
- Wer prägt meine Vorstellungen, wie ich Seelsorge tun möchte?
- – Meine Eltern?
- – Pfarrer bzw. Pastoren und Religionslehrer?
- – Sonstige Lebensbegleiter?
- Welche Gefühle sind mir bezüglich meiner Ausbildung und Begleitung im Priesterseminar geblieben?
- Wie beeinflußt mich die kirchliche Großwetterlage?

Meine Berufung

- Bin ich ganz in meinem Inneren von meiner Berufung zum Priester und Seelsorger überzeugt?
- Habe ich heute oder in letzter Zeit Zweifel daran?
- Welches Gefühl ist das?
- Empfinde ich diese Berufung mit Freude und motivierend oder eher als Last?
- Habe ich manchmal das Gefühl, einfach nur so in diesen Beruf hineingerutscht zu sein?

Gemeindeerwartungen

- Wann fühle ich mich in meiner Gemeinde und in meiner Aufgabe wohl?

- Wo mache ich die Erfahrung, daß mir großes Vertrauen gerade als Priester entgegengebracht wird?
- Spüre ich, daß mich dieses Vertrauen aufbaut, in meiner Berufung bestätigt?
- Wann fühle ich mich von den Erwartungen überfordert?

ENTTÄUSCHUNGEN

- Welche gravierenden Enttäuschungen habe ich bisher als Priester erfahren?

– Enttäuschungen über mich selbst?
– Enttäuschungen über die eigenen Kräfte und Fähigkeiten?
– Enttäuschungen über Mitarbeiter und Mitarbeiterinnen in meiner Gemeinde?
– Enttäuschungen über Mitbrüder?
– Enttäuschungen im Bistum?

UMGANG MIT ENTTÄUSCHUNGEN

Es ist schwer, vor sich selbst, noch schwerer, vor anderen zuzugestehen, daß ich nicht mit meinen Enttäuschungen zurechtkomme. Dennoch lohnt sich der Versuch, die Liste der Fluchtmöglichkeiten in aller Ehrlichkeit durchzugehen. Vielleicht ist es möglich, mit einem Menschen meines Vertrauens Bestandsaufnahme zu machen.

- Welche der Verhaltensweisen kommen bei mir vor?

– Flucht in die Krankheit?
– Selbstzweifel?
– Ersatzhandlungen wie Essen, Trinken, Kaufen, Autofahren u.ä.?
– Sucht?
– Innere Kündigung?
– Das Gefühl: »Alle sind gegen mich«?
– Protest gegen die Strukturen der Kirche (insgesamt, im Bistum)?
– Über Bord-Werfen der Ideale?
– Religiöser oder pastoraler Rigorismus?
– Anpassung als Weg des geringsten Widerstandes?
– Suche nach dem einen Menschen, der mich tröstet?

Kreative Neuanfänge

- Wie ist meine innere Tendenz?
  - Gehe ich eher optimistisch an die Arbeit, an Probleme heran?
  - Erlebe ich mich häufiger mutlos?
- Welche Sätze überwiegen bei mir?
  - »Das bekommen wir schon hin!«
  - »Das schaffe ich!«
  - »Das werde ich mir in Ruhe überlegen!«
  - »Das tue ich gerne!«
  - »Was soll ich denn noch alles machen?«
  - »Das ist mir einfach zu viel!«
  - »Das ist ja zum Weglaufen!«
  - »Jetzt reicht es mir aber!«
- Kann ich eine innere Begeisterung aufbringen, in dem einen oder anderen Bereich einfach neu anzufangen und kreativ mit Problemen umzugehen?

2

Grundlegung

Innere Bilder prägen mein Bewußtsein und Handeln

Wie kommt es eigentlich dazu, daß ich über einen Menschen, einen Vorgang oder ein Ereignis enttäuscht bin? Ganz nüchtern könnte ich mir doch klarmachen, daß man Menschen nicht zurechtzimmern kann. Vorgänge und Ereignisse sind nun einmal so, wie sie sind. Warum ist es so schwer, mit dieser Nüchternheit und Gelassenheit die Außen-, Um- und Mitwelt zu betrachten und hinzunehmen?

Es sind – oft frühe – Bilder von Menschen, Beziehungen und Ereignissen, die in unserem Innern, in unserem Bewußtsein und Unterbewußtsein künftige Begegnungen und Erfahrungen vorprägen. Im Laufe unseres Leben sammeln wir sozusagen Bilder ein, die sich in uns zu Prototypen verdichten. An diesen Prototypen messen wir alle folgenden Erfahrungen. Je intensiver Erfahrungen – positiv wie negativ – sind, desto konturierter werden die Prototypen. Je älter der Mensch, desto »erfahrener« fühlt er sich und weniger bereit, seine Prototypen wahr-zunehmen, zu durchschauen, zu verwandeln

Manfred kam in eine Beratungsstelle. Er berichtete verzweifelt, er habe innerhalb weniger Jahre mehrere Frauen kennengelernt. Seine Beziehungen zu ihnen seien jeweils nach kurzer Zeit gescheitert. Er stelle sich die Frage, ob er normal sei.
Nach einiger Zeit bat der Berater Manfred, er solle Bilder von den Frauen mitbringen. Bei der gemeinsamen Durchsicht konnte er keine erhellenden Hinweise oder Gemeinsamkeiten finden. Im Gespräch sagte Manfred fast beiläufig, eigentlich wünsche er sich eine Frau, die so sei, wie Doris, sein früheres Kindermädchen. Er brachte dann auch von ihr ein Bild, und nun stellte sich heraus, daß ein offenbar für ihn hervorstechendes Merkmal dieser Frau ihre Wangengrübchen waren. Und genau das erkannte er dann als die überraschende Gemeinsamkeit all der anderen Frauen: Sie besaßen mehr oder weniger ausgeprägt alle dieses Merkmal.

Im Inneren des jungen Mannes hatte sich ein bestimmter Prototyp einer Frau gebildet. Eine Frau mußte für ihn Eigenschaften besitzen wie jene Frau, die ihn in seinen Kindertagen betreute. Ihr Erkennungsmerkmal: Grübchen. Das mußte im späteren Umgang mit der Realität, in einer ganz anderen Lebensphase zu Konflikten und Enttäuschungen führen.

Nun könnte man mit jener Nüchternheit anmerken, daß nicht alle Frauen, die Grübchen ihr eigen nennen, zugleich die Eigenschaften von Doris besitzen. Andererseits können nicht alle Frauen, die ähnliche Eigenschaften wie Doris besitzen, Grübchen vorweisen. Banale Aussagen, die jedoch für die Wirkung eines Prototyps nicht unbedingt eine Rolle spielen. Diese Wirkung vollzieht sich unbewußt, unbemerkt, unreflektiert.

Was ich kann, will und soll

Nach ähnlichen Mustern bilden sich für jeden Prototypen für seine gesamte Erfahrungswelt. Alles, was ich kann, will, soll, was ich erlebe, beurteile, annehme oder verwerfe, wird innerlich durch Prototypen mitbestimmt. Meist ohne bewußte Steuerung entstehen aus der Summe all unserer Erfahrungen Bilder vom Menschen, entstehen Verhaltensmuster und prägen unseren Umgang mit der Welt und auch unsere Vorstellungen von Gott.

Konkret: Welche Phantasien habe ich als Pfarrer spontan, wenn der Referent eines Elternabends um 20 Uhr immer noch nicht angekommen ist? Etwa diese?

- Ihm wird doch nichts passiert sein?
- Das ist ein unverläßlicher Mensch!
- Der nimmt die Sache nicht ernst!
- Ich war schon immer skeptisch gegenüber Laientheologen.
- Na ja, dann mache ich das eben selbst!
- Diese Elternabende kosten mich noch den letzten Nerv.

Zur Lebenskultur gehört es auch, mir über meine inneren Bilder klar zu werden. Ziel ist, Herr über diese (lange verborgenen)

Bilder zu werden. Das heißt konkret, sie nicht mit der augenblicklichen Wirklichkeit zu verwechseln, sie immer wieder zu befragen und zu relativieren, Urteile, spontane Reaktionen auf den Prüfstand zu stellen, Kritik an meinen Äußerungen oder Verhaltensweisen nicht gleich als Angriff auf die eigene Person zu deuten (auch das ist ein Prototyp), sondern als Anlaß zu verstehen, die inneren Bilder zu überdenken.

Wie komme ich mit diesen Innenbildern in Kontakt?

Weil der Mensch seine inneren Bilder nicht direkt sehen kann, muß er, um diese Bilder betrachten und analysieren zu können, gewissermaßen einen Weg zurückverfolgen: den Weg von äußerlich wahrnehmbaren Spiegelbildern hin zu den inneren Urbildern. Dieser Weg soll im folgenden an einigen Beispielen exemplarisch beschrieben werden. Dabei geht es nicht um Wertung, sondern um Wahrnehmung dessen, was sich zeigt.

Kleidercodes

Zunächst ein eher vordergründiges Beispiel, das aber dennoch deutlich macht, was gemeint ist: In unseren Breiten kann man unschwer anhand der Kleidung verschiedene Priestertypen unterscheiden. Aufgrund des bei uns geltenden Zeichensystems in punkto Kleidung kann man davon ausgehen, daß jeder mit der Art und Weise, wie er sich kleidet, sich in ein bestimmtes Licht stellen möchte. Ohne sich auf bestimmte Kategorien festzulegen, können – bitte mit einem gewissen Augenzwinkern – etwa folgende Typen beobachtet werden:

Da gibt es zunächst den *betont lockeren Typ* in Cordhose und offenem Hemdkragen. Er möchte alles vermeiden, was nach Establishment aussieht. Er möchte signalisieren: Ich bin einer von euch, keiner, der als Angehöriger eines besonderen Standes oder einer exklusiven Kaste herausgehoben ist.

Ferner kann man einen *gemäßigt progressiven Typ* ausmachen, der einen hellen, an Feiertagen auch einen anthrazitfarbenen Anzug trägt. Er signalisiert Fortschrittlichkeit, unterstreicht zugleich, daß er sein Amt mit seiner Persönlichkeit kompetent vertritt.

Der *gemäßigt konservative Typ* trägt einen dunklen oder schwarzen Anzug mit Krawatte. Bei der Wahl der Krawatte lassen sich noch Nuancen setzen. Helle und bunte Krawatten kennzeichen bei allem Standesbewußtsein Flexibilität. Schwarze Krawatten setzen konservative Akzente.

Schließlich trägt der *bewußt und ausdrücklich konservative Typ* die vorgeschriebene schwarze Priesterkleidung mit Kollar. Variationen, wie etwa weißes Hemd unter schwarzem, hochgeschlossenem Pullover, sind möglich. Das hellgraue oder gar weiße Priesterhemd mit Kollar läßt auf Humor schließen.

Die meistern Mitglieder aller Typen – sicher gibt es weitere und Mischformen – signalisieren ihre priesterliche Identität durch das kleine Kreuz am Revers oder Pullover.

Spricht man mit konkreten Vertretern der einzelnen Kleiderrichtungen, kommen zunächst vordergründige Kommentare wie z. B. »In Cordhosen zu gehen ist einfach praktisch und bequem«, oder: »Wir haben ja schließlich eine Kleidervorschrift für Priester.« Doch gerade solche Anmerkungen und Kommentare geben innere Bilder preis, die der einzelne von sich selbst als Priester hat. Man hüte sich vor Überinterpretation und Wertung. Doch darf man sicherlich von Tendenzen in der Selbstdarstellung mittels Kleidung ausgehen.

Sprachcodes und Sprachriten

Die Sprache ist das wichtigste Zeichensystem des Menschen, weil sie in besonderer Weise der Welt und dem Leben Sinn und Bedeutung zuspricht. Für einen Beruf wie den des Priesters, der intensiv mit Sinngebung und Deutung zu tun hat, ist Sprache ein wichtiges Instrument.

Wie Priester mittels Sprache ihre inneren Bilder von Glauben, Heil, Erlösung, ihre Bilder von Gott und vom Menschen ausdrücken und offenlegen, mag exemplarisch gezeigt sein: In den einführenden Worten zu einem Gottesdienst, manchmal zur »Statio« erweitert, wird ein Grundton angestimmt, der den ganzen Gottesdienst disponiert. Bei Priestern mit mehreren Berufsjahren entwickeln sich regelrecht Sprachriten, die in Variationen immer wieder verwendet werden.

Bei einem Sonntagsevangelium vom blinden Bartimäus (Mk 10,46-52) können sich nach den Begrüßungsworten die Einführungen etwa so anhören:

Variante 1:
»Wir hören heute, daß Jesus den blinden Bartimäus heilt. Ein Mensch, der nicht sehen konnte, darf die Farben und Formen dieser Welt entdecken und sich daran freuen. Jesus schenkt neuen Lebensmut. Lassen wir uns heute von diesem Lebensmut schenken und anstecken!«

Variante 2:
»Wir hören heute, daß Jesus den blinden Bartimäus heilt. Jesus läßt sich von nichts und niemanden abhalten, auf diesen Menschen zuzugehen. Er fragt ihn, was er zum Leben braucht. Er hört ihn an. Und er heilt ihn. So kommen auch wir zu ihm an diesem Sonntag, mit allem, was uns bedrückt. Wir tragen es vor ihn hin und bitten um Heilung.«

Variante 3:
»Wir hören heute, daß Jesus den blinden Bartimäus heilt. Auch wir müssen uns fragen, wo wir blind sind. Wir versagen immer wieder und sind blind gegenüber den Mitmenschen und gegenüber Gott. Wir müssen uns darum von Gott heilen lassen. Wir halten Besinnung, wo wir in dieser Woche blind waren.«

Natürlich enthalten alle drei Versionen richtige und wichtige Aussagen. Doch lassen sich deutlich drei Ansätze unterscheiden.

In der ersten Einführung spricht ein Mensch, der sich über das Schöne in der Welt freuen kann. Er sieht und betont das Positive. Er hat ein Bild von Jesus Christus als dem, der den Menschen ermutigt, der einen Sinn für das Schöne in dieser Welt schenkt.

Die zweite Einführung betont den diakonischen Jesus. Dieser Jesus hat eine therapeutische Art, mit Menschen umzugehen. Er ist zuwendend, mitfühlend, anhörend. Von ihm darf auch der heutige Mensch Heilung erwarten.

Die dritte Einführung wirkt moralisierend. Sie münzt die biblische Erzählung um, indem sie Blindheit mit Sünde gleichsetzt. Das zweimalige »müssen« signalisiert Anspruch und Notwendigkeit der Buße. Als Sprachritus erscheint bei dieser Art von Rede oft die Formulierung: »Gott tut ... für uns. Wir aber ...«

Seelsorger entwickeln im Laufe der Zeit sozusagen eine Lieblingsperspektive, einen Standard-Focus, mit dem sie sich – eher weniger als mehr bewußt – einer Erzählung, einem Text, einem Thema nähern und diese ausdeuten. Damit offenbaren sie sehr viel über sich selbst. Zu Wort kommen immer auch ihre eigen inneren Bilder, die sie veranlassen, in spezifischer Weise an eine Sache heranzugehen. Sie spiegeln in ihren Worten ihre persönlichen inneren Bilder von Gott, vom Menschen, von Jesus Christus wider.

Doch – umgekehrt – ist die Beobachtung von Lieblingsthemen und bevorzugten Perspektiven für den Prediger selbst ein Weg, an die eigenen inneren Bilder heranzukommen, ein Weg, mit sich selbst in Kontakt zu treten.

Welche Bilder hängen an meiner Wand?

Daß die eigene Wohnung etwas über die Persönlichkeit des ihn ihr lebenden Menschen aussagt, ist eine Binsenweisheit. Wäre es dann nicht hilfreich, von Zeit zu Zeit die eigene Wohnung unter dieser Perspektive zu betrachten?

So möge sich jeder zu einem Besuch der eigenen Bildergalerie eingeladen fühlen. Es ist reizvoll, einmal sozusagen als Tourist das eigene Haus zu betreten und mit bewußter Distanz den Eingangsbereich auf sich wirken zu lassen. Welche Signale, Eindrücke empfange ich beim Betreten des Hauses oder der Wohnung als erste? Was ist Blickfang? Welches Bild, welche Plastik, welches Arrangement spricht mich an? Wie wirkt das auf mich? Fühle ich mich als Besucher eingeladen, aufgenommen? Oder wirkt alles eher kühl, und ich fühle gar nichts?

Dann führt der fiktive Besuch zuerst in das Zimmer, in das auch sonst Gäste des Hauses gebeten werden. Wie wirkt hier die Ausstattung auf mich? Welche Bilder blicken mir entgegen? Fühle ich mich aufgenommen oder eher abgestellt? Empfinde ich Wohlsein, oder habe ich eher die Empfindung, im Wartezimmer eines Zahnarztes zu sitzen?

Und so kann es weitergehen durch alle Räume des Hauses. Zuletzt geht es in das Zimmer, das als privatesten gilt.

Nach dieser »touristischen« Begegnung mit der eigenen Wohnung kann ein Selbst-Gespräch beginnen: Wie waren jene – in der Rolle eines Besuchers – distanzierten Bild-Erfahrungen der Wohnung? Was bedeuten mir dagegen tatsächlich die einzelnen Bilder, Statuen, Kunstgegenstände? Wann und wie habe ich sie erworben? Sind es Geschenke? Von wem, zu welchem Anlaß? Was verbindet mich mit ihnen? Welche Geschichte habe ich mit ihnen gemacht? Welche Bilder sind sehr kunstvoll? Welche – vielleicht Andachtsbilder – sind es weniger, bedeuten mir aber sehr viel? – Reizvoll könnte es sein, diese Fragen auch einmal mit einem guten Freund zu erörtern. Ein Feedback und »Gutachten« von außen kann die eigenen touristischen Erfahrungen ergänzen.

Ziel dieses Gespräches ist es, den Weg nach innen zu gehen, mit den eigenen internen Bildern in Kontakt zu treten. Was sagen die Bilder an der Wand über die Bilder in meinem Inneren aus?

Vorbilder und Heilige

Durch die häufige Feier der Eucharistie und das Stundengebet ergibt sich zwangsläufig ein gewohnter Kontakt mit Frauen und Männern, die die Kirche als Heilige oder Selige verehrt. Durch die jährliche Wiederkehr stellt sich eine Art Vertrautheit mit diesen Menschen ein.

Nicht alle Heiligen oder Vorbilder sprechen an oder faszinieren in gleicher Weise. Zu einigen hat sich eine spontane Affinität gebildet. Zu anderen ist durch Familien- oder Ortstraditionen eine Beziehung seit Jugend an gewachsen. Wieder andere bleiben fremd, weil sie vom eigenen Lebenskontext zu weit entfernt sind oder weil ihre Spiritualität zu wenig ansprechend erscheint.

Die verschiedenen, persönlichen Charismen der Heiligen sind für die Kirche bedeutsam, wenngleich ihr Wirkung auf das kirchliche Leben unterschiedlich stark war. Dennoch liegt ein großer Teil ihrer Attraktivität in uns selbst: Warum spricht mich gerade diese Frau, dieser Heilige besonders an? Was in mir rühren sie an? Welcher Wesenszug eines Mannes oder einer Frau bringen mich dazu, eine Biographie über ihn oder sie zu kaufen und zu lesen?

Das, was mich anrührt, auch das, was mich abschreckt, ist es wert, genauer betrachtet zu werden. Hier finden sich Merkmale und Hinweise auf dem Weg zu den Bildern in meinem Inneren. Den mir sympathischen oder unsympathischen Zügen dieser Menschen entsprechen Sympathie- und Antipathie-Bilder in meinem Inneren.

Wie beschreibe ich den Zustand der Kirche?

Wenn Kirchen-Profis beisammensitzen, geht es unausweichlich immer auch um den gegenwärtigen Zustand der Kirche: der Kirche vor Ort in der eigenen Gemeinde, der Kirche im Bistum mit ihrer Bistumsleitung und Verwaltung, der Weltkirche mit ihren Verwaltungsgremien der Kurie in Rom.

In diesen Gesprächen gibt es vielfach eine Argumentationslinie: In der eigenen Pfarrei gibt es viele Probleme. Aber die Vertreter in der Bischofsstadt und in Rom machen Fehler am laufenden Band. Meist unausgesprochen ergibt sich eine geheime Logik: Was sollen wir noch alles machen, wenn die in der Bistumszentrale oder im Vatikan spinnen?

Während der Ausbildungszeit traf sich ein Kurs junger Seelsorger regelmäßig an jedem Donnerstag zu Veranstaltungen. Jeder Ausbildungstag begann mit einer »Blitzlichtrunde« darüber, was in der vergangenen Woche geschehen war.
Nach zwanzig Jahren berichtet einer von ihnen: »An das, was wir vor über zwanzig Jahren im einzelnen besprachen, kann ich mich nicht mehr erinnern. Bis heute ist jedoch noch das Gefühl lebendig, das an den meisten Donnerstagen entstand: Die Schilderungen der Gesprächsteilnehmer waren so negativ, daß eigentlich die Kirche noch in derselben Woche hätte zugrunde gehen müssen. Eine Woche lang mußte ich mich dann in meiner Gemeinde, in der so viele Dinge gut liefen, von diesem Donnerstagsschreck erholen.«

Ist es nicht überlegenswert, wie die zuletzt geführte oder erlebte Diskussion über den gegenwärtigen Zustand der Kirche verlief? Was waren dabei meine Beiträge? Neige ich dazu, eher schönzufärben oder schwarzzusehen? Bringe ich auch positive Erfahrungen ins Gespräch ein? Oder fallen mir zuerst mißlungene Aktionen ein? Strahle ich eher Zuversicht und positives Denken aus? Oder lasse ich mich leicht in eine depressive Stimmung hineinziehen?

Umgang mit dem spärlichen Nachwuchs

Nicht nur für Ehepaare und ihre Freunde spielt der Nachwuchs eine bedeutsame Rolle. Trifft man sich, taucht irgendwann mit Sicherheit die Frage auf: »Was machen die Kinder?« Auch bei Priestern bleibt zeitlebens ein wacher Blick für die Geschehnisse im Priesterseminar. Wenn jemand zu erkennen gibt, in der Priesterausbildung tätig zu sein, ist erst recht die Frage vorprogrammiert: »Wieviele sind denn bei euch im Seminar?«

Die Sorge um den »Nachwuchs« ist ein gutes Zeichen. Sie signalisiert Interesse daran, daß es »Nachfolger« im eigenen Beruf gibt. Sinkende Zahlen in den Seminarien verlieren im Empfinden der »Frontkämpfer« nicht an Bedeutsamkeit durch den »tröstlichen« Hinweis, weltweit gehe es mit der Zahl der Priesteramtskandidaten aufwärts. In den Gesprächen unter Priestern macht sich ein kollektiver Zweifel breit an der Fruchtbarkeit des eigenen Berufsstandes. Da höre ich immer öfter Sätze wie: »Sind wir ein auslaufendes Modell?« oder: »Sind wir die letzten Dummen?« Da wird der Vorwurf der Negativauswahl immer lauter: »Die nehmen ja wohl jeden. Er muß nur fromm sein.« Höhepunkt dieses Zweifels bringt das Erlebnis zum Ausdruck, daß ein fünfzigjähriger Pfarrer in einer Diskussionsrunde von seinem Stuhl aufspringt und mit Emphase ausruft: »Heute kann man doch keinem jungen Mann mehr guten Gewissens raten, ins Priesterseminar einzutreten!« Letztlich steht in solchen und ähnlichen (verzweifelten) Zwischenrufen die Zukunftsfähigkeit des ganzen Berufsstandes in Frage.

Kaum einen der Priester läßt eine solche Diskussion kalt. Doch sei gefragt, wie sich der einzelne in die Diskussion einbringt. Gegenüber aller verständlichen Skepsis und aller erschütterten

Besorgnis könnten mehr sachliche Aspekte durchaus hilfreich sein. So etwa: Bei einem Rückgang der heute Zwanzigjährigen um etwa die Hälfte seit 20 Jahren ist ein Rückgang der Zahl der Seminaristen nicht gleich verwunderlich oder katastrophal.

Wichtiger als Argumente ist jedoch die Mentalität, die innere Wetterlage, aus der Meinungen, Gefühle, Gespräche gesteuert werden. Welche Grundemotion steht hinter meinen Ansichten und Äußerungen? Folgende Gesprächsbeiträge signalisieren verschiedene innere Konzepte:

(1) »Die Zahl der Seminaristen geht immer weiter zurück. Bei uns sind es nur noch 30. Das Ende ist abzusehen.«
(2) »Man muß den jungen Leuten Mut machen durchzuhalten.«
(3) »Es ist erstaunlich, daß sich immer wieder junge Leute für diesen Beruf entscheiden, obwohl der Kirche der Wind ins Gesicht bläst.«
(4) »Priester haben sehr an Ansehen eingebüßt. Ich kann verstehen, daß heute keiner mehr Priester werden will.«

Solche Aussagen geben einen Weg zu den Bildern frei, die jemand in sich trägt. Wollte man diese Bilder typisieren, könnte man etwa sagen:

Beim ersten Konzept gilt als Maß der Beurteilung die große Zahl. Wenn die Zahl kleiner wird, steht der Verlust eklatant im Vordergrund. Das bezeichnende Sprachmuster lautet: »nur noch«.

Durchhalten und schlechte Zeiten durchstehen ist die Devise des zweites Konzepts.

Das dritte betont besonders die Erfahrung mangelnder gesellschaftlicher Anerkennung. Wenn jemand sich in dieser Situation bereit erklärt, Amtsträger der Kirche zu sein, verdient er Bewunderung.

Im vierten Konzept steht die Vorstellung einer weithin – binnenchristlich und/oder gesellschaftlich – akzeptierten Priesterschaft. Steht Kirche im Kreuzfeuer der Kritik, verliert der Beruf des Priesters seinen Reiz.

Mit diesen und ähnlichen Auffassungen verbinden sich elementare Ängste, Hoffnungen, Ideale und Enttäuschungen, die es zu ergründen gilt.

Der Vergleich mit anderen kirchlichen Berufsgruppen

Während eines von jungen Priestern und Laientheologen besuchten Kurses kam es immer wieder zu gegenseitigen unterschwelligen Vorwürfen. Das war Anlaß, sich mit zwei Fragen auseinanderzusetzen:

- Warum beneide ich die jeweils andere Berufsgruppe?
- Warum bedauere ich sie?

Die beiden Berufsgruppen setzten sich einander gegenüber und teilten sich bisher Unausgesprochenes mit:

Laientheologen beneiden Priester:

- wegen ihrer Möglichkeit, Sakramente zu spenden, besonders wegen ihres Privilegs, die Eucharistie leitend zu feiern; sie können das »Eigentliche« tun;
- wegen ihrer Leitungsvollmacht und Letztverantwortung, der Selbstverständlichkeit ihrer »Macht«;
- wegen der höheren Rolleneinschätzung;
- weil sie größere Möglichkeiten und Freiheit haben in der Pastoralgestaltung und eigene Schwerpunkte setzen können;
- weil sie einen eigenen Stil entwickeln können;
- weil Priester ihre Kirchlichkeit nicht beweisen müssen;
- wegen der größeren Geschlossenheit der Berufsgruppe.

Das entspricht – umgekehrt – genau dem,
weshalb Priester die Laientheologen bedauern:

- Sie können keine Eucharistie (leitend) feiern.
- Sie haben eine schwierige Rolle in der Gemeinde, weil sie keine Leitungsfunktion innehaben.
- Allerdings sehen sie Priester und das kirchliche Amt zu sehr unter der Perspektive der »Macht« und zu wenig unter geistlicher Perspektive.
- Sie halten die Berufsidentität der Laientheologen für schwierig. Diese müssen um Anerkennung kämpfen und sind zu wenig an Entscheidungsprozessen beteiligt.
- Sie tun sich schwer mit Kirche und nehmen sie eher negativ wahr.
- Sie besitzen keine überlieferte Spiritualitätsformen.

- Die Vermutung, daß viele von ihnen lieber Priester geworden wären, trifft wohl zu.

Laientheologen bedauern Priester:
- wegen der Sachzwänge der Verwaltung;
- wegen den vielfältigsten Erwartungen der Gemeinde;
- wegen den festen Erwartungen der Diözesanleitung;.
- Sie sind festgelegt auf Sakramentenspendung.
- Sie werden dauernd von ihrer Gemeinde beobachtet.
- Sie dürfen nicht heiraten, müssen ohne Familie auskommen und darauf verzichten, einer Frau ganz zu begegnen.
- Sie sind in eine festgefügte Spiritualität eingebunden.
- Oft gibt es eine zu schnelle Solidarität in ihrer Berufsgruppe.

Dem entspricht wiederum, warum Priester Laientheologen beneiden:
- Laientheologen haben geregelte Arbeitszeit und einen Arbeitsvertrag.
- Für sie gibt es eine geringere Rollenfixierung und weniger Erwartungsdruck.
- Sie haben mehr Rückzugsmöglichkeit, Ausstiegsmöglichkeit, weniger Verantwortungsdruck und größere Freiheit, anderes tun.
- Sie müssen nicht automatisch Repräsentant der negativ besetzten »Amtskirche« sein.
- Sie können Dienstliches besser von Privatem trennen.
- Sie werden unterstützt von einer eigenen Familien, können Kinder haben, Kraft in Ehe und Familie finden.
- Sie können beim Ehepartner ihren Alltag persönlich zur Sprache bringen.
- In ihrer Berufsgruppe gibt es Männer *und* Frauen, was als bereichernd empfunden wird.

In dem überraschend offenen Gespräch kamen viele Vorstellungen, Vorurteile, Sehnsüchte und Betroffenheiten und die Bilder zur Sprache, die die Kursteilnehmer als Laientheologen oder Priester jeweils von sich selbst und den Mitgliedern der anderen Berufsgruppe in sich tragen.

Es macht nachdenklich, wenn in einem geschützen Rahmen Priester zugeben, sie wünschten sich eigentlich auch geregeltere Arbeitszeiten, ja sogar einen Arbeitsvertrag. Sie tragen zwar in sich das Bild, für die Gemeinde präsent zu sein, zugleich aber auch den heimlichen Wunsch, diesem Erwartungsdruck entfliehen zu können. Amtsträger zu sein ist ehrenvoll und zugleich eine Last. Ohne Ehe und Familie zu leben, wird einerseits als Freiheit für die Berufsaufgaben, andererseits aber ausdrücklich als Defizit erlebt.

Meine innere Tendenz

Das Nachsinnen über solche Aussagen und Vorgänge – weitere werden in den nächsten Kapiteln folgen – sollten Wege sein, die eigenen inneren Bilder und Empfindungen deutlicher, vielleicht auch wahrhaftiger wahrzunehmen. Gefragt ist dabei das, was prägt, steuert, motiviert oder lähmt. Was sind die Maßstäbe, was die Emotionen, die meinen Alltag prägen, meine Entscheidungen bestimmen, meine Verfassung bestimmen?

Dabei geht es nicht nur um Einzelaspekte, die für die eine oder andere Situation und Aufgabe, für diesen oder jenen Lebensvorgang, für den Kontakt zu einzelnen Menschen und Menschengruppen oder auch für meine Gottesvorstellung maßgebend sind. Mehr noch geht es um eine Tendenz, die der Gesamtheit der Bilder innewohnt. Im Blick auf diese Gesamtheit empfehlen sich Fragerichtungen wie:

- Gehe ich eher positiv an Dinge und Aufgaben heran oder eher negativ, skeptisch, abweisend?
- Fühle ich mich als Priester und Seelsorger, als Mensch und Mann eher auf der Gewinner- oder auf der Verliererseite?
- Trage ich mehr das Gefühl in mir, ein erfülltes und sinnvolles Leben zu leben? Oder erlebe ich stärker Defizite, Verzicht, Verlust, Enttäuschung, Müdigkeit?
- Kann ich auch heute noch ein freies Ja zu meinem Beruf und meiner Berufung sagen? Oder habe ich häufig das Gefühl zu zerfließen, innerlich auszulaufen, mich zu verlieren, Wesentliches zu entbehren?

Standortbestimmung: Bin ich zukunftsfähig?

Letztlich stehen hinter allem die Fragen: Wie gehe ich mit meinem Leben um? Lebe ich in der Hoffnung und Zuversicht, daß mein Leben gelingt? Bin ich mit meinem Leben, so wie ich es lebe, einverstanden? Gehe ich froh und frei in die Zukunft? Halte ich mich und mein Leben, meine priesterliche Lebenskultur ganz persönlich für zukunftsfähig und voll Sinn?

Eine in dieser Hinsicht regelmäßige Standortbestimmung ist notwendig, sonst kann der Kontakt zum eigenen Inneren verlorengehen. Jene Fragen sollten so wahrhaftig gestellt werden, daß ich mir jeder Zeit darüber Rechenschaft geben kann, wie es um meine Hoffnungen und Ängste, um meine Motivationen und Zukunftsperspektiven bestellt ist. Dabei geht es nicht um Laufbahnphantasien, sondern um die innere Zufriedenheit.

Das eigene Leben in die Hand nehmen

Gleich, unter welchen Umständen ich lebe und arbeite: Ich kann mein Leben in die Hand nehmen. Keine noch so schwierigen Bedingungen, kein Vorgesetzter, keine Mitarbeiter können mich in meiner Gestaltungsfreiheit einengen oder lähmen. »Kein Ereignis hat irgendwelche Macht über mich, außer der, die ich ihm in meinen Gedanken gebe«, sagt Anthony Robbins, amerikanischer Psychologe und Unternehmensberater.

So mag beispielsweise ein Pfarrer für sich bestimmen, wie er einen Streit im Pfarrgemeinderat aufnehmen und interpretieren will: als niederschmetterndes Ereignis, als persönliche Niederlage, als Scheitern seiner Pastoral, als Angriff auf seine Person... – oder als Chance zu einem Neubeginn, als Herausforderung, einen kreativen Dienst der Einheit zu leisten. Die Wertung bzw. Einschätzung, die er einer solchen Situation gibt, werden den Fortgang wesentlich bestimmen. Die Bilder und Handlungs-Prototypen, die er angesichts eines solchen Konflikts in sich trägt, wird das künftige Miteinander im Pfarrgemeinderat mitprägen.

Auf die eigene Einstellung kommt es an

Schlechte Erfahrungen im Umgang mit sich selbst und mit anderen entstehen nicht einfach, weil »die Welt«, »die Menschen« so schlecht sind. Im Untergrund wirkt und bestimmt letztendlich die jeweilige persönliche Einstellung des einzelnen. Diese Einstellung – man könnte sie beschreiben als die Summe aller Prototypen in unserem Innern – ist zugleich Voraussetzung und bereits eine Vorbestimmung des Ergebnisses.

Bezeichnend sind die sogenannten sich selbst erfüllenden Prophezeiungen. Da hat bespielsweise ein Pfarrer das deutliche Gefühl, die massive Vorstellung, letztlich die Einbildung, einige Mitglieder des Pfarrgemeinderates versuchten, ihn aus der Gemeinde abzuschieben. Er übersieht in dieser Ein-bildung die vielen, die gerne und gut mit ihm zusammenarbeiten. Er interpretiert aus seiner Einstellung heraus »Hier mag mich keiner« alle Begegnungen, legt sie auf die »Goldwaage« und entdeckt überall vermeintliche Vorurteile gegen seine Person. Er bemerkt aber gar nicht, wie er selbst immer unfreundlicher und ungerechter den Menschen begegnet. Er steigert sich immer mehr in diese Vorstellung hinein, bis er am Ende dahin kommt zu sagen: »Jetzt will mich keiner mehr.«
Nun überlegt er sich, ob er in der Opferrolle den Weg in einer solchen Gemeinde weitergehen will oder ob er geht. In jedem Fall wird ständig die selbsterfundene Prophezeiung stehen: »Die wollen mich hier weghaben.« Und – er hat selbst alles getan und arrangiert, daß diese Prophezeiung in Erfüllung geht.

Natürlich kann keiner alle Wünsche und Bedürfnisse einer Gemeinde erfüllen. Wer sagt, daß ein Pfarrer das müßte? Natürlich gibt es immer die Meckerer, die ihrerseits ihren eigenen inneren Bildern entsprechen. Wer bestimmt und erwartet, daß ein Pfarrer allen inneren Bildern aller seiner Gemeindemitglieder Rechnung tragen muß?

Ein neuer »Metabolismus«

Folgende Sience-fiction-Erzählung könnte ein Zeichen sein für den, der geneigt ist, eher das Negative in den Lebensbedingungen des Priesters und den pastoralen Erfahrungen zu sehen oder zu betonen.

Zwei Menschen sind mit ihrem Raumschiff auf einem fremden Planeten gestrandet. Auf dem Planeten herrscht eine Chlorgasatmosphäre, tödlich für die Atmungsorgane. Da gibt es Salzsäureseen und Stürme, die Kieselsteine mit mehreren hundert Stundenkilometer wie tödliche Geschosse über den Planeten jagen. Da rasen Bestien hin und her, fressen einander auf und bedrohen alles.
Die beiden Menschen geben in ihrem Bordcomputer – er ist nicht beschädigt wie der Antrieb des Raumschiffes – den Befehl: Ermittle, wie unser Organismus beschaffen sein muß, um hier überleben zu können. Der Computer ermittelt die Werte und nimmt eine Veränderung des Stoffwechsels der beiden vor.
Mit dem neuen Metabolismus (Stoffwechsel) verändert sich alles. Die beiden können frei atmen. Die Seen laden zum Baden ein. Die Kieselsteingeschosse fühlen sich wie ein angenehmes Prickeln auf der Haut an. Und die Ungeheuer sind zu netten Tieren geworden, die aus der Hand fressen.

Die heutige, säkularisierte und pluralistische Gesellschaft nimmt manch einer nur noch als den Glauben bedrohende Umwelt wahr. Die Atmosphäre in dieser Gesellschaft erscheint absolut unchristlich, ja religionsfeindlich. Folge ich jener Parabel, dann geht es darum, die Deutung, das Bild von dieser Gesellschaft, wie sie sich mir möglicherweise präsentiert, zu verändern, sozusagen eine geistige Stoffwechseländerung vorzunehmen.

Mittels dieses neuen Metabolismus' könnte sich die gegenwärtige Situation des Priesters vielleicht so darstellen: Endlich kann er sich wieder in die Lage der Apostel und Jünger hineinversetzt fühlen. Wie damals gilt es, eine Welt für Jesus Christus zu gewinnen. Das Lebensende muß ja nicht gleich so gestalten wie das ihre. Aber die Reich-Gottes-Arbeit darf auch anstrengend und schwierig sein. Denn wenn sich heutzutage Menschen religiös ansprechen lassen, kann man davon ausgehen, daß Gottes Hand im Spiel ist (zu alten Zeiten haben wir selbst zu viel gemanaget!). Steine, die in den Weg gelegt werden, kommen gerade recht. Sie machen großmütig und »großgläubig«. Außerdem werden sie ein Beitrag sein für den Bau der nächsten Gemeinde. Geringer werdende Kirchensteuereinnahmen können nicht erschüttern, sondern machen es nur um so spannender, welche Wege Gott wohl führen mag.

So könnte man die sich schwieriger gestaltende Pastoralarbeit und die in der modernen Gesellschaft fragwürdig gewordene Existenz des Priesters auch sehen und verstehen. Oder?

✎

Impulse zum Weiterdenken

Erforschung der eigenen inneren Bilder

Sie können noch einmal die verschiedenen angebotenen Wege zu den eigenen inneren Bildern nachgehen. Oder Sie wählen auch einen der folgenden Wege aus und diesen besonders intensiv, etwa in schriftlicher Form.

- Kleidercodes ...
- Sprachcodes und Sprachriten ...
- Die Bilder an meiner Wand ...
- Vorbilder und Heilige ...
- Wie sehe ich den Zustand der Kirche?
- Umgang mit dem Priesternachwuchs ...

Welche Rückmeldungen habe ich in letzter Zeit zu meiner Person und meiner Arbeit bekommen? Konnte ich sie annehmen? Was empfand ich als angemssen? Was als ungerecht?

Vergleich mit anderen pastoralen Berufen

Ich lade Sie ein, noch einmal die Liste der vorgestellten Einschätzungen zwischen Priester und Laien durchzugehen:

- Welchen Anmerkungen kann ich mich anschließen?
- Welche halte ich für unangebracht oder falsch?

Eine Liste mit Erfahrungen, die Sie sich wünschen, könnte Aufschluß geben über – aus welchen Gründen auch immer – Versagtes, Vertagtes, Vermiedenes.

- Was ist mir daran wichtig ist?

Meine innere Tendenz

Wie sieht eine Befindlichkeitskurve für die Zeit Ihrer priesterlichen Tätigkeit aus? Sind Sie erst kürzere Zeit »im Dienst«, empfiehlt sich ein Monats- oder Vierteljahresraster; gehören Sie schon mehr oder weniger zu den »alten Hasen«, eignet sich ein Jahresraster. Interpretieren Sie anschließend diese Befindlichkeitskurve:

- Welche Hoch- und Tiefzeiten gab es?
- Wodurch wurden sie ausgelöst?
- Konnte ich mich über die guten Zeiten freuen?
- Konnte ich die schlechten oder schweren Zeiten annehmen und der Barmherzigkeit Gottes anvertrauen?
- Wie ist mein gegenwärtiges Lebensgefühl?
- Halte ich meine Lebenskultur für zukunftsfähig?

Sie könnten Ihre Befindlichkeitskurve auch als Grundlage für ein Gespräch mit einem guten Freund, mit einem geistlichen Begleiter oder für Exerzitien verwenden.

Brauche ich einen neuen geistigen Stoffwechsel?

- Schätze ich meine gegenwärtige Lebenslage eher positiv oder eher negativ ein? Fühle ich mich als Priester und Mensch wohl und angenommen? Oder spüre ich mehr, daß mir der Wind ins Gesicht bläst?
- Wie wünsche ich mir meine innere Einstellung zu meinem Leben und meiner Arbeit?

Innere Bilder haben bestimmenden Einfluß darauf, wie wir die Welt sehen und erleben. Mit diesen Bildern verknüpft sind Grundüberzeugungen, die ihrerseits maßgeblich entscheiden, wie wir denken, was wir tun oder nicht tun, wie wir mit uns selbst und anderen umgehen. Grundüberzeugungen sind alle echten, lebensmächtigen Vorstellungen, Wünsche, Träume und Visionen, die Kraft zum Leben und Arbeiten freisetzen: Quellen, aus denen gleichsam Lebenswasser fließt.

In dem Roman Der gottlose Pfarrer *schildert Ulrich Harbecke den Skandal in der Gemeinde von Pfarrer Wilhelm Hausner. Mitten in der Osterpredigt kann er nicht mehr weiter. Nach Augenblicken des Schweigens spricht er zu seiner erstaunten Gemeinde: »Meine Damen und Herren… Mir ist gerade etwas Merkwürdiges widerfahren, und ich bin Ihnen eine Erklärung schuldig. Seit siebenundzwanzig Jahren bin ich Pfarrer dieser Gemeinde, und ich habe Sie nie belogen. Ich werde es auch jetzt nicht tun, aber ich muß Ihnen eine Mitteilung von großem Ernst und großer Bedeutung machen: Ich habe gerade meinen Glauben verloren. Ich weiß nicht, warum, und weiß nicht, wie, aber es ist geschehen.«*

Wie kam es, daß dieser Priester, ein hauptberuflich Glaubender, seinen Glauben verlor? Ist dieser Glaube, weil seine Verkündigung zu sehr zum Alltagsgeschäft wurde, in ihm selbst einfach verdunstet? Bildete er sich zuvor nur ein zu glauben? Oder war er vielleicht viele Jahre nur in eine Idee vernarrt?

Glaubst du, was du glaubst?

Überzeugungen haben zwar auch mit Vernunft, Erkennen und Verstehen zu tun. Doch sagen sie noch mehr darüber aus, was den

Mensch leben läßt, womit er die Erfahrung gemacht hat: Dieses oder jenes sehe ich als gut, richtig und sinnvoll für mein Leben. Ethische Normen oder Glaubenswahrheiten sind erst dann echte Überzeugungen, wenn sie zur Erfahrung, zur inneren Gewißheit geworden sind. In diesem Sinn ist »Glauben« ein mehrdimensionaler Begriff. Etwas für wahr halten, gute intellektuelle Gründe für etwas anführen können ist das eine. Eine Wahrheit als persönlichen, inneren Lebenswert angenommen, verinnerlicht zu haben ein anderes.

Ein Pfarrer in den sogenannten besten Jahren schildert seine Befindlichkeit: »In den fünfzehn Jahren meiner priesterlichen Tätigkeit ging alles sehr glatt. Nachdem ich ohne Verzögerung und mit besten Noten mein Studium absolviert und meine Promotion abgeschlossen hatte, kam ich in die Seelsorge. Ich organisierte meine Pastoral genauso gründlich und konsequent wie meine Studien. Ich arbeitete zwölf bis sechzehn Stunden am Tag und schrieb nebenher noch an einem Buch. Es stand alles – so meinte ich – zum Besten.
Dann traf ich diese Frau, und alles war anders als zuvor. Was mir bisher so wichtig war, verlor an Wert. Ich hatte das Gefühl, daß mir mein bisheriges Leben einfach wegrutscht.
Und dann schlich sich die Frage ein, ob ich überhaupt noch glaube. Diese Frau war mit einem Mal mein Glaube, mein Gottesdienst, meine Beschäftigung Tag und Nacht. Ich fragte mich: Wie konnte so etwas geschehen? Ein Freund gab mir eine Antwort, an der ich heute noch zu knappern habe: Du hattest immer nur mit dem Kopf gelebt!«

Sein Wissen von Gott war gelernt, aber nicht zu einem Lebenswert gewandelt. Sein pastorales Tun war eher Strategie als »Seelsorge, die aus dem Herzen kommt« (Henri Nouwen). Als er dann eine Erfahrung machte, die nicht über den Kopf geschieht, sondern direkt das Herz trifft, rutschte das bisher Aufgebaute als wertlos weg. »Glaubst du, woran du glaubst?« meint: Siehst du das in deinem Inneren, mit deinem Herzen, was du theologisch und pastoral-praktisch erlernt hast?

In diesem Sinne ist es hilfreich, von einer Spiritualität von innen zu sprechen. Äußerlich sichtbare Übungen, das Stundengebet, der Gottesdienst, die Begegnung mit den Menschen sind dann geist-reich, wenn sie Ausdruck dessen sind, was im Inneren lebt.

Was sind meine Überzeugungen? Was die Quellen meiner Kraft?

Meine eigene Lebenskraft

Eine erste Quelle: die eigene, vitale Lebenskraft, die jedem geschenkt ist. Es ist erstaunlich, wie Menschen immer wieder um ihr Leben, um mehr Freiheit und größere Lebensmöglichkeiten ringen. Diese Kraft ist bereits am Werk, wenn sich das Kind aus dem Mutterleib heraus in diese Welt hineinkämpft. Diese Energie entfaltet sich weiter, wenn das Kind groß und größer wird und sein will und sich immer mehr Lebensraum erobert. Zuerst ist es der kleine Radius des Kinderbettchens, dann der Tisch, der Boden. Es lernt zu stehen, zu laufen, zu greifen und zu begreifen, festzuhalten und loszulassen, bis es in seiner Art den Ausschnitt der Welt in Besitz genommen hat, dessen es mit seinen Fähigkeiten habhaft werden kann.

Wenn eine Generation die Sorgen der Erziehung hinter sich gebracht hat und ihre Kraft aufgebraucht ist, entsteht ein neuer Generationenring am Baum des Lebens. Es ist faszinierend, daß immer und immer wieder Menschen und vor allem junge Menschen einen Lebensmut in sich tragen, der ihnen weder durch atomare Bedrohung, Ozonloch, Arbeitslosigkeit oder akuten Krieg genommen werden kann. Wieder und wieder werden Kinder geboren und dieser Welt anvertraut, in der Hoffnung, daß sie ein gutes oder besseres Leben haben werden. Wobei freilich die Erwachsenen – auf privater, gesellschaftlicher oder kirchlicher Ebene – die Sorge umtreiben müßte, welches Erbe, welche Welt, welche Lebens- und Glaubensperspektiven sie den Jungen übergeben.

In einem Gespräch zwischen älteren Pfarrern beschwerte sich der eine, daß seine jüngeren Mitarbeiter meinen, alles besser zu wissen. Besonders sein Kaplan lasse ihn spüren, daß er der zeit-

gemäßere Theologe sei und mehr arbeiten könne als er. Die Jungen vergäßen offensichtlich, was sie, die Älteren, schon alles in ihrem Leben geleistet und aufgebaut hätten.
Einer seiner Mitbrüder bestätigte seine Beobachtungen. Allerdings gab er zu bedenken: »Eigentlich müßten wir froh sein, wenn die Jungen mit einem solchen Elan an ihre Arbeit gehen. Sie meinen, mit ihnen ginge die Kirche erst richtig los. Ist das nicht gut so? Sollten wir sie nicht in ihrem Eifer bestärken und anerkennen? Für uns Ältere bleibt immer noch genug übrig.«

Überzeugt sein von der eigenen Lebenskraft und von der Kraft, die die nächste Generation einbringt. Das ist zunächst in einem sehr vitalen Sinn gemeint: Darauf vertrauen, daß mir viele Fähigkeiten und Möglichkeiten geschenkt sind. Daran glauben, daß mein Körper einiges aushält. Daran glauben, daß meine psychische Konstitution den Anforderungen gewachsen ist. Davon überzeugt sein, daß meine Lebenskraft ein wichtiger Beitrag für das Leben der Kirche ist.

Der Schatz meiner Erfahrungen

Eine Erfahrung können alle Prediger bestätigen: daß Gedanken, die mit eigenem Leben angefüllt sind, am besten bei den Zuhörern zünden. Theoretische, wortreiche Erörterungen hinterlassen dagegen faden Geschmack, Unverständnis und die Frage: Wofür soll das gut sein? Das, was aus dem Leben des Predigers, aus seiner persönlichen Erfahrung kommt, was er erlitten oder beglückend erlebt, womit er sich selbst auseinandergesetzt hat, findet ein Echo bei den Menschen.

Wenn die Verkündigung des Wortes Gottes das Leben der Menschen treffen soll, dann muß es zuerst das Leben des Verkündigers getroffen haben. Will dieser das Leben der Menschen im Horizont des Glaubens zur Sprache bringen, dann muß er bereit sein, sich zuerst selbst mit seinem Leben in diesen Horizont zu stellen.

Man mag einwenden, der Priester solle doch nicht zu sehr von sich und seinen Erfahrungen sprechen. Da könnte alles zu subjektiv gefärbt sein. Erfahrungsorientierte Verkündigung meint natürlich nicht ein Geplauder aus dem eigenen Leben. Vielmehr soll der Verkündigende wie ein guter Hausvater »aus seinem reichen Vorrat Neues und Altes« hervorholen (Mt 13,52). Jesus lebte und schöpfte immer wieder aus der Tradition des Alten Testaments, um dann auch Neues, sein Evangelium vom Reich Gottes, anzuschließen. So soll »jeder Schriftgelehrte, der ein Jünger des Himmelreiches geworden ist«, die ganze Tradition des Glaubens verkünden. Diese Tradition setzt sich allerdings bis in unsere Tage hinein fort, bis in unser konkret gelebtes Leben. So ist durchaus jenes Alte und Neue der beiden Testamente gefragt, aber auch ihr Echo: das je Neue, das sich in unserem Leben widerspiegelt.

Das bedeutet: Unsere ureigenen Erfahrungen sind Schätze, wertvoll genug, daß Gott uns in ihnen begegnet. Quellen, aus denen wir schöpfen können. Sie ermöglichen, davon zu sprechen, »was wir (selber) gesehen und gehört haben« (Apg 4,20). Sie verhindern, daß wir – im Stil eines Supranaturalismus – Gott abgehoben als Idee verkünden, fernab vom konkreten Leben, ohne Wirkung und Widerhall.

Damit wird eine Spannungseinheit deutlich, die das Leben und die Verkündigung des Glaubenden bestimmt: die Spannungseinheit von Wissen und bezeugter Erfahrung. Wissen muß Erfahrungswissen sein und will als solches bezeugt sein. Zeugnis aber kann ich nur von dem geben, was ich – durchlebt oder erlitten – kenne und zu benennen vermag.

Sehnsucht nach Stimmigkeit

Eine Variante dieser Spannungseinheit zeigt sich in der Wechselwirkung von Verkündung und Leben. Das, was ich bezeugend verkünde, sollte in meinem Leben glaubwürdigen Widerschein finden, sonst glaubt mir keiner.

Ein Beispiel sei das seelsorgliche Gespräch. In jeder Pastoralausbildung sind inzwischen – gottlob – Kurse in Gesprächsführung zur Selbstverständlichkeit geworden. Dabei spielt der Begriff der Empathie eine entscheidende Rolle. Er meint die Fähigkeit, sich einem Gesprächspartner zuzuwenden und sich in seine Empfindungen wirklich hineinversetzen zu können.

Ein Pfarrer berichtet von der Begegnung mit einem jungen Kollegen: »Als ich vor wenigen Tagen Pfarrer N. traf, entstand in unserem Gespräch eine eigenartige Atmosphäre. Ich wollte ganz einfach von ihm wissen, wie es ihm geht und was er tut. Statt mir zu antworten, fing er an zu ›spiegeln‹: ›Sie interessieren sich, wie es mir geht.‹ Offensichtlich hatte er einen Kurs absolviert und versuchte bei mir eine Anwendung. Ich gab ihm zu verstehen, daß ich im Moment keine Beratung benötige.«

Der junge Pfarrer hatte eine Methode gelernt und meinte, nun damit seine Kommunikation gestalten zu können. Er differenzierte nicht zwischen beratendem und kollegialem Gespräch. Er durchschaute nicht, daß die persönliche, empathische Hinwendung zum Gesprächspartner keine Methode, sondern eine Grundhaltung ist. Empathie kann nicht herbeiorganisiert, sondern muß zur inneren Haltung und als Lebenskultur gepflegt werden.

So geht es mit allen Inhalten in der Spannung zwischen Verkündigung und Leben. Nur ein Priester, der sich in der täglichen Begegnung mit Menschen annehmend und auf sie zugehend erweist, kann glaubwürdig von einem Gott reden, der sich uns in Liebe und Menschenfreundlichkeit zuwendet. »In persona Christi agere« als Kennzeichen priesterlicher Existenz ist nicht als eine theologische Formel oder als priesterliche Hybris mißzuverstehen, sondern meint ganz konkret, wie Christus den Menschen zu begegnen.

Die Stimmigkeit zwischen Anspruch und Wirklichkeit, zwischen dem, was einer sagt und was er tut, wird nicht nur vom Priester als kirchlichem Amtsträger erwartet. Sie ist – tief genug geschaut – auch eine Sehnsucht des Menschen überhaupt, der nach diesem Maßstab gemessen wird: Keiner möchte, zumindest nicht auf Dauer, eine Rolle übernehmen, die nicht zu ihm paßt. Und keiner kann den Menschen seiner Gemeinde einen annehmenden und überzeugten Pfarrer vorspielen, wenn er sich innerlich ausgehöhlt fühlt und mit sich selbst und seinem Dienst im Unfrieden lebt.

Die Stimmigkeit bezieht sich zuerst auf das Zueinander von persönlicher und beruflicher Identität. Das, was ich beruflich vollziehe, muß mit dem übereinstimmen, was ich persönlich will. Immer dann aber entstehen innere Spannungen, Unzufriedenheit, Frustration und Streß, wenn ich beruflich ja sage, wo ich persönlich nein sagen möchte, wo ich als Pfarrer und Vertreter der Kirche etwas tun soll oder muß, was ich persönlich nicht will, wo ich als Pfarrer in eine Stellung in der kirchlichen oder bürgerlichen Gemeinde hineingedrängt werde, die mir persönlich zuwider ist.

Die Stimmigkeit bezieht sich ferner auf das Zueinander von priesterlichem Auftrag und konkreten Aufgaben. Wenn beispielsweise ein Paar die kirchliche Trauung wünscht, bei dem zu spüren, daß es mit ihrer Hochzeit zu dem steht, was christliche Ehe meint, dann stellt sich Freude bei der priesterlichen Aufgabe ein. Wenn Eltern bemüht sind, die Erstkommunion ihres Kindes in der Familie religiös zu begleiten, dann kann der Priester am Weißen Sonntag selbst ein Fest feiern. Umgekehrt entsteht Unzufriedenheit und Widerwille gegen die eigenen Aufgaben, wenn Folklore eingefordert wird.

In einer Runde von Jugendseelsorgern besprach man das Problem der Eucharistiefeier mit Jugendlichen in Freizeiten und an Wochenenden. Die Meinungen gingen weit auseinander. Einer meinte: »Wir sind katholisch und feiern sonntags Eucharistie. Wem das nicht paßt, soll zu Hause bleiben.« Ein anderer wollte die Freiheit gewahrt sehen: »Ich feiere auf jeden Fall Eucharistie und lade dazu ein. Wer nicht möchte, kann wegbleiben.« Ein dritter: »Die Jugendlichen wissen ja zum großen Teil nicht mehr, um was es geht. Mir ist die Eucharistie zu wertvoll, um sie einfach nur so abzufeiern.« Ein weiterer Gesprächsteilnehmer: »Wenn ich in einem Kreis spüre, daß es innere Widerstände gegen die Eucharistiefeier gibt, bin ich unfähig, sie zu feiern.«

In allen Beiträgen geht es letztlich um die Frage der eigenen priesterlichen Identität: Bin ich von den Jugendlichen nicht nur als Begleiter, älterer Freund oder Ratgeber, sondern auch als Priester gefragt und akzeptiert?

Es empfiehlt sich, von Zeit zu Zeit die einzelnen Arbeitsfelder im Blick auf innere Stimmigkeit zu reflektieren: In welchen Bereichen erlebe und genieße ich, in welchen vermisse ich sie? In welchen fühle ich mich als Priester mißverstanden oder gar regelrecht mißbraucht? Erlebe ich in meiner Arbeit insgesamt überwiegend Stimmigkeit? Oder vermisse ich sie durchweg?

Es kann wohl nicht darum gehen, möglichst nur solche Arbeiten zu tun, in denen der einzelne in seiner Identität bestätigt wird. Doch gibt es so etwas wie ein gesundes, inneres Kapital an Kräften. Jeder müßte – wenn nicht hundertprozentig – zumindest vorwiegend positiv erfahren, daß er als Priester gewollt und am richtigen Platz ist. Beschäftigt er sich dagegen überwiegend mit Dingen, die identitätsfremd sind, zehrt sich jenes innere Kapital allzu rasch auf.

Mein persönliches Charisma

Die Identität als Priester spezifiziert sich auch durch sein je eigenes und besonderes Charisma, eine von Gott geschenkte Kraft.

Die Erfahrungen der frühen Christen, bezeugt in den biblischen Schriften, sprechen für sich: Für den Glaubenden ist Gott die eigentliche Kraftquelle, der erste Kraftträger. Dort, wo sein »Arm«, seine »Hand«, sein Geist wirkt, da geschieht in seiner Kraft Großes. Ihm, dem Schöpfer, verdankt der Mensch die Kraft seines Lebens. Gottes Kraft waltet im Leben und in der Geschichte des Menschen (vgl. Röm 4,21). Das ganze Leben Jesu, besonders seine Auferstehung sind getragen und durchwirkt von der Kraft Gottes. Alle vertrauend Glaubenden sind durch die geist-volle Nähe Jesu Christi Berufene (vgl. 2 Petr 1,3f). All die Charismen wirken mit Kraft, und diese Kraft kommt von dem einen Herrn (vgl. 1 Kor 12,6). Wenn der Glaubende nach den Quellen seiner Kraft sucht, wird er sie letztlich in der Freude an Gott finden (Röm 15,13).

Wenn solche glaubend gedeutete Erfahrung wie das Leben lebendig und nicht sinnlos ist: Was ist die mir von Gott geschenkte persönliche Kraft? Wie kann ich sie finden, wie mich mit ihr verbinden, um aus dieser Quelle als Priester und Mensch zu schöpfen?

Einige Deutefragen, die zu dieser Quelle führen könnten:

- Was berührt mich innerlich ganz intensiv?
- Bei welchen Worten, Gedanken, Erfahrungen fühle ich mich tief berührt, bewegt, ganz persönlich angesprochen?
- Bei welchen Worten, Gedanken und Erfahrungen fühle ich mich besonders angeregt und motiviert, meine Arbeit gut zu tun?
- Welche Erfahrungen, welche Eindrücke der letzten Tage und Wochen gehen mir immer noch nach?
- Welche Glaubenswahrheit, welcher Glaubensinhalt erfüllt mich am meisten, läßt mich sagen: Ja, das ist mir wichtig?
- Was ist so etwas wie ein Leitspruch für meine Arbeit?
- Welches biblische Wort, welche biblische Szene bedeutet mir besonders viel?
- Was würde ich in mein Wappen malen, wenn ich eines erstellen sollte?
- Bei geschützten Computerprogrammen benötigt man zum Starten ein Code-Wort. Was ist für mich gleichsam das Code-Wort, unter dem mein Leben und meine Arbeit steht?

Hier ist nicht das dogmatisch Richtige und Wichtige gefragt. Auch nicht das, was noch so gute Pastoralkonzepte vorsehen. Hier wird das berührt, was im persönlich Inneren Kräfte weckt und spüren läßt. Darin vor allem liegt der Schatz, das Charisma, das Gott mir schenkt, die gute Gabe, die ganz individuelle Begabung, die Gott mir eingeschaffen hat, der Reichtum, den Gott mir im Laufe meiner Lebens- und Berufungsgeschichte hat zuwachsen lassen.

An dieser letzten Quelle meiner Kraft zu arbeiten, sich um sie in Gebet, Meditation, Studium zu bemühen ist Überzeugungsarbeit mit mir selbst.

Die Priesterweihe

Die Tatsache, daß jemand nach der Ausbildung und der Befragung »des Volkes und der Verantwortlichen« die Priesterweihe empfangen hat, läßt bis zum Beweis des Gegenteils die Überzeugung zu, daß er auch berufen ist. Anders ausgedrückt: Wer zum Priester geweiht wurde, braucht nicht immer und immer wieder mit sich und den Menschen zu diskutieren, ob das Priestersein das wirklich Richtige für ihn ist. Diese Frage ist mit einem persönlichen und einem gemeinschaftlichen Ja beantwortet.

Sicher: Die Ausgestaltung des Priesterseins, die priesterliche Lebenskultur darf und muß immer wieder durchleuchtet werden. Wer das nicht (mehr) tut, hat aufgehört, seine Berufung als Lebensprojekt ernst zu nehmen. Gerade das grundsätzliche, doppelte Ja – persönlich, von innen, gemeinschaftlich, von außen – ermöglicht es, die Art, den Stil, die Lebenskultur priesterlichen Lebens kreativ in Frage zu stellen.

Hildegard von Bingen beschreibt in ihrem Zirkelgleichnis das Verhältnis von grundsätzlichem Ja im Glauben und apostolischer Tätigkeit. Je tiefer die Zirkelspitze des persönlichen Glaubens gesteckt wird, desto weiter können die Tätigkeiten nach außen sein, ohne daß der Zirkel wegruscht.

Auf das Vertrauen in die eigene Berufung angewandt, heißt das: Je intensiver das Ja zur eigenen Sendung gesprochen und das Vertrauen in die eigene Berufung gepflegt wird, desto befreiter und weiter kann die Arbeit in der Seelsorge sein.

Um zum Bild der Quelle zurückzukehren: Je bewußter ich aus der Quelle der eigenen Berufung und Entscheidung, die sich in der Priesterweihe manifestieren, schöpfe, desto fruchtbarer wird die seelsorgliche Arbeit sein. Ein manchmal anzutreffender Berufsdünkel ist jedoch gänzlich fern der Quelle und fehl am Platz, denn das Wasser aus dem Brunnen verdankt sich keiner Eigenproduktion, sondern ist vor allem Geschenk Gottes.

Diese Sicht mag manchem als ein sehr schlichter Glaube an eine »Amtsgnade« erscheinen. Eines aber ist klar: Nicht theologische Erwägungen über Priestertum als solches und über die – göttlich gewollte oder kirchlich tradierte – hierarchische Struktur der Kirche, sondern kraftvoller Glaube und schlichtes Vertrauen setzen Energien frei im Hier und Jetzt priesterlicher Arbeit. Theologische Vorbehalte und Anfragen hinsichtlich einer allzu priesterlichen, klerikalisierten Kirche (vgl. Karl Rahner: Strukturwandel der Kirche als Aufgabe und Chance, Freiburg 1972) haben einen ganz anderen Ort als den, wo sich hier und jetzt priesterliche Lebenskultur vollzieht, – vollzieht für die Menschen und die, die glaubens- und lebensgeschichtlich gewählt haben, wozu sie sich gerufen fühlen und beauftragt sind.

Wenn ich schwach bin, dann bin ich stark

Selbst bei menschlich optimaler »Ausstattung« und verbunden mit dem Lebensstrom Gottes wird im persönlichen Leben wie in der seelsorglichen Praxis nicht alles gelingen. Unvollkommenheiten, Ohnmacht, Umwege, Enttäuschungen, Sackgassen, Scheitern gehören immer auch zu den schmerzvollen Erfahrungen eines Priesterlebens. Zähle ich angesichts dieser Wahrheit und Erfahrung, was Paulus für sich bekennt, auch zu meinen Grundüberzeugungen?

»Er – der Herr – antwortete mir: ›Meine Gnade genügt dir; denn sie erweist ihre Kraft in der Schwachheit.‹ Viel lieber also will ich mich meiner Schwachheit rühmen, damit die Kraft Christi auf mich herabkommt. Dewegen bejahe ich meine Ohnmacht, alle Mißhandlungen und Nöte, Verfolgungen und Ängste, die ich für Christus ertrage; denn wenn ich schwach bin, dann bin ich stark« (2 Kor 12,9ff).

Diese Worte werden gelegentlich in besinnlichen Stunden zitiert. Das Paradox, in meiner Schwachheit stark zu sein, widerspricht eigentlich allen menschlichen Erfahrungen. Auch alle Aus- und Weiterbildungen zielen – in welchen Berufssparten auch immer – doch darauf ab, schwache Situationen zu vermeiden. In Gesprächen mit Kollegen im priesterlichen Dienst gibt es wohl ebenso kaum jemanden, der erzählt und zugibt, wo er versagt und Schwäche gezeigt hat. »Sei kein Loser!« lautet die Parole.

Wenn wir davon ausgehen, daß Paulus mit seinen Worten nicht im Entferntesten daran denkt zu kokettieren, kann es sich nur um eines der Geheimnisse im Reiche Gottes handeln. Dort, wo sich der Mensch mit dem, was er ist, mit allen Fähigkeiten und mehr noch mit seinen Erbärmlichkeiten, der Arbeit im Reich Gottes zur Verfügung stellt, erweist sich Gottes Führung und Wirkung um so deutlicher. Es kann sich geradezu als Markenzeichen des Wirkens Gottes erweisen, wenn Großes, Friedvolles, Anrührendes entsteht, obwohl schmalbrüstige, engstirnige und ängstliche, auf sich selbst bedachte Menschen hier und da sein Bodenpersonal sind. Die »Kriminalgeschichte des Christentums« (Karl-Heinz Deschner) – sprich der Kirchengeschichte – läßt somit entweder vom Glauben abfallen oder auf die Gnade Gottes vertrauen, gerade trotz allem. Was für die große Geschichte der Kirche gilt, gilt auch für ihre »kleinen« Vertreter, ohne Ausnahme und auf allen Etagen.

Einzig fraglich ist allerdings, ob *ich* – Kaplan, Pfarrer, Professor, Bischof etc. – an dieses Geheimnis des Gottesreiches glauben will. Ich darf und soll an die Quelle meines Lebens und meiner Schaffenskraft glauben. Das mag noch angehen. Gebe ich aber auch der Wirklichkeit Raum, daß Gott durch meine Charismen, meine Fähigkeiten und Schwächen und weit über sie hinaus der »Letztverantwortliche« für das Gelingen der Sache Jesu ist?

✎

Impulse zum Weiterdenken

Spannung: Theoretisches Wissen - Lebenswissen

In welchen Lebens- und Arbeitsbereichen erlebe ich, daß ich zwar theoretisch, theologisch etwas genau erklären kann, es mir aber kein wirklich ganz persönliches Anliegen, kein Lebenswissen und Lebenswert ist?

- Bei Lehraussagen der Kirche?
- Bei Frömmigkeitsformen in meiner Gemeinde?
- Bei meiner eigenen Lebensform?

Bei welchem Thema, in welcher Situation ist mir dies aufgefallen?

- Wäre es vielleicht doch gut, mich eingehender mit dieser Frage zu beschäftigen?
- Spüre ich innere Abwehr?

- Möchte ich etwas ändern?
- Wenn mir niemand über die Schultern schaut: Glaube ich persönlich, was ich verkünde und sakramental vollziehe?
- Oder habe ich bei vielem das Gefühl: Ich rede oder tue etwas, weil es so von mir erwartet wird?

MEINE EIGENE LEBENSKRAFT

Wie schätze ich meine eigene Lebenskraft ein?

- Habe ich das Grundgefühl: »Ja – ich schaffe das«?
- Oder eher: »Meine Kräfte reichen nicht aus. Ich bin physisch oder psychisch überfordert«?
- Was möchte ich ändern?
- Welche Schritte sind notwendig?
- Mit wem könnte ich darüber einmal reden?

DER SCHATZ MEINER ERFAHRUNGEN

Erlebe ich mein persönliches Leben, meinen Lebensstil, meine konkret gelebte Lebenskultur, meine persönlichen Erfahrungen als wertvoll?

- Für mich persönlich?
- Als Schatz, aus dem ich in meiner Arbeit schöpfen kann?
- Oder belasten mich eher meine Erfahrungen?
- Muß ich die eine oder andere persönliche Erfahrung vielleicht sogar verstecken?

SEHNSUCHT NACH STIMMIGKEIT

Wie würde ich mein Lebensgrundgefühl beschreiben?

- Ich tue, was ich aus innerster Überzeugung und mit dem Herzen tun will...
- Oder: Ich absolviere einiges oder vieles, mit dem ich ehrlicherweise eigentlich nichts zu tun haben will...
- Wie reagiere ich, wenn mir etwas »gegen den Strich« läuft?
- Wenn ich schätzen sollte: Bei wieviel Prozent meiner Arbeit und meines Lebens erlebe ich Stimmigkeit, bei wieviel Unstimmigkeit?
- Möchte ich da etwas ändern?
- Wie gehe ich vor? Wie, wo fange ich an?

Mein persönliches Charisma

- Bin ich davon überzeugt, daß ich persönlich einmalige, unersetzbare Charismen habe?
- Wie würde ich sie beschreiben, benennen?
  Vielleicht wäre es ganz gut, diese Formulierungen aufzuschreiben und auf den Schreibtisch zu legen, damit ich mich ihrer öfter vergewissern kann.

Die Priesterweihe

- Gibt es für mich so etwas wie »Amtsgnade«, d. h. daß Gott meinem persönlichen Ja das seine zugesellt?
- Gibt es Situationen, Erfahrungen, die mich an meiner Entscheidung oder der Zustimmung Gottes zu ihr erheblich zweifeln lassen?
- Wie komme ich persönlich damit zurecht, daß es inner- und außerkirchlich viele Fragen an die »Kleriker« gibt?

»Wenn ich schwach bin, dann bin ich stark«

- Sind diese Worte auch für mich eine persönliche Erfahrung?
- Oder eher Ideologie, »Schnee von gestern«?
- Oder ein schwacher, unwirklicher Trost?

»Diener eurer Freude« (2 Kor 1,24) hatte Klaus M. auf sein Primizbildchen als Leitspruch geschrieben. Es spiegelte seine Erfahrungen während des Studiums und der Vorbereitung auf die Priesterweihe wider. Bei allen Belastungen war sein vorherrschendes Empfinden Freude gewesen.
Bei einem Treffen des Weihekurses nach zwanzig Jahren erzählt er begeistert, daß er »mit Liebe und Hingabe« an seine Arbeit gegangen sei. Zwar habe bereits sein erster Pfarrer ihm erhebliche Dämpfer verpaßt. Einer von dessen typischen Ideentötern sei der Satz gewesen: »Das wird nichts. Das haben wir schon alles probiert.« Doch von solchen pessimistischen und depressiven Tendenzen habe er sich nicht unterkriegen lassen. Ja, er habe auch Tiefs erlebt, aber sich nie ganz unten gefühlt. Ihm habe immer wieder geholfen, sich an die Begeisterung des Anfangs zu erinnern.

Vielleicht ist Pfarrer M. ein unverbesserlicher Optimist. Vielleicht macht dieser Optimismus seine Strategie aus, in den Problemen des Lebens und der seelsorglichen Arbeit immer den Kopf über Wasser zu behalten. Auf jeden Fall gibt er einen wertvollen Hinweis: die Begeisterung des Anfangs. An diese kann er sich offensichtlich auch in schwierigen Situationen gut erinnern, sie sozusagen immer wieder in sich lebendig werden und wirken lassen.

Sich der Leidenschaft des Anfangs vergewissern

Wie geht das: sich die Kraft und die Leidenschaft des Anfangs zu erhalten? Wie kann das sein: den Anfangsimpuls nicht nur nicht zu verlieren, sondern zu kultivieren?

Ohne Zweifel bleibt es sinnvoll und hilfreich, sich auf diesen Anfangsimpuls zurückzubesinnen. Was war es am Anfang, das mich beflügelt und motiviert hat, diesen Beruf, diese Berufung anzunehmen? Was hat mich damals innerlich so berührt, daß ich mir in der Weiheliturgie vom Bischof die Worte sagen ließ: »Bedenke, was du tust, ahme nach, was du vollziehst, und stelle dein Leben unter das Geheimnis des Kreuzes«?

Es ist gut, die ursprünglichen Gedanken und Emotionen gelegentlich zu erforschen. Sie haben offenbar so tief gegriffen, daß es möglich war, das ganze Leben auf eine Karte zu setzen.

Zurück zur Quelle

Das Gemeinte mag in dem Bildwort verdeutlicht werden: »zurück zu den Quellen«. An einer guten Quelle fließt das Wasser ungetrübt aus dem Inneren der Erde hervor. Giftstoffe und Abwässer haben das Wasser noch nicht verdorben.

Natürlich soll der Beginn des Berufsweges nicht einfach verherrlicht werden. Da gibt es viele Fragen und Probleme, die im Laufe der Berufszeit geklärt werden müssen, Fragen, die erst im Laufe der Jahre aufbrechen und zu Krisen führen können, gegebenenfalls die Berufung vielleicht grundsätzlich hinterfragen. Vielleicht stellt sich sogar heraus, daß die Quelle bereits am Anfang verseucht wurde, etwa durch Eitelkeit, Machtträume, irrige Vorstellungen von der Ausübung priesterlichen Dienstes.

Selbst wenn die Quelle bereits am Anfang getrübt war, ist es um so wichtiger, die Antriebskräfte zu ergründen, die den Beginn des Berufsweges bestimmten. Soll der Beruf nicht verlorengehen, müßte er aus einer unverdorbenen Quelle neu gespeist werden.

Den eigenen Lebensroman schreiben

Es wird schon fast erwartet, daß Politiker, Publizisten, Schauspieler oder Künstler ihre Autobiographie der Öffentlichkeit vorlegen. Erstaunlich, wie groß das Publikum dieser literarischen Gattung geworden ist. In den Lebensläufen dieser Menschen können sich die Leser mit ihren Alltagssorgen ebenso entdecken wie mit ihren Phantasien und Wunschvorstellungen über eigene Größe, Macht und Geltung.

Auch der Priester – insbesondere der Gemeindepfarrer – hat eine gewisse Öffentlichkeitswirkung. Er gehört in der Regel neben Bürgermeister und anderen »Honoratioren« – zumindest in Dörfern und Kleinstädten – nach wie vor zu den Lokalgrößen und wichtigen Persönlichkeiten. Doch sollte dies sicher nicht der erste Grund sein, ebenfalls eine Autobiographie, einen Lebensroman zu schreiben. Auch muß ein solcher Roman nicht erst als Fazit am Ende eines mehr oder weniger erfüllten Lebens verfaßt werden. Wichtig erscheint vielmehr die erhellende und reinigende Funktion eines solchen Vorhabens. Dieser Roman kann helfen, die eigenen Ursprünge zu erforschen und Lebenslinien bewußter zu machen.

Was könnte ein solcher Lebensroman enthalten? Gut biblisch könnte er mit einer »Kindheitsgeschichte« beginnen:

- Welche Begebenheiten prägten meine Kinder- und Jugendzeit?
- Was waren die einschneidendsten Erlebnisse und Eindrücke für mich?
- Was hat mich froh gemacht?
- Was hat in mir Verwundungen verursacht, vielleicht solche, die heute noch wehtun?
- Bei welcher Gelegenheit kam mir erstmals der Gedanke, Priester zu werden? Welches Ereignis, welche Person hat diesen Gedanken angestoßen?
- Wie ist die Idee, Priester zu werden, in mir weitergewachsen? Mit wem habe ich darüber gesprochen? Wer hat mir wie zugeraten, wer abgeraten, mit welchen Gründen? Wie haben meine Eltern, Geschwister und Verwandten, meine Freunde darauf reagiert?
- Wie habe ich die erste Begegnung mit dem Priesterseminar und dem Regens erlebt? Was hat mich ermutigt? Was abgeschreckt?
- Welche Entscheidungsphasen habe ich durchlebt? Gab es auch Unsicherheit und Zweifel, welcher Art?
- Welche Gespräche und Gedanken habe mir dabei als hilfreich erlebt? Welche Bücher, Gedichte, Filme, Bilder, Zeichen, Symbole?
- Welche Erfahrungen gab es mit meiner Sexualität und mit der Erotik für mich? Zu wem fühlte ich mich hingezogen? In welche

Frau oder Frauen habe ich mich verliebt? Gab es da »richtige Affären«? Wie habe ich mich aus solchen Beziehungen wieder gelöst? Kann ich heute in Ruhe darüber nachdenken? Oder lasse ich diese Erfahrungen lieber stillschweigend auf sich beruhen?

- Ist es mir möglich, mich wieder in die Stimmung des Weihetages zurückzuversetzen? Welches Empfinden war das stärkste an diesem Tag in mir?
- Welche Erfahrungen verbinde ich mit dem Tag der Primiz?
- Wie habe ich das Eintauchen in den »nüchternen« Alltag der ersten Kaplansstelle erlebt?

Das Niederschreiben der priesterlichen Anfänge kann eine enorm vertiefende und präzisierende Wirkung haben. Beim Schreiben besteht weniger die Gefahr, oberflächlich über Erlebnisse hinwegzuhuschen. Hier gilt es, sich gleichsam festzulegen, vielleicht Diffuses in Worte zu fassen, gedanklich und worthaft in Zusammenhänge zu bringen. Eine solche Erfahrung sei empfohlen.

Der Lebensroman als geistlicher Vorgang

Das Niederschreiben des eigenen Lebensromans will nicht als Psychotrip mißverstanden werden. Zwar sind die psychologischen Wirkungen eines solchen Schreibvorgangs unverkennbar. Doch soll er mehr noch ein Nachtasten jener Schritte sein, die Gott mit mir gegangen ist, er soll ein geistlicher Vorgang sein, an dessen Ende das begründete, vertiefte Erkennen stehen kann: Ich habe gewollt, und Gott hat geführt. In meiner Berufssuche und -findung haben sich nicht einfach willkürlich Schritte aneinandergereiht. Da gibt es vielmehr einen roten Faden, eine deutliche Linie, eine spürbare Führung. Selbst Steine, die ich mir selbst oder die andere mir in den Weg gelegt haben, sind im nachhinein als Stufen zum Ziel erkennbar. Oder war es ganz anders?

Der zweite Teil des Lebensromans: Ent-täuschungen

Im zweiten Teil des Lebensromans ginge es um die Erfahrungen seit der Priesterweihe bis heute. In diesem Teil zeigt sich nicht immer eine so stringente Lebenslinie, wie es Pfarrer Klaus M. berichtete. In der Regel kommen nicht nur gelegentliche »Dämpfer« zur Sprache, sondern jene bereits angesprochenen Enttäuschungen.

Da ging einer mit hohen Zielen und Motivationen an den Start, die dann durch irgend jemanden oder irgend etwas zweifelhaft oder gar zerstört wurden. Dann kommen die Selbstzweifel, Brüche in der Lebensführung, die Erfahrung, daß kein roter Faden sichtbar wird; eine Kirche und Gemeinde, die sich nicht so darstellen, wie ich es mir wünsche; ein Bischof, dessen Hände die des Weihekandidaten umschlossen, und der jetzt so weit weg ist; Mitbrüder, die oft eher zu Konkurrenzverhalten als zur Mitbrüderlichkeit neigen.

Desillusionierende Enttäuschungen; doch da gibt es vielleicht auch Enttäuschungen, Vorgänge, in dem Täuschungen über einen tatsächlichen Zustand aufgedeckt und aufgehoben werden.

Wie auch immer – Enttäuschungen sind schmerzhaft, weil ich – weniger im Kopf als vielmehr mit dem »Bauch« – erkennen muß: Die Leidenschaft, das Engagement des Anfangs haben sich offenbar auf etwas bezogen, das in Wirklichkeit nicht so ist, wie ich es mir damals vorstellte. Mein ganzer Einsatz und meine Begeisterung zielten auf eine Täuschung, gleichgültig, ob ich mich selbst täuschte, ob andere mich täuschten oder ob ich Menschen, Institutionen und Vorgänge falsch einschätzte.

Unterscheidungen und Entscheidungen

Da gilt es nun, klare Unterscheidungen vorzunehmen. Dem Erkennen, etwas falsch eingeschätzt zu haben, muß noch lange nicht ein Zweifel an der Kraft des beruflichen Anfangs folgen. Eine Unterscheidung wie die folgende kann manchen Druck nehmen: Ich habe mich zwar in vielem getäuscht – über Menschen, über den

Zustand der Kirche, sogar über mich selbst. Doch die Begeisterung und Leidenschaft des Anfangs waren als solche gut, stimmig und täuschungsfrei. Neue Energien werden wach, wenn ich einen Neu-Anfang setze. Das heißt: Ich greife zurück auf das, was mich in der Anfangssituation des Berufs getragen hat, und gestalte es neu – hier und jetzt.

> *»Darum rufe ich dir ins Gedächtnis: Entfache die Gnade Gottes wieder, die dir durch die Auflegung meiner Hände zuteil geworden ist. Denn Gott hat uns nicht einen Geist der Verzagtheit gegeben, sondern den Geist der Kraft, der Liebe und der Besonnenheit ...*
> *Darum muß ich auch dies alles erdulden, aber ich schäme mich nicht, denn ich weiß, wem ich Glauben geschenkt habe, und ich bin überzeugt, daß er die Macht hat, das mir anvertraute Gut bis zu jenem Tag zu bewahren. Halte dich an die gesunde Lehre, die du von mir gehört hast; nimm sie dir zum Vorbild, und bleibe beim Glauben und bei der Liebe, die uns in Jesus Christus geschenkt ist. Bewahre das dir anvertraute kostbare Gut durch die Kraft des Heiligen Geistes, der in uns wohnt.«*

Besser kann das Gemeinte kaum ausgedrückt werden als in diesen Worten des Paulus an Timotheus (2 Tim 1,6f.12).

Zwei Entscheidungsmuster stehen zur Verfügung:

- Ich kann mich festbeißen in meinen Enttäuschungen, bis zu meiner Pensionierung mich selbst bemitleiden, zu einer Gestalt des Jammers werden, mir Kreise und Zirkel suchen, die mit mir jammern. Ich werden jede Menge Leidensgenossen finden.
- Oder: Ich greife zurück auf den Anfangsimpuls, entfache neu in mir die Liebe und Hingabe des Anfangs, lasse mich *vor* jeder Resignation motivieren durch alles, was in meinem Leben, in meiner Gemeinde, in dieser meiner Kirche gut läuft. Aus dieser Kraft des Anfangs kann ich anpacken, was heute ansteht.

Impulse zum Weiterdenken

Elija und ich

Fühlen Sie sich auch manchmal wie ein müder Prophet? Einer, der mit großem Elan angetreten ist. Einer der schon vieles geleistet hat. Aber auch wie einer, dem inzwischen manchesmal die Puste ausgeht, der öfter keine Lust mehr hat.

Das ist Propheten-Schicksal: Elija hatte schon vieles geleistet, hatte sich zuletzt auf den hochbrisanten Wettstreit mit den Baalspriestern am Berge Karmel eingelassen (1 Kön 18), sein Leben in die Waagschale geworfen für seinen Gott, sein Leben riskiert für Jahwe. Doch jetzt ist er am Ende (1 Kön 19). Er geht in die Wüste, legt sich unter einen Ginsterstrauch und wünscht sich den Tod: »Nimm mein Leben; denn ich bin nicht besser als meine Väter.« Elija legt sich hin und schläft ein.

Sich ins Bett legen. Die Decke über den Kopf. Einfach Schluß! Aus! Ich will nichts mehr sehen und nichts mehr hören! Laßt mich alle in Ruhe! Ich kann nicht mehr. Ich will nicht mehr! Macht eure Arbeit alleine!

Ein Engel rührt Elija an und sagt: »Steh auf und iß!« Elija findet Brot und Wasser neben seinem Kopf. Er ißt und trinkt und legt sich wieder schlafen.

Wenn ich mich unter meiner Decke verkrochen habe, komme ich ins Nachdenken: In meinem Leben gibt es – zugegebenermaßen – nicht nur Mißlingen. Da gibt es auch Engel und Menschen, die mir Speise zur Kräftigung geben: ein gutes Wort, einen Dank, ein Lob, eine Anerkennung, ein kleines Geschenk. Aber insgesamt? Nein – ich möchte schlafen und alles vergessen.

Der Engel rührt Elija zum zweiten Mal an: »Steh auf und iß! Sonst ist der Weg zu weit für dich.«

Selbst Gottes Engel spricht es aus: Elija ist ohne die Speise überfordert – wie ich. Doch wenn ich Brot und Wasser meines Lebens betrachte, können es nicht nur einfach Kohlehydrate und Flüssigkeit sein, die bereit und fähig machen für ein Leben als Priester. Nicht nur Lob, Dank und Anerkennung der Menschen läßt leben. Brot und Wasser müssen mehr sein, eine göttliche Speise.

Elija kriecht unter dem Ginsterstrauch hervor. Durch die Speise gestärkt, wandert er vierzig Tage und Nächte zum Gottesberg Horeb. Immer noch will er schlafen. Er sucht sich eine Höhle zum Übernachten. Doch Gott spricht ihn an. Elija protestiert: »Mit leidenschaftlichem Eifer bin ich für den Herrn, den Gott der Heere, eingetreten, weil die Israeliten deinen Bund verlassen, deine Altäre zerstört und deine Propheten mit dem Schwert getötet haben. Ich allein bin übriggeblieben, und nun trachten sie mir nach dem Leben.«

Ja – ich mache mich schon wieder auf. Ich krieche unter meiner Decke hervor und gehe wieder an meine Arbeit. Aber eines will ich dir sagen, du großer Gott: Mit leidenschaftlichem Eifer habe ich mich an meine Arbeit gemacht. Voller Leidenschaft habe ich meinen Weg begonnen. Ich habe mich damals für dich, meinen Gott, eingesetzt. Habe alles auf dich gesetzt. Ich habe dein Wort vom Bund verkündet. Aber wer hört mir schon ernsthaft zu? Wer richtet sein Leben mehr an deinem Wort als an bequemen und bürgerlichen Lebensmaximen aus? Viele suchen sich andere Altäre. Deine Altäre zerstören sie nicht, sie sind ihnen egal. Ich komme mir manchmal vor wie der Letzte oder das Letzte. Ja, ja, ich weiß. Das entspricht nicht ganz der Realität. Aber ich habe eben dieses Gefühl.

Gott fordert Elija auf: »Komm heraus, und stell dich auf den Berg vor den Herrn!« Dann zieht der Herr an Elija vorüber. Ein starker, heftiger Sturm, ein Erdbeben und ein Feuer sind Vorboten des Vorübergangs. Im sanften leisen Säuseln kommt der Herr. Und Gott gibt Elija einen neuen Auftrag. In Elischa gibt er ihm einen Gefährten zur Seite.

»Komm heraus und stell dich vor den Herrn!« Ich komme aus meinem selbstorganisierten Schneckenhaus heraus und trete vor deinen Altar, der der Tisch meines Lebens ist. Hier stehe ich und warte darauf, daß ich dich spüren kann. Daß ich dich hören kann. Daß du an mir vorbeiziehst. Wenn ich deinen Vorübergang, deine Nähe doch erleben dürfte! Ich weiß: Wenn ich dich spüren will, muß ich aus dem Getöse meines Lebens, aus meinen Stürmen, meinen Erdbeben und Feuern heraus. Nur in der Stille, im Säuseln des Windes, in der »Stimme verschwebenden Schweigens« (Martin Buber) kann ich deinen Geist entdecken.

GEBET

Gib mir, Herr, die Kraft, unter meiner Decke hervorzukriechen.
Gib mir den Mut, vor dir meinen Ärger, meine Unlust,
meinen Wunsch nach einem Ende des Weges auszusprechen.
Gib mir, Herr, die Erinnerung an die Leidenschaft und den Eifer des Anfangs. Erneuere sie in mir, jetzt und heute.
Gib mir Speise zu rechten Zeit, Speise, die mich leben läßt,
die stärkt für den Weg in die Zukunft.
Laß mich erkennen, daß es deine heilige Speise ist.
Gib mir die Stille des Herzens, in der ich dir begegnen kann.
Gib mir, Herr, neu meinen Auftrag. Sende mich neu,
damit ich in der Kraft eines neuen Anfangs an meine Arbeit gehe.
Gib mir Gefährten und Gefährtinnen, Herr, auf meinem Weg.
Alleine halte ich es nicht aus. Schenke sie mir,
damit wir einander Stärkung im Glauben
und in der Sendung sein können.
Amen.

Verantwortung für sich selbst übernehmen

»Antworten« bedeutet: auf eine Anfrage mit einer Gegenrede, sei sie positiv oder negativ, zu reagieren, oder: zu einer vorgebrachten Meinung seine Ansicht zu äußern. Diese Antwort kann sachlich begründet oder auch emotional aufgeladen sein. Bei einer Antwort kann sich der Antwortende distanziert verhalten oder engagiert einbringen, und dazwischen gibt es viele Nuancen.

Antwort geben kann jeder, kann jedes Lebewesen. So ist es beispielsweise ein nettes Spiel, während eines Waldspaziergangs mit einem Singvogel durch Nachahmung zu kommunizieren. Oder: Ein Baby antwortet auf das Lächeln und Zureden eines Menschen, der sich über sein Bettchen beugt, ab der sechsten Lebenswoche ebenfalls mit einem Lächeln – Antworten. Doch weder Vogel noch Baby tragen »Verantwortung«. »Verantworten« besagt noch etwas mehr: zu einem Wort, einer Antwort, einer Handlungsweise, einem Verhalten zu stehen und sich daraus (vielleicht) ergebende Konsequenzen zu tragen, selber dafür Verantwortung zu übernehmen.

Verantwortung kann jemandem aber auch übertragen, zugesprochen oder anvertraut werden. So ist den Eltern in vielen Bereichen und Situationen Verantwortung für ihre heranwachsenden Kinder übertragen: »Eltern haften für ihre Kinder«. In einem Betrieb wird einem Abteilungsleiter die Verantwortung für den reibungslosen Ablauf der Produktion in seinem Bereich gegeben. Gewählten Vertretern in der Politik ist Verantwortung für ihr Handeln im Namen eines Volkes übertragen. Kommt jemand seiner Verantwortung nicht nach, wird er von dem, der sie ihm übertragen hat, »zur Verantwortung gezogen«.

Verantwortung übernehmen bedarf des ungetrübten Blicks auf Menschen und Vorgänge. Neben mangelnder Sachkompetenz kennt verantwortliches Handeln vor allem ein zweites Hindernis, welches sich darin zeigt, daß jemand zu sehr mit sich selbst und seinen eigenen Bedürfnissen besetzt ist. Dabei übernimmt er für sich selbst und diese seine »Schräglage« nicht genügend Verantwortung, wenn seine wichtigsten Fragen lauten: Was bedeutet dies oder jenes für mich? Kann mir dabei etwas passieren? Was springt dabei für mich heraus etc.?

Für sich selbst Verantwortung übernehmen – dies wird in besonderer Art für den Priester zur Existenzfrage. Denn in seinem Dienst ist seine ganze Persönlichkeit mit seinem Wissen, seinem Geist, seiner Emotion, seiner Körperlichkeit gefragt. Er erbringt nicht eine Dienstleistung, er *tut* nicht nur Seelsorge, sondern er *ist* Seelsorger.

Darum gehört es zu seiner Lebenskultur, das »Kapital« seiner eigenen Person mit all seinen Facetten ernst zu nehmen, zu entfalten und zu erhalten. Einige Aspekte seien ausdrücklich angesprochen, wie der einzelne für sich verantwortlich zeichnet.

Verantwortung für den Körper – Körperkultur

Die alte Lebensweisheit »Mens sana in corpore sano« hat für Christen eine neue Bedeutung erhalten: »Wißt ihr nicht, daß euer Leib ein Tempel des Heiligen Geistes ist, der in euch wohnt und den ihr von Gott habt? Ihr gehört nicht euch selbst; denn um einen teuren Preis seid ihr erkauft worden. Verherrlicht also Gott in eurem Leib!« (1 Kor 6,19f). Mit diesen Worten wehrt Paulus zunächst Unzucht ab, formuliert jedoch zugleich eine grundsätzliche Aufforderung: Geht mit dem eigenen Körper als Gabe und Wohnung Gottes in Ehrfurcht um. Der Körper ist Ausdruck der Persönlichkeit, der Person, die »ein Geist« ist mit dem Herrn (1 Kor 6,17). Wenn aber die Person des Priesters sozusagen Werkzeug seines seelsorglichen Dienstes ist, dann gilt ihm die paulinische Forderung in besonderer Weise.

Da jede Person sich auch durch Individualität auszeichnet, erscheint es wenig sinnvoll, »allgemein gültige« Verhaltensweisen im Umgang mit dem eigenen Körper auszuformulieren. Im folgenden seien einfach einige grundsätzlichere Perspektiven benannt, die keineswegs beanspruchen, eine Neuentdeckung zu sein. Nur – der »alte Adam« bedarf hin und wieder der sachten Erinnerung, oder nicht?

(1) Zum Ernstnehmen des eigenen Körpers gehört eine Kultur der Pflege und Hygiene. Mangelnde Reinigung deutet auf mangelnde Wahrnehmung des eigenen Leibes.

(2) Bewegung fördert körperliches Wohlbefinden, Kondition und auch innere Ausgeglichenheit. Wenigstens ein Minimalprogramm sportlicher Betätigung, etwa in Form einer Morgengymnastik oder dem Traiming an einem Sportgerät im Badezimmer, ist kein Spleen und abwegig, sondern notwendig für Leib *und* Seele.

(3) Nicht weniger Aufmerksamkeit bedarf die Justierung des rechten Maßes im Verhältnis von Genuß und Verzicht. Übermäßiger Genuß schadet dem Körper ebenso wie unmäßiger Verzicht (etwa durch zu strenges Fasten). Wer übermäßig genießt, was immer es sei, verschiebt mit der Zeit seine Lebenswichtigkeiten hin zu Essen, Trinken, Rauchen oder ähnlichen Zuwendungen. Wer – umgekehrt – unmäßig verzichtet, kann auf die Dauer seinem seelsorglichen Auftrag, der körperliche Kraft verlangt, nicht mehr nachkommen.

(4) Allerdings gilt auch: Wer nicht genießen kann, wird selber ungenießbar. Wer dauernd seine Bedürfnisse unterdrückt, den werden sie irgendwann mit um so größerer Macht einholen. Darum ist es wichtig und richtig, »erlaubte« Freuden bewußt wahrzunehmen, zu sichern und sie sich zu gönnen. Sonst schleichen sich, zumindest in der Phantasie, Ersatzbefriedigungen ein.

(5) Wer sich sorgfältig und sauber kleidet, drückt aus, daß er seinen Körper wertschätzt. Es weniger um die Stilrichtung seiner Kleidung, sondern um die Art und Weise, Geschmack und Sorgfalt.

(6) Krankheiten sind lästig, aber auch Warnungen an die Lebensführung. Wer sich selbst durch den Stil seiner Lebensführung bzw. durch mangelnde gesunde Aufmerksamkeit gegenüber sich selbst kränkt, wird irgendwann krank: je nach Typ und Veranlagung an Regionen und Organen seines Körpers abzulesen: an Wirbelsäule oder Bandscheiben (»Das bricht ihm das Kreuz«), am Magen (»Das ist mir auf den Magen geschlagen«), an den Nieren (»Das geht mir an die Nieren«), an der Leber (»Was ist dir denn über die Leber gelaufen?«), an seinem Herzen (»Er nimmt

sich immer alles fürchtlich zu Herzen«), an Lunge und Atemwege (»Das Tempo hält der sicher nicht so lange durch«), an Nacken und Schultern (»Was der sich immer alles auflädt!«). Die Bildworte sind ja nicht nur Bildworte.

(7) Wer sich innerlich antreiben läßt, fühlt sich irgendwann nur noch getrieben und überfordert. Der Körper wehrt sich und wird krank:

- Dem inneren Antreiber »Sei perfekt!« gehorcht der Körper nicht mehr, weil er kein programmierter Computer ist.
- Dem inneren Antreiber »Sei allen gefällig!« verweigert sich der Körper, weil das Leben und Arbeiten in ein atemloses Gefälligsein ausartet.
- Die inneren Antreiber »Streng dich an!« und »Sei stark!« stoppt der Körper, wenn er ausgelaugt ist und »abbaut«.
- Dem inneren Antreiber »Beeil dich!« werden Grenzen gesetzt, wenn der Körper und Seele nicht mehr nachkommen und Teilsicherungen durchbrennen.

Verantwortung für die eigene Sexualität

Die Reaktionen auf den priesterlichen Zölibat reichen, sei es in Gemeinde oder sei es in der Gesellschaft, von Bewunderung über Bedauern und Unverständnis bis hin zur Anfrage an die Männlichkeit der ehelosen Priester.

Während eines Konveniats junger Pfarrer, bei denen sonst eher Schweigen zum Thema Sexualität und Zölibat herrscht, berichtet einer von seiner letzten Pfarrgemeinderatssitzung: »Weil wieder mal ein Priesterskandal durch die Presse ging, kamen wir auf das Thema Priester und Sexualität zu sprechen. Da tönte eine junge, in der Gemeinde sehr engagierte Frau in die Runde: ›Priester, die einigermaßen gut sind, haben sowieso entweder eine Freundin oder sind homosexuell.‹«

Der Pfarrer erzählte weiter, daß aus den Reihen der PGR-Mitglieder kein Widerspruch kam. Ihm selbst habe dieser Einwurf die

Sprache verschlagen. Eigentlich hätte er die Frau fragen sollen, in welche Kategorie sie ihn denn einordne.
Dann sprachen auch andere Pfarrer von ihren Eindrücken und Erfahrungen. Diese waren nicht so pointiert wie jener Bericht. Doch reichte die Palette von Geringschätzung bis zu Unverständnis.

Die Reaktion der Priester selbst auf solche Attacken fällt sehr verschieden aus. Die einen verarbeiten sie mit Selbstironie. Andere geraten in Selbstzweifel. Manche nehmen eine Nun-aber-trotzdem-Haltung ein. Wieder andere versuchen, Stimmen zu gewinnen, indem sie auf populäre Positionen einschwenken.

»Mann sein«

Voraussetzung für eine bewußte, positive, verantwortliche Annahme der eigenen Sexualität ist eine ganzheitliche, personale Sicht von Sexualität. Mannsein läßt sich nicht isolieren auf den Genitalbereich oder eine genital ausgelebte Sexualität. Mannsein prägt das ganze Menschsein des Mannes. Seine Sexualität ist nicht nur Körperfunktion. Sie prägt sein Denken, Fühlen, Hoffen, Glauben, Lieben, sein Verhältnis zur Schöpfung, zum Mitmenschen, zu Gott.

Dabei hängt Sexualität, wie es oft in traditioneller Engführung verstanden wurde, nicht nur mit Fortpflanzung zusammen. Weil das der Mensch mit den Tieren gemeinsam habe – so die Argumentation – sei Geschlechtlichkeit niedrig, animalisch, nicht typisch menschlich, darum auch nicht Bestandteil der menschlichen Würde.

Menschliche Sexualität hat einen ganz personalen Charakter, ist durchwirkt von menschlichem Denken und Fühlen, ist hineingenommen in die personale Begegnung unter Menschen. Die Aufgabe der Reifung heißt daher nicht, »ein ganzer Mann«, sondern »ein Mann im Ganzen« zu sein oder zu werden.

Kreativität in der Ergänzung

Erfahrungen zeigen, daß – wie zum ganzheitlich Frausein – auch zum Mannsein die Ergänzung gefunden und gelebt werden will, und zwar in doppelter Weise. Der Mann muß in sich selbst seine andere Hälfte entdecken. Mit Richard Rohr könnte man den

Vorgang etwa so beschreiben: Der harte, in sich verschlossene Mann muß gleichsam durch sein inneres Frausein hindurchgehen, weibliche Fähigkeiten wie die des Sich-Einfühlens und des Behütens in sich kultivieren, um als geläuterter Mann ganz menschlicher Mann sein zu können. Erst wenn im Inneren des Mannes eine positive Spannung zwischen Männlichem und Weiblichem, zwischen animus und anima, ausreift, ist sein Mannsein gewissermaßen komplett, wird seine Kraft menschlich fruchtbar.

Was sich zunächst und entscheidend im Inneren des einzelnen abspielt, hat auch große Bedeutung für das Zusammenleben der Menschen, für das Zusammenleben in der Kirche. Erst das Miteinander von Männer und Frauen macht das Miteinander im Vollsinn menschlich. Das Leben der Familie ist hier bezeichnend: Wenn in der Erziehung eines Kindes auf Dauer das Frauliche oder Männliche, das Mütterliche oder Väterliche ausfällt, fehlt dem Kind Entscheidendes. Männer und Frauen, Väter und Mütter fördern auf je spezifische und zugleich unersetzbare Weise die ganzheitliche Entwicklung des Kindes. So bedarf auch die Entwicklung jeder Gemeinschaft beider Elemente, eines männlichen und eines fraulichen, eines väterlichen und eines mütterlichen Prinzips.

Aus solchen Lebensgesetzlichkeiten sollte nicht allzu schnell politischer und kirchenpolitischer Profit geschlagen werden. So spricht beispielsweise diese Erkenntnis zunächst weder für noch gegen das Priestertum der Frau. Ganz deutlich aber wird die Notwendigkeit, daß beide Geschlechter wesentlich und in wesentlichen Dingen die Geschicke von Gemeinschaften, auch der Kirche, bestimmen müssen. Ganz menschlich und kreativ werden Gesellschaft und Kirche nur im Miteinander von beiden.

Klug handelt darum der Priester, der einerseits das Weibliche in seiner eigenen Person zuläßt und pflegt, der andererseits bewußt die Ergänzung durch Frauen sucht.

Formen des Umgangs mit Frauen

Es gehört zur Lebenskultur des Priesters, den Umgang mit dem anderen Geschlecht positiv zu gestalten. Dabei gilt es, naive Vorstellungen zu vermeiden und klare Umgangsformen zu entwickeln.

Nach ersten Erfahrungen in der Seelsorge tauschten junge Priester ihre Vorstellungen über den Umgang mit den Menschen so allgemein und mit den Frauen im besonderen aus.
Einer berichtete von der seelsorglichen Begleitung einer jungen Frau in seiner Gemeinde. Diese leide sehr unter dem Verlust ihrer Mutter. Während der Gespräche weine sie sehr oft, so daß er sich gedrängt fühle, sie auch einmal in den Arm zu nehmen. Das tue der Frau sehr gut. Außerdem sei das seinerseits eine authentische Form, mit dieser Situation umzugehen.
Ein anderes Mitglied der Gruppe widersprach heftig. Wie die Frau seine Verhaltensweise verstehe, könne er nie absehen. Ferner involviere er sich so sehr in die Situation der Frau, daß er am Ende keinen Abstand mehr habe und nicht mehr helfen könne.
Ein dritter wandte ein, daß er sich nicht zumuten wolle, durch solche Umarmungen seine Phantasie ungebührlich zu strapazieren. Er würde lügen, wenn er behaupten würde, es sei nur pastoral, wenn er eine Frau an sich drücke.

Der Umgang zwischen Menschen und besonders zwischen den Geschlechtern unterliegt gesellschaftlichen Konventionen. Das Begrüßungsküssen auf die Wangen in Frankreich und auf den Mund in Rußland ist hierzulande kaum üblich. Umarmungen zur Begrüßung werden besonders in der jüngeren Generation seit einiger Zeit immer öfter praktiziert. Das macht es schwer, ein eindeutig gültiges Verhaltensmuster zu beschreiben. Schon gar nicht erscheint es sinnvoll, kasuistisch eng solche Muster vorzugeben. Dennoch sei noch einmal beleuchtet, was in dem skizzierten Gespräch zum Ausdruck kam.

(1) In der seelsorglich beratenden Begegnung geht es darum, Menschen zu Schritten in ihre Freiheit zu begleiten. Hilfreich sind Worte und Gesten, die den Freiheitsprozeß fördern. Dazu bedarf es oft nicht nur der Intuition, sondern auch der therapeutischen Fachkompetenz.

(2) Wie ein Gesprächspartner bzw. eine Gesprächspartnerin körperliche Berührung auffaßt und deutet, läßt sich kaum im voraus abschätzen; nonverbale Kommunikation ist nicht zweifelsfrei

eindeutig, kann unterschiedlich gedeutet werden. Körperliche Berührung ist ein eigenes Zeichensystem, das über Blickkontakt und Worte hinaus andere Elemente, andere Stufen der Nähe in die Beziehung, auch in die seelsorgliche Beziehung einbringt.

(3) Offen ist die Frage, wie ich selbst mit körperlicher Berührung, die über den Handschlag hinausgeht, zurechtkomme. Was ich selber vom anderen Geschlecht nicht erwarte und nicht erwarten will, lasse ich auch am besten aus meiner Phantasie, aus Augen und Gesten, um der eigenen Klarheit und der Klarheit der seelsorglichen Situation willen.

(4) Von daher legt sich die Empfehlung nahe: Bei aller inneren Nähe und Unbefangenheit hilft körperliche Zurückhaltung, eine Gesprächssituation offen zu halten.

Wachstum zu eigener grösserer Freiheit

Im konkreten Umgang mit der eigenen Sexualität gibt es Wachstumsprozesse, die ein Leben lang andauern. Schwierigkeiten in der persönlichen Entwicklung oder Verhaltensweisen, die von außen an den einzelnen herangetragen wurden, führen manchmal zu Verhaltensmustern, die nicht einer größtmöglichen inneren Freiheit entsprechen (z. B. Masturbation). Meist liegt auf ihnen ein Tabu, das die Unsicherheit in der Bewertung erhöht. Moralische Beurteilung wie »schwere Sünde« schrecken heute weder ab, noch helfen sie einer Weiterentwicklung. Sie führen eher in Depression über das eigene Unvermögen.

Abweichungen von der kirchlich vorgesehenen Norm haben Auswirkungen nach außen. Die einen werten sowohl in der Selbstbeurteilung wie in Stellungnahmen nach außen jene Normen ab oder erklären sie für überholt. Andere verkündigen rigoristische Positionen, um das eigene vermeintliche Versagen zu kaschieren.

Die Wurzeln solch unterschiedlicher Verhaltens- und Reaktionsweisen sind zu vielfältig und individuell geprägt, als daß sie sinnvollerweise generell kommentiert werden können. Sie gehören in das Gespräch mit einem geistlichen Begleiter, einem Menschen absoluten Vertrauens, mit dem solche intimen Vorgänge besprochen werden können. Ziel eines jeden Wachstumsprozesses ist die größere persönliche innere Freiheit. Eine existentielle Problem- oder Aufgabenbewältigung durch Angst oder moralische Verurteilung wird nie gelingen. Die größere Liebe zu dem, um dessentwillen sexuelle Enthaltsamkeit angestrebt und gelebt wird, und die größere Liebe zu den Menschen, denen der priesterliche Dienst gilt, können neue Wege eröffnen.

Verantwortung für die Kirche und ihr Wertesystem

Die priesterliche Ehelosigkeit gilt in der katholischen Kirche bisher gewissermaßen als Angelpunkt all jener Werte, die mit dem Dienst in der Kirche und dem priesterlichen Dienst im besonderen bejaht und übernommen werden müssen. Die Frage ist, inwieweit ich diese Kirche als Priester mittragen und das von ihr vertretene Wertesystem mitverantworten und zum eigenen Wertesystem machen möchte.

Zu inneren Spannungen führt in dieser Frage eine Position, die sich etwa so formuliert: »Vieles finde ich gut. Aber da gibt es auch etliches, was ich nicht mittragen kann.« Die Spannungen erhöhen sich, wenn ich aufgrund meiner Rolle als kirchlicher Amtsträger auch für Teile verantwortlich gemacht werde, die ich nicht mittragen will. Die Spannungen werden schier unerträglich, wenn ich gerade wegen des einen oder anderen Vorbehalts Nachteile hinnehmen muß und mein persönliches Ansehen auf dem Spiel steht.

In verschiedenen Industrieunternehmen, die ebenfalls mit Identifikationsproblemen zu tun haben, hat sich ein Motto herausgebildet: »Love ist, leave it or change it« – »Liebe es, verlasse es oder verändere es« (Reinhard Sprenger). Damit sind drei Verhaltensmodi angezeigt, die auch für kirchliche Mitarbeiter und für Priester gelten könnten, wenn sie sich in Spannung zur Kirche und ihren Normen sehen.

LOVE IT, LEAVE IT OR CHANGE IT!

Etwas lieben bedeutet, es ganz anzunehmen, zu ihm stehen. Wenn ich einen Menschen liebe, besagt das nicht, daß ich alles für richtig und gut halte, was er tut. Doch es sagt, daß ich ihn trotz seiner Fehler uneingeschränkt bejahe. Wenn ich Bedingungen stelle, etwa nach dem Muster »Ich liebe dich, wenn du...«, dann muß eher von einem bedingungsweisen Vertrag als von Liebe gesprochen werden.

Wenn in mir so viele Widerstände sind, daß ich die Kirche und das von ihr verkündete Wertesystem nicht (mehr) bejahen und lieben kann, dann besteht die Möglichkeit, es zu verändern. Gemeint ist dabei nicht, einfach Teilbereiche für mich zu streichen oder so zu tun, als gebe es sie nicht mehr. Das wäre Vogel-Strauß-Politik. Gemeint ist die Arbeit an einer neue Konsensbildung in der Gesamtgemeinschaft.

Erscheint eine solche Veränderung aussichtslos und kann nicht aus Liebe auch Schwieriges akzeptiert werden, bleibt nur eines: So schnell wie möglich das System und seine Werte zu verlassen.

Wird nicht eine dieser drei Alternativen wahrgenommen, entstehen faule Kompromisse. In der Praxis sieht das so aus, daß überall dort, wo Unzufriedene das Wort führen, Mecker-Kreise entstehen. Da gibt es Konferenzen und Versammlungen, in denen alle nicken oder zumindest keinen Protest einlegen. Man faßt möglicherweise sogar per Handzeichen Beschlüsse. Kaum ist die Konferenz zu Ende, werden die Ergebnisse durch Kritik bereits wieder demontiert.

Kritische Solidarität?

Wenn die in kirchlichen Kreisen oft verwendeten Begriffe der »kritischen Solidarität« oder »kritischen Loyalität« meinen, mit jenen faulen Kompromissen leben zu können, dann sind sie unbrauchbar. Sie bemänteln nämlich einen fortgesetzten Frustrationsprozeß. Dieser entsteht dadurch, daß keine der drei genannten Positionen eingenommen werden, man sich aber das Recht der Kritik, besser: des Meckerns oder Jammerns vorbehält. So entsteht die Illusion, in der Kirche drinnen zu sein, sie sich aber gleichzeitig vom Hals halten zu können.

Das mag eine elegante Lösung für solche sein, die nur eine oberflächliche Berührung mit der Kirche wollen. Für kirchliche Amtsträger ist diese Position auf Dauer nicht lebbar. Jede Verlautbarung eines Bischofs oder des Papstes kann zu einer persönlichen

Kränkung werden. Jeder kirchliche Mißgriff oder Skandal kann in eine neue Identitätskrise stürzen. Immer steht im Hintergrund die Phantasie: »Wenn das so weitergeht, verlasse ich das Schiff.«

Andererseits ist es schwer, tatsächlich das Schiff zu verlassen. Wo gibt es einen alternativen Arbeitsplatz? Wo gibt es einen Beruf mit annähernd vergleichbarem Ansehen? Will ich mich wirklich dem freien Wettbewerb des Marktes aussetzen? Oder ist die Sicherheit in der Kirche nicht doch sehr weitreichend und verlockend? Wo habe ich so viele Freiheiten und Gestaltungsmöglichkeiten wie im Dienst der Kirche?

Hier steht also unausweichlich eine Entscheidung an, um die sich niemand drücken kann: Bin ich bereit, für diese Kirche und ihre Werte Verantwortung zu übernehmen?

Impulse zum Weiterdenken

»Tätigkeitsstimmungsbarometer«

Ich erstelle eine Liste all der Tätigkeiten, die im Laufe einer Woche oder eines Monats anfallen, und betrachte jede der Tätigkeiten unter der Frage: »Zu wieviel Prozent sage ich ja und stehe ich dazu?« – z. B.:

- Firmkurs – 60 Prozent;
- Brautgespräch – 80 Prozent;
- Eucharistiefeier am Werktag – 90 Prozent usw.

Die Differenz zwischen der Bewertung meiner Tätigkeiten und jeweils 100 Prozent ist mein Streßfaktor im jeweiligen Tätigkeitsbereich.

Je größer die Differenz ausfällt, und in je mehr Arbeitsbereichen große Differenzen bestehen, desto mehr bin ich in Gefahr, die Freude an der Arbeit und die Motivation zur Arbeit zu verlieren.

- In welchen Arbeitsfeldern würde ich gern etwas verändern?
- In welchen Arbeitsbereichen kann ich dagegen eine niedrige Bewertung in Kauf nehmen?

3

Menschliches

Wo bin ich daheim?

Umfragen zu den Wünschen und Werten Jugendlicher ergeben immer wieder das gleiche Bild: Oberste Priorität haben Geborgenheit in einer Gemeinschaft, ein intaktes Familienleben, Freunde. Auch schlimmste Erfahrungen und Enttäuschungen können die Sehnsucht des Menschen, irgendwo wirklich daheim zu sein, nicht ausrotten. Selbst Kriminalität und zerstörerische Aggression können zu Recht als negativer Schrei nach Geborgenheit interpretiert werden.

Was hier für Kinder und Jugendliche gilt, hat auch für Erwachsene Bedeutung. Beheimatung an Orten, bei Menschen, in Werten und sinnstiftenden Ideen gehören zur Identität des Menschen.

Sehnsüchtige und einsame Wölfe

Bedarf an Geborgenheit bedeutet nicht Widerspruch zum Erwachsensein. Wer als Erwachsener Geborgenheit sucht, verlangt nach einem Fundament, auf dem er sein Lebenshaus aufbauen kann.

Wessen Bedürfnis nach Geborgenheit keine oder zu wenig Erfüllung gefunden hat, sucht bei vielen Gelegenheiten nach ihr, um ein wenig von diesem Lebensgut zu erhaschen. Dies macht ihn jedoch in gewisser Weise unfrei, in seiner Umwelt, in seiner Arbeit, in den Begegnungen mit Menschen souverän oder sachgemäß zu handeln, d. h., er hat bei allem gleichsam als Nebenziel (oder gar als Hauptziel), Annahme durch andere zu finden.

Manche Erwachsene versuchen, ihrer Sehnsucht, irgendwo, bei irgendwem daheim zu sein, zu widerstehen nach dem Modell des einsamen Wolfes. Der nämlich hat sich damit abgefunden, alleine leben und sich nach Wolfsart durchs Leben schlagen zu müssen. Er ist der heroische Einzelkämpfer, dessen Lebensstil ihm aufgezwungen ist und der irgendwie damit fertig werden muß.

Diese Erwachsenen nach Wolfsart sind jedoch genauso wenig wie jene, die ihre ungestillte Geborgenheitssehnsucht durch kleine »Heimat- bzw. Wohlfühl-Happen« zu stillen suchen, geeignet, anderen Menschen Heimat im Glauben, in der Kirche und bei Gott zu verkünden. Die Menschen werden deren Ungeborgenheit spüren und an ihren Worten zweifeln.

Wer sich um eine ganzheitlich verstandene, priesterliche Lebenskultur müht, wird sich darum auch mit der Frage befassen: Wo bin ich daheim? Wo sind die Wurzeln meiner Geborgenheit? Was ist für mich Heimat?

Enttäuschungen umwandeln

Während einiger Besinnungstage erzählt ein junger Pfarrer recht nachdenklich seinen Mitbrüdern:

»Mir gehen oft die Worte des Petrus nach: ›Du weißt, wir haben alles verlassen und sind dir nachgefolgt. Was werden wir dafür bekommen?‹ Ich spekulierte nicht darauf, auf einem Thron zu sitzen und einen der Stämme Israels zu richten. Doch einige Erwartungen hatte ich doch. So dachte ich z. B., daß der Verzicht auf eine Frau und eine Familie ausgeglichen würde durch die Gemeinschaft der Mitbrüder. Zugegeben – ich erhoffte mir auch mehr Zuwendung durch den Bischof. Anfangs hegte ich sogar den Wunsch, mit anderen eine Wohngemeinschaft zu bilden, gemeinsam Stundengebet zu verrichten, gemeinsam Urlaub zu machen und anderes mehr.

Alles ist wie eine Seifenblase zerplatzt. Die Mitbrüder wursteln vor sich hin, jeder für sich. Der Bischof hat keine Zeit. Eine Wohngemeinschaft ließ sich nicht organisieren. Das Stundengebet habe ich als Kaplan einige Male gemeinsam mit meinem Pfarrer gebetet, bis er sagte, er sei gewöhnt, alleine zu beten. Nur mit dem gemeinsamen Urlaub hat es einige Male geklappt. Aber Urlaub hat man nur einmal im Jahr. Den Rest des Jahres muß ich allein aushalten.«

Da ist er, der einsame Wolf – gezwungenermaßen. Er hatte sich das alles anders vorgestellt. Frage: Wo stehe ich zwischen den beiden Polen, ewig auf der Suche nach Geborgenheit zu bleiben oder resigniert den Einzelkämpfer zu spielen? Bin ich mit meinem gegenwärtigen Zustand zufrieden? Möchte ich, will ich etwas ändern? Bin ich bereit, Enttäuschungen kreativ umzuwandeln und für mich zu klären, wo ich daheim bin und wie ich es bin?

Daheim bei mir selbst

Pfarrer N. lebte sein Priestersein sehr stark aus der Vorstellung, immer für seine Gemeinde dazusein. Das wurde von der Gemeinde zunächst auch wohlwollend honoriert. Doch drückte sich seine Vorstellung vom »Dienst der Einheit« auch darin aus, daß er keinem widersprechen konnte. So passierte es, daß er in einem Augenblick dem einen mit seiner Meinung recht gab, in nächsten Moment einem anderen, der das genaue Gegenteil vertrat. Das führte zunehmend zu Spannungen. Im Pfarrgemeinderat wurde ihm vorgeworfen, unzuverlässig zu sein und sein Fähnchen nach dem Wind zu hängen. Er selbst verstand die Welt nicht mehr: Er war doch immer für seine Gemeinde da und versuchte, alle in Harmonie zusammenzuhalten.

Ein Mensch, der nur »zu Diensten«, dabei sich seiner selbst aber nicht sicher ist, kann nicht widerstehen. Ihm fehlt eine innere Personmitte, von der aus er in aller Ruhe, mit aller Klarheit die Ereignisse um sich herum betrachten und seine Kreise ziehen kann. Er ist wie ein Zirkel, der für jeden Kreis, den er zeichnen möchte, einen neuen Ort braucht, an dem er seine Zirkelspitze festmachen kann: ein Mensch, der keinen Stand-Punkt in sich selbst ausgebildet hat, sondern viele »Hüpf-Punkte«, die andere ihm vorgeben bzw. auf die er freiwillig springt, um jedem gerecht zu werden.

Pfarrer N. bringt es offenbar nicht übers Herz, nein zu sagen oder jemandem zu widersprechen. Seine Angst ist stärker, sich durch Widerspruch jemandes Sympathie und Wohlwollen zu verscherzen. Er paßt sich jeweils der Meinung des Gesprächspartners an und liefert sich damit dem Lob und Tadel des anderen aus. Gerade dadurch macht er sich aber unglaubwürdig. Eigentlich könnte er sich ja ausrechnen, daß all jene, die mit ihm Kontakt haben und ihm gegenüber ihre Meinung äußern, auch untereinander reden. Ihm müßte klar sein, daß seine widersprüchlichen Aussagen Unklarheit, Unwille und Wut bei den andern auslösen können. Doch die jeweilige konkrete Gesprächssituation beansprucht seine allseitige Aufmerksamkeit und ist für ihn so bedrängend, daß er nicht an später denken kann. Ihm ist im Moment wichtiger, akut den Druck der Situation zu bewältigen, indem er zu jedem Ja und Amen sagt.

Der Grund seines – auf den ersten Eindruck »liebenswürdigen«, »toleranten« – Verhaltens ist keineswegs pastorale Unfähigkeit, sondern tief verborgene oder offenbare Angst vor Ablehnung. Angst, daß ihn die Menschen weniger mögen. Angst, mit der daraus folgenden Frustration nicht leben zu können.

Einen solchen innerpsychischen Kriegsschauplatz hält niemand auf Dauer unbeschadet aus. Das macht unsicher, mürbe, ist unendlich anstrengend und – wird von anderen ausgenutzt. Die einzige Möglichkeit, diesem inneren Spießrutenlaufen zu entkommen: die eigene Mitte, den eigenen Stand-Punkt finden, mit sich selbst in Kontakt kommen – zuallererst bei sich selbst zu Hause sein. Hier auch wohnt die Kraft, eine Ablehnung gelassen hinzunehmen. Hier bleibt der Gedanke zumindest erträglich, daß mir nicht alle in jeder Frage uneingeschränkt zustimmen und ich es unmöglich jedem recht machen muß.

Wer mit diesem Problem zu tun hat – mehr oder weniger – fühlt sich in entsprechenden Situationen wie »ausgeliefert«, »machtlos«. Er möchte ja annehmend und offen auf die Menschen zugehen und stimmt gleichsam automatisch (zwanghaft) allem zu, was der andere sagt, meint, behauptet, erwartet. Nach dem Gespräch erst meldet sich der Ärger: »Ich habe mich wieder überrumpeln lassen! Warum habe ich mich wieder hinreißen lassen, etwas zuzusagen, was ich eigentlich nicht will? Das gibt Streit mit anderen, denen ich anderes zugesagt habe!«

Es seien einige Regeln wie Spickzettel mit auf den Weg gegeben, um solchen Ärger zu vermeiden und zugleich dem eigenen Selbst, dem eigenen Stand-Punkt näher zu sein.

Regel 1: Ich höre mir in Ruhe an, was mein Gesprächspartner zu sagen hat. Ich stimme ihm aber nicht gleich zu und mache keine sofortigen Versprechungen. Ich sage etwa: »Was du sagt, ist wichtig. Ich möchte aber nicht gleich ja oder nein sagen, sondern darüber nachdenken. Dann können wir noch einmal darüber sprechen.«

Diese Regel sollte nicht nur in direkten Gesprächen, sondern auch etwa bei Telefonaten beachtet werden.

Regel 2: Wenn ich gehört habe, was der andere will, stelle ich mir die Fragen: Was denke ich persönlich über das angesprochene Problem? Wie heißt mein Standpunkt, meine Meinung dazu?

Regel 3: Probleme haben nie nur eine sachliche Seite, sondern auch eine emotionale, derer ich mich vergewissern will: Welche Gefühle löst das gestellte Problem bei mir aus? Und: Welche Gefühle löst der Mensch bei mir aus, der die Frage gestellt hat?

Regel 4: Menschen, die es jedem recht machen wollen, verlieren an Profil. Menschen mit Profil sind zwar kantiger, an-stößiger, vielleicht zunächst unbequem. Doch ihre eigene, klare (nicht doktrinäre!) Meinung ist eher gefragt und anerkannt. Die anderen können sich darauf verlassen, daß ihnen nicht nach dem Mund geredet wird.

Daheim im Hier und Jetzt

Daheimsein hat auch zeitliche Dimensionen. Dabei spielt die Trilogie von Vergangenheit, Zukunft und Gegenwart eine markante Rolle. Je nachdem, in welcher dieser drei Dimensionen sich jemand gedanklich und/oder emotional primär bewegt, entwickelt er ein spezifisch gefärbtes Lebensgefühl.

Der Traum vom Gestern

Menschen, die sich in ihrer Vergangenheit daheim fühlen, erleben, empfinden, messen alles, was gerade geschieht, an dem, was früher war.

Wolfgang A. kam vor sieben Jahren als Pfarrer in seine jetzige Gemeinde. Da sich niemand für die vakante Stelle gemeldet hatte, bat ihn der Generalvikar im Namen des Bischofs, diese Gemeinde zu übernehmen. Er fühlte sich in seiner bisherigen Gemeinde N. sehr wohl und wollte sich eigentlich nicht von ihr trennen. Der Generalvikar sprach es damals nicht so aus – doch war klar: Man appellierte an seinen Gehorsam. So ging er.

Die Mitglieder seiner jetzigen Gemeinde, besonders der Pfarrgemeinderat, nehmen es ihm übel, daß er auch heute noch, nach sieben Jahren, Redewendungen gebraucht wie »In N. haben wir das immer so gemacht. Und das hat sich bewährt!« Als Antwort bekommt er inzwischen fast genau so oft zu hören: »Herr Pfarrer, hier sind wir aber nicht in N.« Verstimmung auf beiden Seiten ist die regelmäßige Reaktion.

Wolfgang A. ist in die neue Gemeinde gekommen, aber mit seinem Denken und seinem Herzen in seiner alten Gemeinde geblieben. Sein Gehorsam war formal. Seine Seele ist nicht mitgekommen, und daher liegt über all seinen seelsorglichen Bemühungen die unerlöste Vergangenheit wie ein Grauschleier. Die Farben der Gegenwart kann er nur vage oder verfälscht wahrnehmen.

Damit tut er den Menschen seiner alten Gemeinde Unrecht, denn er gewährte ihnen wie sich selbst keinen Abschied, und wird zugleich den Menschen seiner jetzigen Gemeinde nicht gerecht, denn er ist nicht wirklich bei ihnen. Er hat diese Menschen nicht in Freiheit gewählt. So betrügt er vor allem sich selbst, um die Gegenwart. Da sein Daheim-Empfinden und damit seine Energie in der Vergangenheit bleiben, ist er wahrscheinlich oft kraftlos in der Gegenwart.

Die Vision von der Zukunft

Von »Visionen« ist allenthalben die Rede. Zu jeder guten Firmenphilosophie gehört es, daß man Visionen für das Unternehmen entwickelt. Visionen sind im religiösen Raum ebenfalls nicht fremd. Visionen richten sich auf, sprechen von Zukunft. Sie beschreiben oder »sehen«, was irgendwann, irgendwie, irgendwo stattfinden sollte oder gar mit Gewißheit eintreten wird.

Zielorientierung ist im Leben des einzelnen oder einer Gemeinschaft sicher wichtig und bildet ein Potential von Antriebskraft und Motivation. Jemand, der sich keine Ziele setzt, braucht sich nicht zu wundern, wenn er irgendwo landet, wo er doch gar nicht hinwollte, und wenn sein Leben wenig Spannung und Entwicklung kennt.

Visionen kennen allerdings eine nicht weniger hinderliche Schattenseite. Die Beschäftigung mit dem, was in Zukunft geschehen soll, kann so vereinnahmend wirken, daß die Gegenwart verblaßt. Anvisierte Ziele können zur Ausrede werden, das Leben hier und heute nicht anpacken zu müssen. Für eine solche Art von Visionären wird das eigentliche Leben erst in der Zukunft stattfinden – und damit nie.

Im konkreten Leben äußert sich diese Einstellung in kleinen, doch weitreichenden Aktionen und Reaktionen. Der eine faßt Vorsätze, mit denen er morgen beginnen will. Ein anderer verschiebt die Erledigung von Aufgaben auf den nächsten Tag. Ein dritter projektiert seine Zukunft so: »Wenn ich dieses erreicht habe, *dann* kommt jenes dran und dann das und...« Auf diese Weise bereitet er jenseits von Hier und Jetzt ein Leben vor, das irgendwann in der Zukunft eintreten mag. George Bernhard Shaw bringt eine solche Einstellung sarkastisch auf den Punkt: »Die nicht zu leben verstehen, müssen aus dem Sterben eine Tugend machen.«

Für viele erscheint Religion, vor allem auch das Christentum, als eine »Noch-nicht«-Institution. Die Heimat des Christen sei ja der Himmel (vgl. Phil 3,20f). Das eigentliche Leben finde »noch nicht« jetzt statt, sondern in einer ungewissen Zukunft. Und über diese Zukunft nach dem Tod gebe es auch nur ungewisse Aussagen. »Opium für das Volk« heißt der Vorwurf, weil diese Zukunftshoffnung als Zukunftsvertröstung mißbraucht werde. Diesem Vorwurf leisten all jene Vorschub, die – so eine bekannte Parabel – bereits stehen, wenn sie sitzen, bereits laufen, wenn sie stehen, und sich innerlich schon am Ziel wähnen, wenn sie sich gerade erst auf den Weg gemacht haben.

Leben hier und heute

Das christliche Lebensmodell versteht sich anders. Ihm geht es darum, aus der impulsiven Kraft des Anfangs und im Vertrauen auf die noch ausstehende gute Vollendung ganz im Hier und Jetzt zu leben und dieses Leben zu gestalten. Psychologisch besehen, gilt der Blick in die Vergangenheit der Vergewisserung, jetzt und heute eine gute und aussichtsreiche Wegstrecke zu gehen. Die begründete Hoffnung auf eine lichtvolle Zukunft, auf die »Heimat im Himmel«, dient als Kompaß für den Weg, der jetzt zu gehen ist. So hat die Linie, die zwischen dem Gestern und dem Morgen gezogen wird, seinen Mittelpunkt im Heute.

Dieses Heute zu gestalten benötigt die ganze Energie. Tagtraumreisen ins Gestern und Morgen schwächen Kräfte, die heute gebraucht werden.

Hier geht es tatsächlich um Weichenstellungen von erheblichem Gewicht, was im Blick auf Extremsituationen sehr deutlich wird. Bevor Menschen, nicht zuletzt Priester, vom nationalsozialistischen System in ein Konzentrationslager verschickt wurden, mußten sie sich meist einer persönlichkeits-zerstörenden Prozedur von Verhören und Foltermethoden unterziehen. Eine Methode war die wochenlange Dunkelhaft. Auf kleinstem Raum mußte der einzelne ohne jede Zeitorientierung mit der Situation, mit sich selbst, mit seinen Ängsten und Phantasien fertig werden.
Erstaunlich die ganz unterschiedlichen Reaktionen der Gefangenen, die eine solche Prozedur überlebten. Die einen wurden verrückt. Andere kamen besonnen und psychisch ungebrochen aus ihrer Zelle. Die Vermutung liegt nahe, daß letztere sich, aufgrund welcher Kräfte auch immer, auf ihre Situation energetisch einstellen, sie bewußt durchleben und so umwandeln konnten. So berichten Christen, daß sie diese Zeit als Besinnungstage nutzten.

Priestern half die ihnen vertraute, wenn auch jetzt ungenaue Zeitstrukturierung durch das Beten von Psalmen.

Unser Arbeitstag ist natürlich nicht vergleichbar mit einer Dunkelhaft in NS-Gefängnissen. Ein Vergleichspunkt kann jedoch die Streßerfahrung sein. Streß entsteht dann und nur dann, wenn jemand mit seiner gegenwärtigen Situation nicht einverstanden ist. Er muß Dinge tun oder aushalten, die er nicht selbst ausgesucht hat und die er nicht will.

Wer sich nicht mit seinem ganzen Ja auf eine Lebenssituation einstellen kann, alten Zeiten nachtrauert oder unkontrolliert in der Zukunft schwelgt, wird schwere Situationen kaum unbeschadet überstehen. Wer nicht ganz daheim sein kann im Hier und Jetzt, hat zwar Fluchtwege in die Vergangenheit oder die Zukunft, doch wird er unter Umständen diese Zukunft nie erleben, weil er das Jetzt nicht gestalten kann. Wer dagegen Kraft investiert, zu seiner gegenwärtigen Situation ganz ja zu sagen, den führt das Heute in die Zukunft und braucht keine Fluchtwege.

Aus gläubiger Perspektive könnte man so formulieren: Der Christ dankt für die Erfahrungen, die Gott in der Vergangenheit schenkte. Er vertraut auf die Erfahrungen, die Gott in der Zukunft schenken wird. Und er lebt mit Erfahrungen, die Gott jetzt schenkt.

Daheim in meinem Haus

»Ausstrahlung« – ein bezeichnendes Wort für beeindruckende Personen. »Der hat etwas!« sagt man von jemandem, der »Persönlichkeit ausstrahlt«. Diese Ausstrahlung färbt, sofern sie nicht geschauspielert ist, auch auf seine Umgebung ab.

In der Gestaltung, Einrichtung und Atmosphäre unserer Wohnung oder unseres Hauses drückt sich in besonderer Weise etwas von uns selbst aus. Wenn ich wirklich »Wohnung genommen habe«, in ihr auch emotional positiv angekommen bin, gestalte ich diesen Ort intuitiv so, daß er mein Leben und meine Person widerspiegelt, seien es Bilder oder Möbel, seien es Vorhänge und Teppiche, seien es Ordnung oder Chaos. Die Arrangements von Holz, Stoff, Teppich, Tapete, Polster und Geschirr drücken aus, was ich empfinde. Es gibt ein räumliches Zeichensystem, das zwar von allen möglichen übernommenen Traditionen abhängen mag, dennoch deutliche Akzente des einzelnen zeigt.

Trennung von Öffentlich und Privat

Ein Pfarrhaus unterliegt darüber hinaus besonderen Gesetzmäßigkeiten. Das Daheimsein wird erschwert oder modifiziert durch das Problem, öffentliche und private Bereiche voneinander abzugrenzen, unter Umständen private Räume regelrecht vor der Öffentlichkeit schützen zu müssen.

Hier fallen folgenschwere Entscheidungen, seien sie positiv bestimmend oder de facto zulassend:

- Wie ist bei mir dieses Miteinander von öffentlich und privat organisiert?
- Wie sind sie einander zugeordnet?
- Wie sind sie abgegrenzt?
- Bin ich der Meinung, daß ein Pfarrhaus samt Wohnung des Pfarrers und Kaplans ein »Haus der offenen Tür« sein muß?
- Oder möchte ich mehr die Abgrenzung?
- Was sind meine ganz persönlichen Räume, die ich auch von anderen Hausbewohnern abgrenze?
- Wer darf in mein Schlafzimmer? Wer in mein Bad?

Gerade im Blick auf das Thema »öffentlich – privat« im Pfarrhaus werden ganze Priester- und Pfarrerbilder abgehandelt: Wie offen hält ein »guter Pfarrer« sein Haus?

Wie so oft ist auch hier das rechte Maß von Offenheit und Abgrenzung ausschlaggebend. Offenheit des Hauses ohne Maß mag, besonders für Jugendliche einer Gemeinde, zunächst imponierend sein. Doch endet unbegrenzte Offenheit darin, daß alle Initimität aufgegeben wird, kein persönlicher Kern mehr für den Pfarrer selbst bleibt. Umgekehrt schirmt strikt eingegrenzte, d. h. totale Geschlossenheit zwar nach dem Prinzip »My home is my castle« von der Außenwelt ab, schließt mich aber auch menschenlich aus und macht es kaum möglich, dem Auftrag der Seelsorge gerecht zu werden.

Das rechte Maß für beides, der rechte Schnittpunkt zwischen Offenheit und Abgrenzung mag für einzelne recht unterschiedlich ausfallen. Kriterien werden in jedem Fall sein müssen:

- Die Gemeinde soll wissen, daß sie in meinem Haus willkommen ist.
- Ich richte mich nach den Erwartungen der Gemeinde. Sie soll aber ihrerseits meinen Bedarf an Privatsphäre respektieren.
- Die Regelung muß stimmig sein mit dem, was ich persönlich kann und möchte.

Äussere und innere Ordnung

Eindrücke bei Hausbesuchen: Da gibt es Familien, in deren Haus zuerst ein Stuhl freigeräumt werden muß, bevor sich der Besuch setzen kann. In anderen Familien herrscht eine so peinliche Ordnung, ja Sterilität, daß man sich unwillkürlich fragt, ob diese Wohnung wirklich bewohnt ist. Zwischen diesen Extremen ist alles möglich, auch in Pfarrhäusern und Priesterwohnungen.

Während eines persönlichen Besuchs bei einem Pfarrer gab dieser gleich zur Begrüßung eine Art Selbstdiagnose ab: »Schauen Sie, bitte, nicht so genau hin! Bei mir herrscht Chaos. Aber Sie wissen ja, wie das ist. Man kommt nicht zum Aufräumen. Und meine Haushälterin lasse ich nicht an meinen Schreibtisch, sonst finde ich nichts mehr wieder.«

Nach dieser Eingangszeremonie räumte er einen Platz auf dem Sofa frei und bemerkte: »Ich bin noch nicht dazu gekommen, einen Kaffee vorzubereiten. Möchten Sie einen?« Der Gast wollte. Doch das Projekt Kaffeekochen scheiterte, weil der Hausherr bei dieser Gelegenheit feststellte, daß keine Filtertüten mehr im Haus waren.

Beim dann folgenden Gespräch knüpfte der Pfarrer wiederum bei seiner »Chaos-Theorie« an: »Entschuldigen Sie, aber bei mir geht alles drunter und drüber. Einfach chaotisch!« Dann folgte erst einmal die lange Liste aller Aktivitäten, die zu bewältigen seien und zu nichts sonst mehr Zeit ließen.

Wieweit jemand bei sich selbst daheim ist, spiegelt sich in dem, wie er in seiner Wohnung daheim ist. Wenn er nur nach außen gekehrt schafft, entfernt er sich immer weiter von seinem Kern und verliert seine Mitte. Das findet seinen äußeren Ausdruck darin, daß die Dinge, mit denen er umgeht, mehr oder weniger einfach herumliegen bis zum nächsten Akt. Man kann es sich gut vorstellen: Er kommt von der Beerdigung zurück, ist in Gedanken schon in der Ministrantenstunde und wirft Rochett und Bücher auf das Sofa, das bereits überladen ist von zwanzig Aktionen, die zuvor liefen.

Unordnung führt zum Chaos, und die Kehrseite – ins Extrem getriebene Ordnung – zur Zwanghaftigkeit. Hierzu gibt es natürlich genau so nette Geschichten, etwa von dem Pfarrer, auf dessen Schreibtisch die Bleistifte, der Größe nach sortiert, exakt nebeneinanderliegen, und der es beileibe nicht aushält, wenn diese Ordnung gestört wird. – So oder so, auch hier ist wieder die Kunst des rechten Maßes gefragt:

- Finde ich Dinge, die ich suche, sofort? Wie lange und wie oft muß ich suchen?
- Bin ich mit der Art meiner Ordnung zufrieden?
- Erkenne ich einen Zusammenhang zwischen meiner Ordnung, meiner Arbeitsorganisation und meinem Selbstgefühl?

Was nehme ich selbst in die Hand?

Daheimsein hat damit zu tun, ob jemand nur *in* einem Haus oder auch *mit* einem Haus wohnt und lebt. Ein Priester kann sich das Leben in seinem Haus oder seiner Wohnung so einrichten, beispielsweise mittels Hausmeister und Haushälterin, daß es/sie nur Mittel zum Zweck ist. Daheim wird er erst dann in diesem Haus sein, wenn er selbst etwas in diesem Haus in die Hand nimmt. Dabei ist nicht die Menge der von ihm erledigten Aufgaben entscheidend, sondern die Intensität, mit der er Aufgaben erfüllt.

Da ist z. B. der Pfarrer einer großen Gemeinde, der sehr viel zu tun hat, aber selbst seine Blumen pflegt. Er hat regelrecht eine Beziehung zu ihnen aufgebaut. Seine Haushälterin lacht, wenn er mit ihnen spricht: »So, komm her, du brauchst wieder etwas Dünger!« Über seine Pflanzen ist das Dach über dem Kopf für diesen

Pfarrer »mit dem grünen Daumen« zu einem Daheim geworden. Und wer ihn besucht, spürt das.

Unter jüngeren Priesters ist es üblich geworden, selbst Teile der Hausarbeit zu übernehmen. Der eine kocht gerne regelmäßig, ein anderer trocknet ab oder bügelt seine Hemden. Oder erklärt sich für seinen Schlafraum zuständig, bezieht selbst sein Bett, saugt Staub und wischt.

Der Effekt dieser Kleinigkeiten ist ein größeres Maß, sich in diesem Haus daheim zu fühlen. Verantwortung für etwas zu übernehmen bedeutet, größere Nähe, ein gutes Gefühl zu den Dingen zu entwickeln, die einen hinter der eigenen Wohnungstür täglich umgeben .

Daheim bei lieben Menschen

Ein junger Bischof gibt in einem Interview mehrere interessante Anregungen zur Lebenskultur der Priester. Er fordert die Pfarrer auf, eine häusliche Gemeinschaft mit Freunden, Angehörigen oder Berufskollegen zu bilden. Begründung: »Er kriegt sonst nicht so gut mit, was das Zusammenleben mit anderen Menschen bedeutet.« Der Bischof formuliert auch seine Befürchtungen: »Die Pfarrer kommen nach Hause und setzen sich abends vor den Fernseher, wie das andere Singles wohl auch tun.«

Das erste Anliegen des Bischofs war es wohl, daß seine Priester Wichtiges von dem erleben, über das sie zu den Menschen sprechen. Es macht einen Unterschied, ob jemand nur von Problemen der Kindererziehung hört, oder ob er selbst etwa bei drei Kindern über viele Jahre hinweg Kinderpopos reinigt, pflegt und wickelt. Ob jemand von nächtlichen Ruhestörungen hört, oder ob er jede Nacht dreimal aus den Federn muß, um ein Kind zum Stillen zu bringen, es zu beruhigen, sich schlechte Träume erzählen zu lassen und anderes mehr.

Manche sind der Meinung: »Diese Erfahrungen würden unseren Priestern gut tun.« Wichtig ist jedenfalls, daß sie so weit wie möglich am Leben der Menschen ihrer Gemeinde teilnehmen. Doch gilt auch hier die Erkenntnis: Selbst wenn Priester verheiratet wären, würden sie zunächst nur ihre eigene Ehe und Familien erfahren. Keiner muß und kann alle Erfahrungen selbst machen, über die er berufsmäßig zu sprechen hat.

Das zweite Anliegen des Bischofs: Seine Priester sollen sich kein Single-Verhalten aneignen. Einmal abgesehen davon, ob Fernsehen tatsächlich ein typisches Single-Verhalten darstellt (erwiesenermaßen gehen Singles weit häufiger aus als zusammenlebende Paare und Ehepaare), meint der Bischof Richtiges. Es ergibt ein anderes Lebensgefühl, ob jemand immer und zu jeder Zeit über sein Lebens- und Arbeitsprogramm selbst und alleine verfügen kann, oder ob Absprachen und Kompromisse mit einem Partner nötig sind. Wenn ein Pfarrer am Abend zwei Stunden später als vorgesehen von einer Sitzung nach Hause kommt, hat kein Mensch das Recht, ihn deshalb anzumotzen. Einer Ehefrau steht es dagegen durchaus zu, wenigstens informiert zu werden.

Dennoch: Das erste Problem, das sich für Priester in der Haushalts- und Wohngestaltung stellt, ist nicht ein pastorales. Es ist vielmehr das ganz menschliche Problem: Bei wem bin zu Hause?

Gesprächskultur

Und damit sind zugleich Fragen gestellt wie: Mit wem kann ich meine täglichen Erfahrungen und Probleme besprechen? Wem kann ich, von Mensch zu Mensch, das berichten, was mich erfreut und bedrückt, was mich kalt läßt und in Wut bringt? Wem kann ich den täglichen Kleinkram anvertrauen? Wer hört mir zu, ist kompetent in den Fragestellungen und geht diskret mit dem Anvertrauten um? – Hier drückt sich natürlicher Bedarf aus, das legitime Bedürfnis, nach einem Arbeitstag jemanden zu haben, der einfach zuhört. Das ist der Wunsch, daß jemand ohne Supervisionsambitionen einfache Sätze zu mir spricht wie: »Das hast du gut gemacht!« »Das ist dir gut gelungen!« »Erstaunlich, wie du das hinbekamst!« Oder auch: »Mach dich nicht verrückt!« »Das ist nicht so schlimm!« »Du kannst das jetzt einfach mal ruhen lassen. Morgen geht es weiter!«

Das klassische Pfarrhaus

Da gibt es zunächst als »Lösung« das Pfarrhaus im klassischen Sinn: der Pfarrer, vielleicht ein Kaplan oder Vikar und eine Haushälterin, die die täglichen Haushaltsgeschäfte versieht. Meist sind diese Frauen nicht nur technische Hilfskräfte, sondern haben größte Bedeutung für die Gesprächskultur in einem Pfarrhaus. Ein gut eingespieltes und eingelebtes Team von Pfarrer und Haushälterin kann ein wahrer Segen für die Gemeinde sein. Was in einem solchen Team an menschlich Gutem für den Priester geschieht, kann von außen wohl kaum abgeschätzt und gewürdigt werden. Natürlich gibt es auch hier manche Probleme, die entstehen, wo Menschen beieinander sind. Doch bleibt letztlich ein Gewinn für alle Seiten.

Viele empfinden es als Last, mehr die Gesprächsbedürfnisse der Haushälterin als die eigenen erfüllt zu sehen. Darum versuchen sie – besonders jüngere Pfarrer – eine Variante durch die Einstellung einer Teilzeit-Haushälterin. Diese Organisationsform verhindert in der Regel den Typ des etwas vergammelten Priesters, dem alle Frauen der Gemeinde »am liebsten mal etwas sagen würden«, es jedoch nie tun. Das Modell der Teilzeit-Haushälterin bringt Freiräume zu den Tageseckzeiten am Morgen und am Abend. Doch besonders das Alleinsein am Abend ist für viele ein entscheidendes Problem.

Priester- und Wohngemeinschaften

Seit den 50er Jahren gibt es in vielen Bistümern immer wieder Versuche, Priester- und Wohngemeinschaften einzurichten. Die Erfahrungen sind vielfältig und einige Gesichtspunkte bemerkenswert.

Eine *erste Erfahrung*: In der Regel sind Priester und Pfarrer, wenn sie sich zu einer Wohngemeinschaft zusammenfinden, Persönlichkeiten mit einem bereits fest geprägtem Lebensstil und Lebensrhythmus. Wenn sie sich innerhalb eines Hauses zu einer Wohngemeinschaft zusammenschließen, ergeben sich fast immer menschliche Probleme, die nur schwer zu bewältigen sind. Gebetszeiten, Mahlzeiten, Gesprächsstunden unterliegen der ständigen Revision. Wer legt z. B. fest, welche pastorale Termine vor Gemeinschaftsterminen rangieren? Wohngemeinschaften werden nur dann auf Dauer und ohne die Dominanz eines Mitglieds gelingen, wenn »objektive«, alle verpflichtende Regeln des Zusammenlebens vereinbart und beachtet werden. Das können solche sein, die sich an Ordensregeln anlehnen. Andere orientieren sich an spirituell ausgerichteten Lebensformen von Priestergemeinschaften wie etwa *Jesus Caritas*, oder an jenen aus neuen geistlichen Bewegungen wie der *Fokular-* oder der *Schönstattbewegung*. Wohngemeinschaften nur auf der Grundlage von Wohlwollen und Freundschaft haben kaum Chancen auf Erfolg.

Eine *zweite Erfahrung*: Priester, die aus gleicher Spiritualität, aber örtlich getrennt in ihren eigenen Pfarrhäusern leben, finden auf diese Weise zu einem tragfähigen Miteinander. Wohnen und Arbeiten sind zwar getrennt, Gemeinsamkeiten in Gebet, Gespräch, Exerzitien und Urlaub motivieren und wirken lebensstabilisierend.

Eine *dritte Erfahrung*: Immer mehr junge Priester treten an ihre Bistumsleitungen heran mit der Bitte, zu zweit oder zu mehreren (auch gemeinsam mit Mitgliedern anderer pastoraler Berufsgruppen) ein Gebiet zur Seelsorge übertragen zu bekommen. Die Modelle des Miteinanders können dabei verschieden sein. Die Intention ist dieselbe: Sie möchten das Einzelkämpferdasein vermeiden. Bistumsleitungen zeigen sich in der Regel solchen Wünschen gegenüber aufgeschlossen, weil diese eine bessere Arbeitsmotivation und persönliche Stabilität für die einzelnen versprechen.

Freunde

Im Zusammenleben von Pfarrern und Kaplänen gibt es unterschiedliche Bistumstraditionen. Dort, wo Kapläne mit ihren Pfarrern im Pfarrhaus wohnen, kann ein Streitpunkt z. B. das Telefon sein. Kaplan W. berichtet aufgebracht seinen jungen Mitbrüdern:

»Jetzt ist es bei uns endgültig zum Streit gekommen. Zuerst sagte mein Pfarrer, ein eigenes Telefon für den Kaplan sei überflüssig. Aber dann beschwert er sich seit Monaten über zu hohe Telefonrechnungen. Nun legte er mir eine Liste der Einheiten vor, die ich

telefoniert hätte. Er hat wohl abends vor dem Zähler gesessen und kontrolliert. Jetzt ist Schluß. Ich habe mir einen eigenen Telefonanschluß bestellt. Wenn ich abends spät nach Hause komme, will ich den einen oder anderen Freund anrufen und einfach ein wenig erzählen. Das lasse ich mir nicht nehmen.«

Kaplan W. pflegt offensichtlich ein ihm wichtiges Netz von Beziehungen außerhalb der Gemeinde. Es ist ihm so viel wert, daß er einen Streit mit seinem Pfarrer in Kauf nimmt. Bei ihm findet er vielleicht nicht die persönliche Gesprächsmöglichkeit, die er sich wünscht. Das Anliegen des Kaplans trifft sich mit jenem des Bischofs, der verhindern möchte, daß seine Priester als einzigen »Ansprechpartner« am späten Abend den Fernseher haben. Der Kaplan ist bereit, für sein persönliches Beziehungsnetz zu kämpfen. Es trägt und motiviert ihn. Er kann Eindrücke, Erfahrungen und Sorgen mit seinen Freunden austauschen und »die Seele baumeln lassen«, ein durchaus berechtigtes Bedürfnis.

Solche Beziehungen jenseits der Gemeindegrenzen sind auch deshalb so wertvoll, weil sie unabhängig vom gerade aktuellen Beliebtheitsgrad des Priesters in seiner Gemeinde funktionieren. Wenn solche Kontakte außerhalb der Gemeinde nicht bestehen oder keine Rolle im Lebensgefühl spielen, könnten sich mit der Zeit der Blickwinkel und der Erfahrungshorizont allzu sehr verengen, als sei das Leben in der Gemeinde die ganze Welt. Damit aber verliert der Priester möglicherweise auch jene heilsame Distanz zu seiner Gemeinde, die nötig ist, um ihr ein ernst zu nehmender Partner zu sein, und die Versuchung ist dann manchmal nicht weit, dem Wohlwollen von seiten einzelner Gemeindemitglieder zu großes Gewicht zu geben.

Freunde in der Gemeinde?

Dieser gesunden Distanz spricht nicht entgegen, zugleich eine gute innere Nähe zu den Menschen der Gemeinde zu entwickeln. Doch um diese Nähe nicht für das eigene Beheimatungsbedürfnis auszunutzen, muß sich der Priester eine »Abstinenz« auferlegen.

Aus Erfahrung weiß jeder Seelsorger, daß aus vielen Begegnungen auch für ihn »etwas herausspringt«. Er erfährt Zuneigung und Achtung, spürt, daß er den Menschen etwas bedeutet, fühlt sich so auch selber menschlich bereichert.

»Abstinenz« meint: Ich darf offen und dankbar annehmen, was mir in den Begegnungen geschenkt ist. Doch sollte dies nicht die primäre Motivation für meine Seelsorge sein. Ich muß dabei innerlich unabhängig bleiben.

Pfarrer Klaus K. berichtet von seinen Erfahrungen in der Begleitung eines etwa gleichaltrigen Ehepaares:

> *»Als ich zu Beginn meiner Pfarrertätigkeit Hausbesuche machte, lernte ich auch Familie M. kennen. Wir verstanden uns auf Anhieb ausgezeichnet. Es entwickelte sich mit der Zeit eine freundschaftliche Beziehung, und ich hatte das Gefühl: Dort kann ich ein Stück weit daheim sein.*
> *Nach einiger Zeit nahm ich jedoch eine Spannung zu Herrn M. wahr. Frau M. hatte mir mehrere Male ihr Leid wegen der Mißlaunigkeit ihres Mannes geklagt. Bei einem abendlichen Besuch im Haus der Familie brach es dann regelrecht aus Herrn M. heraus. Im Gespräch über verschiedene Aktivitäten seiner Frau in der Gemeinde fuhr er seine Frau an: ›Am besten ziehst du ins Pfarrhaus um. Dann stehst du immer parat, wenn etwas zu besorgen ist.‹ Frau M. konterte: ›Übertreib doch nicht so! Mit dir kann man nicht mehr vernünftig reden. Ständig dein Gemecker! Ich bin froh, daß ich Klaus ab und zu sagen kann, was hier los ist.‹«*

In diesem Gespräch wurde Pfarrer K. klar, auf was er sich durch seine Freundschaft mit der Familie eingelassen hatte. Er war jemand, der wirklich gut zuhören konnte. Er vermittelte Frau M. das Gefühl, verstanden zu werden. Je mehr sie bei ihm aussprach und Rat suchte, desto mehr entfernte sie sich von ihrem Mann. Je mürrischer und eifersüchtiger ihr Mann wurde, desto mehr zog es seine Frau zu Klaus. Und Klaus – ihm war aufgrund seiner auch freundschaftlichen Nähe zu den beiden der Blick für diese zuerst einmal hintergründigen Vorgänge zunächst verstellt.

Was sich hier als klassische Dreiecksgeschichte entwickelte, bekommt wohl jeder Pfarrer in seiner Gemeinde zu spüren, wenn er sich ohne die nötige Distanz auf einzelne oder auf Gruppen einläßt, wenn er sich zu sehr mit ihnen »gemein« macht. Die Gefahr ist einfach groß, daß früher oder später der Vorwurf der Parteilichkeit entsteht.

»Abstinenz« bedeutet hier: Bei aller Herzlichkeit und Nähe so viel Abstand halten, daß ein klarer Blick für die Vorgänge erhalten bleibt. Es ist wie mit der Augeneinstellung zu einem Gegenstand. Ist er zu weit weg, erkennt man keine Details. Sind die Augen zu nahe, verliert man den Überblick.

Daheim bei Gott

Insgesamt gibt es eine doppelte Antwort auf die Frage: Wo bin ich daheim?

Keiner kann – einerseits – auf Dauer isoliert, allein leben, ohne daß er persönlich und daß sein Arbeiten Schaden leiden. Darum gehört es unabdingbar auch zur Lebenskultur des Priesters, bei ihm vertrauten Menschen, bei Freunden daheim zu sein, Beheimatung zu suchen und zu leben.

Andererseits bedarf der Priester sowohl in seiner Arbeit wie in seinem freundschaftlichen, privaten Umgang mit anderen – seien es Männer oder Frauen – einer klugen, heilsamen Distanz; in der Seelsorge, um Menschen wirklich hilfreich begleiten zu können – im persönlichen Bereich, um dem Sinn des Zölibats auf der Spur zu bleiben.

Eine solche Distanz bedeutet jedoch – und dies bedarf der inneren Achtsamkeit und der Entschiedenheit nach außen – eine letzte menschliche Ungeborgenheit. Es wäre unrealistisch, sie zu verschleiern oder zu verharmlosen. Sie ist einschneidend, weil unausweichlich. Und dieses Maß menschlicher Ungeborgenheit eines priesterlichen Lebens müßte unerträglich, untragbar bleiben, wenn der Priester sie nicht mit der Suche nach dem Daheimsein bei Gott verbände, wenn das Daheimsein bei Gott nicht tiefste und gewollte Lebenspriorität hätte.

Die Beheimatung in Gott muß jedoch nicht nur ideell gewollt sein, sondern unabdingbar auch erfahrbare Wirklichkeit. Jede Form von Mystizismus oder Sich-hinein-Manövrieren mündet in hohlen Illusionen und menschlicher Verkümmerung. Wäre die Beheimatung in Gott nicht erlebbar, dann bedeutete die »Ehelosigkeit um des Himmelreiches willen« eine unzumutbare, unmenschliche Forderung. Eine Kirche, die sie von ihren Priestern verlangt, ja zum Gesetz macht, wäre menschenverachtend und ausbeuterisch.

Das heißt allerdings nicht, ein Priester müsse oder könne ständig im Hochgefühl der Gottesnähe leben. Wohl aber ist ganz entscheidend, daß er seinen Gott erfahren hat und mit innerer Gewißheit sagen kann: »Ja, ich habe seine Nähe gespürt. Ich bin ihm begegnet.« Und es bedarf der ganz persönlichen Entschiedenheit, viel für diese innere Gewißheit zu investieren. Hört er damit auf, läßt er das Feuer in sich erlöschen, sich nach der Geborgenheit in Gott auszustrecken, läßt er das unabdingbare Fundament seiner priesterlichen Existenz verfallen. Und das Herz hört auf zu brennen (vgl. Lk 24,31f).

Impulse zum Weiterdenken

Daheim bei mir selbst – hier und jetzt

- Kann ich es mit mir selbst aushalten?
- Habe ich Zeiten am Tag, an denen ich einfach für mich bin, bei mir selbst zu Hause bin, ohne Ablenkung?
- Halte ich dies ohne Hintergrundmusik aus?
- Wohin und zu welcher Tätigkeit führt mich mein erster Gang, wenn ich abends nach Hause komme?
- Bin ich ein Vergangenheits-, Zukunfts- oder Gegenwartstyp?
- Welche Phantasien und Tagträume beschäftigen mich?

– Solche aus der Vergangenheit (»Damals...«)?

- Von der Zukunft (»Wenn das einmal vorbei ist und ich endlich ...«)?
- Aus der Gegenwart (»Ich bin gerade ...«)?

- Was sind meine Gedanken, wenn ich meinen Schreibtisch aufräume? Wenn ich spazierengehe?

Ein Selbstgespräch

Vor nächsten Situationen und Aktionen gehen jedem Gedanken durch den Kopf (z. B. vor dem Aufstehen, vor Schulbeginn, vor einer Pfarrgemeinderatssitzung, vor dem Gottesdienst). Ich lade Sie zu einem Experiment ein: Stellen Sie sich doch einmal eine solche Situation genau vor, und sprechen Sie – ohne einen Filter – laut vor sich hin, wie Sie zu dieser konkreten Situation, zu dem Bevorstehenden denken und empfinden. Nehmen Sie dieses Selbstgespräch auf eine Kassette auf. Anschließend hören Sie sich die Aufzeichnung an und stellen sich folgende Fragen:

- Welches Grundgefühl kommt hier zum Ausdruck (Freude, Zuversicht, Unlust, Widerwille, Angst, ...)?
- Welches Bild bekomme ich von mir selbst, wenn ich mich so höre? Was ist das für ein Mensch, der da spricht?
- Spreche ich Positives aus, denke ich an meine Fähigkeiten, an die Fähigkeiten anderer? Oder springe ich mehr und sofort auf das Negative?
- Versuche ich, mit Ruhe einen Vorgang zu betrachten? Oder neige ich zum Übertreiben, zum Schwarz-Weiß-Denken?
- Beziehe ich mich auf klare Fakten? Oder phantasiere ich, was z. B. andere von mir denken?
- Wohin möchte ich mich flüchten, wenn etwas nicht so klappt, wie ich es mir vorstelle?

Das Netz meiner Beziehungen

Was halten Sie davon: Sie nehmen ein großes Blatt und zeichen einen kleinen Kreis in die Mitte mit der Aufschrift »Ich«. Nun tragen Sie für jede Person, die Ihnen persönlich etwas bedeutet, deren Namen ein, und zwar gefühlsmäßig in dem Abstand oder der Nähe, den bzw. die Sie zu ihr empfinden und erleben. Ziehen Sie dann – wenn es sie gibt – Verbindungslinien zwischen den Personen, je nachdem, wie Kontakte und Beziehungen untereinander bestehen. So wird Ihr Netz der Beziehungen sichtbar.

- Ist Ihnen Ihr Beziehungsnetz recht, so wie es ist?
- Möchten Sie daran etwas verändern?
- Welche Personen möchten Sie näher bei sich, welche weiter von sich weg haben?
- Empfinden Sie den Wunsch, auf jemanden zuzugehen, um Ihr Verhältnis zu ihm zu ändern?

Sie können auch ein Dienst-Beziehungsnetz zeichnen, das Ihre dienstlichen Verbindungen darstellt. Gibt es in diesem Netz Regelungsbedarf?

Daheim bei Gott

- Bin ich ganz im Frieden damit einverstanden, ehelos zu leben?
- Erlebe ich Geborgenheit in Gott? Vielleicht nur manchmal? Oder ganz selten? Schon ziemlich lange nicht mehr?
- Lebe ich aus der Erfahrung oder dem guten Empfinden, daß meine Gottesnähe, meine Beziehung zu Jesus Christus, mich so erfüllt, daß ich frei auf Menschen zugehen kann?
- Oder betrachte ich eine solche »Beheimatung in Gott« im Grunde als eine Utopie?
- Wie ehrlich bin ich in diesem Punkt vor mir selbst?

Wem bin ich wirklich wichtig?

Eine Horrorvision scheint Wirklichkeit zu werden: geklonte Menschen. Das Rezept: Man nehme die Keimzelle eines Menschen, der als Prototyp akzeptabel erscheint, und produziere damit ein identisches Exemplar. Wenn dieser Typ sich unter bestimmten Gesichtspunkten bewährt, kann man in Serien-Klonung gehen.

Alle radikalen Bewegungen in Geschichte und Gegenwart hatten und haben ähnliche Vorstellungen, wenn diese auch bisher nicht gentechnologisch, sondern durch Steuerung, sprich Gehirnwäsche, und Umerziehung angestrebt wurden. Besonders Gruppen, Sekten und scheinreligiöse Unternehmen, die den Anspruch erheben und die Verheißung ausgeben, den Menschen den »wahren« Sinn ihres Lebens zu vermitteln – und diesen gegebenenfalls mit Mitteln geheimer oder offenerer Gewalt durchsetzen –, haben in Wahrheit einen Einheitsmenschen vor Augen nach ihrem Bild und Gleichnis.

Nicht auszudenken sind die Folgen, gelangten jene neuen Technologien in die Hände totalitärer Machthaber. Wie würde ein nationalsozialistisches, kommunistisches, diktatorisches System solche Möglichkeiten nutzen? Uniformen, Stechschritt in Reih und Glied, gehobene Hände zum Einheitsgruß wären nur äußerliche Varianten einer inneren Uniformität, bei der der einzelne, persönliche Mensch keine Rolle mehr spielt und keinen individuellen Wert mehr hat.

Auch Teile der Kirche waren und sind nicht frei von Phantasien, die die Menschen in bestimmte Richtungen geformt sehen möchten. Es gab Zeiten, in denen man mit denen, die nicht dem vorgeschriebenen Glaubenstyp entsprachen, kurzen Prozeß machte. Die Gefahr der Uniformität, z. B. des Drucks von oben und der Anpassung von unten, besteht einfach deshalb, weil der Anspruch des Glaubens und der Kirche so hoch ist. Das Ziel, in die Nachfolge Christi einzutreten, legt nahe zu definieren, wie Nachfolge auszusehen hat und wie nicht. Hinsichtlich der Amtsträger liegt – aufgrund falsch verstandenen Anspruchs, im Besitz der endgültigen Wahrheiten zu sein – die Gefahr darin, zwanghaft einen bestimmten Christentyp zu favorisieren, der in bestimmter Weise Glaube und Kirche vertritt.

Nun könnte man zu Recht einwenden: Unser Selbstverständnis als Kirche in der Nachfolge Jesu ist heute – gottlob – ein anderes. Jesus nennt seine Jünger nicht Knechte, sondern Freunde (vgl. Joh 15,15). Die ganze Schöpfung soll von der Knechtschaft der Vergänglichkeit frei werden und zur Freiheit der Kinder Gottes gelangen (vgl. Röm 8,21). Christen sind zur Freiheit berufen. Gott will keine Sklaven, sondern freie Mitarbeiter (vgl. 1 Kor 3,9).

Bin eigentlich ich gemeint?

Doch gerade Priester fühlen sich nicht selten als Rad in der Maschinerie der Institution Kirche. Sie stehen im Dienst und unter Eid, die »reine Lehre der Kirche« zu verkünden. Sie sollen mit ihrem Leben beispielhaft vorleben, was sie verkünden. Sie sollen die Finanzen mindestens so gut verwalten wie die Sakramente. Sie sollen. Sie sollen. Sie sollen...

Dabei spüren sie in der konkreten Arbeit meist nicht so sehr den Druck von seiten ihres Bischofs oder der Bistumsleitung, sondern die manchmal unbarmherzigen Forderungen und Anforderungen in den Gemeinden. Da bleibt irgendwann die unausweichliche Frage nicht aus: Wo bleibe ich eigentlich persönlich? Natürlich möchte ich mich und meine Kraft einsetzen! Natürlich habe ich mir nicht einen bequemen und krisensicheren Job ausgesucht! Ich habe mein Leben auf die eine Karte Kirche gesetzt! Doch wie kann ich in diesem Dschungel von Anforderungen persönlich überleben?

Und ein Weiteres: Der Priester steht für viele nach wie vor auf einem hohen Podest. Eine Primizfeier bedeutet nach wie vor einen Glanzpunkt in der Geschichte einer Gemeinde. Das Silberne Priesterjubiläum eines Pfarrers wird zu einem großen Fest organisiert. Doch wer ist der »Gegenstand« der Feier? Der Mensch, der den

Dienst des Priesters übernommen hat? Oder die Figur des Amtsträgers? Oder feiert sich die Gemeinde selbst? Wer oder was ist wirklich für die Gemeinde wichtig? Nur das Amt des Pfarrers? Oder vor allem ich als dieser Priester *und* Mensch?

Wie sehr die Frage »Bin eigentlich auch ich gemeint?« relevant ist, erfaßt besonders, wer mit seiner Berufung nicht auf festen Beinen steht. Ein Pfarrer im mittleren Alter berichtet:

»Während meiner Seminarausbildung machte ich eine eigentümliche Erfahrung. Nach dem Eintritt ins Priesterseminar begann eine weitläufige Verwandte, mir monatlich einen gewissen Geldbetrag zukommen zu lassen. Ich freute mich über diese Unterstützung. Ich konnte sie gebrauchen. Während meines Freisemesters kamen mir Zweifel an meinem Weg. Als die Verwandte davon erfuhr, daß ich nicht ins Seminar zurückkehren werde, stellte sie ohne Kommentar prompt ihre Unterstützung ein. Als ich dann nach vier Semestern doch wieder das ursprüngliche Ziel verfolgte, kam eine Anfrage ihrerseits, ob ich nun doch ernsthaft vorhabe, Priester zu werden. Nachdem ich bejahte, konnte ich wieder mit einem monatlichen Scheck rechnen.
Ich verstehe ja, daß diese Frau der Kirche etwas Gutes tun wollte. Doch hatte ich das Gefühl, daß bei dem ganzen Unternehmen ich als Person eigentlich nicht gemeint war. Daß ich mich mit der Berufungsfrage herumquälte, gerade weil ich es ernst meinte, spielte keine Rolle.«

Für viele erhärtet sich im Laufe des Berufslebens der Eindruck, nicht als Mensch, sondern als Funktionsträger gefragt zu sein. »Schließlich wird er ja von meinen Kirchensteuern dafür bezahlt.«

Selbstwertgefühl entwickeln

Solche Erfahrungen können die mehr oder weniger bewußte Vorstellung erzeugen: Als Priester »in Amt und Würden« ist »Hochwürden« viel wert, daneben bleibt nicht viel von mir übrig.

Als Gegenprobe gilt die Erfahrung: Je weniger sich ein Priester in seiner persönlichen Autorität gewertschätzt und geachtet fühlt, um so stärker klammert er sich an sein Amt und pocht auf seine Amtsautorität. Wie läßt sich dies positiv und kreativ umwandeln?

Im Rahmen einer Rekollektio kamen Pfarrer darauf zu sprechen, daß ihnen zu wenig Anerkennung von seiten des Bischofs gezollt werde. Als Priester und Pfarrer sei man mit Haut und Haaren für den Dienst in der Kirche da. Da sei es wohl legitim, wenigstens ab und zu ein Wort des Dankes oder der Anerkennung vom Bischof zu hören.
Man diskutierte dann darüber, welche Schwerpunkte ein Bischof in seiner Arbeitszeit sinnvollerweise setzen solle. Man war sich darüber einig, daß in einem Bistum nichts wichtiger sei als »die Moral der Truppe«. Darum habe das Gespräch des Bischofs mit seinen Priestern und hauptamtlichen pastoralen Mitarbeitern obersten Rang.
Ein Gesprächsteilnehmer stellte allerdings in Frage, ob man sich so sehr vom Lob und Dank des Bischofs abhängig machen solle. Zwar verstehe sich der Priester als Mitarbeiter des Bischofs. Doch gebe es auch den direkten Auftrag zum priesterlichen Dienst durch Jesus Christus. »Außerdem«, so schloß er sein Plädoyer, »sind wir nicht Manns genug, nicht immer auf das Lob der Obrigkeit angewiesen zu sein?«

In der Tat – es gibt eine eigengeartetete Fixierung vieler Priester auf ihren Bischof. Gemeint ist dabei nicht der »naturgegebene« Zusammenhang und Zusammenhalt aufgrund von Weihe und Inkardination in das Bistum. Gemeint ist hier das deutliche Bedürfnis, ausdrücklich die Wertschätzung durch den Bischof zu erfahren. Priester können noch so sehr auf Bistumsleitungen und Bischöfe schimpfen, wenn sie von ihrem Bischof gelobt werden, ist (erst einmal) aller Groll vergessen. Wenn gar der Bischof jemanden im Gespräch *fragt* »Könnten Sie sich bitte um dieses oder jenes Problem kümmern?«, dann kommt eine fast kindliche Freude auf.

Diese Beziehungsqualität geht deutlich über das hinaus, was sich sonst im Verhältnis zwischen einem Vorgesetzten und seinen

Untergebenen, zwischen Arbeitgeber und Arbeitnehmer abspielt. Das Lob des Bischofs wird erfahren als höchste Anerkennung getaner Arbeit seines Priesters, aber zugleich als Wertschätzung und Achtung des Menschen, der sich ganz und ausschließlich in den Dienst der Kirche und des konkreten Bistums stellt. Wer sagt ihm denn auch sonst Worte wie: »Mensch, du arbeitest jetzt schon dreißig Jahre in unserem Bistum. Du hast allen Streß und alle Enttäuschungen ausgehalten. Du hast andere ermutigt. Du hast zu deinem Versprechen der Ehelosigkeit gestanden. Ich schätze dich sehr«? Ein Bischof wird (vielleicht) selten diese Worte in so direkter Weise wählen. Doch seine persönliche Zuwendung hat bereits die Wirkung dieser Worte.

Damit kommt dem Bischof eine Rolle zu, die kaum etwas und jemand ersetzen kann. Im Konfliktfall läßt sich daher aus dem Mund von Priestern der Satz vernehmen: »Das lasse ich mir von keinem Personalchef und keinem Generalvikar sagen. Das muß mir schon der Bischof selbst sagen!«

Bei aller Hochschätzung der Stellung und Person eines Bischofs bleibt die Anmerkung zu bedenken, die jener Gesprächsteilnehmer der Rekollektio einbrachte. Wo bleibt das gesunde Selbstbewußtsein, das nicht so emotional angewiesen ist auf bischöfliche Anerkennung? Da ist ein Priester, der einfach als Mensch und Mann mit zwei Beinen im Leben steht. Der zuallererst vor sich selbst und vor Gott weiß, was er wert ist, ohne sofort selbstherrlich und überheblich zu werden. Der sich nicht vor anderen aufblasen muß, weil ihm weniger Anerkennung entgegenbrandet, als er sucht. Der sich in aller Bescheidenheit groß genug sieht, so daß er andere nicht kleinzumachen braucht, um selber gut dazustehen.

Die Enttäuschung, bei der Amtsausübung weit mehr als Funktionsträger denn als dieser Mensch und diese Person wahrgenommen und respektiert zu werden, läßt sich nur durch ein ausgeprägtes, gesundes Selbstwertgefühl, eine Selbstwertschätzung positiv und kreativ »erlösen«: Als dieser Mensch bringe ich viele Eigenschaften ein, die den Menschen und dem Aufbau der Gemeinde dienen. Ich darf darauf vertrauen, daß durch mich persönlich und in Gemeinschaft mit den anderen Gottes Geist tatsächlich wirkt.

Bin ich als Priester gemeint?

An die Frage »Bin eigentlich ich gemeint?« schließt sich eine weitere Frage an: »Bin ich eigentlich als Priester gemeint?« Nicht selten erleben Priester – besonders in bestimmten Aufgabenbereichen –, gerade als Priester nicht akzeptiert zu sein. Zwar wird zu gegebenen Anlässen die Anwesenheit und Hilfe eines Priesters angenommen. Gemeint ist er aber nicht in seiner Eigenschaft als Priester, sondern als Amtsperson, dessen Anwesenheit bestimmte Vorteile mit sich bringt. So berichtet z. B. Johannes, ein Jugendseelsorger, von entsprechenden Erlebnissen in seiner Gemeinde:

»Wir haben in unserer Gemeinde mehrere Jugendgruppen. Alle fühlen sich sehr selbständig. Sie organisieren perfekt ihre Zeltlager und Freizeiten und verwalten selbst ihre Finanzen. Durch Basare und andere Aktionen haben sie ein enormes Sparkonto.
Ich habe als Auftrag die Jugendarbeit. Mein Ziel ist, die Kinder und Jugendlichen an das Gemeindeleben heranzuführen. Das ist jedoch ein aussichtsloses Unternehmen. In den Leiterrunden wird mir offen mitgeteilt, daß man meinen »frommen Kram« nicht wünsche. Ich solle mich entweder ruhig verhalten oder wegbleiben. Eine andere Gruppe legt Wert darauf, daß ich zu einer Versammlung im Monat antrete. Zu Beginn solle ich jeweils eine geistliche Einstimmung halten. Ich versuche, das zu tun. Doch im Laufe dieser Einstimmung werden in Kleingruppen die Erlebnisse der vergangenen Woche ausgetauscht. Ich rede ins Leere. Als ich dem Leiter mitteilte, ich wolle nicht mehr an diesen Veranstaltungen teilnehmen, entgegnete er: Ich solle auch weiterhin kommen. Schließlich handele es sich um kirchliche Jugendarbeit. Und man benötige das Geld der Gemeinde.
Nach dem vergangenen Jugend-Wochenende weiß ich nun wirklich nicht mehr weiter. Am Sonntag wollte ich eine Eucharistiefeier mit den Jugendlichen feiern, worauf man mir zu verstehen gab, daß darüber zuerst abgestimmt werden müsse. Als Alternative schlug man dann einen Morgenspaziergang vor. Bei der Abstimmung unterlag die Eucharistiefeier gegen den Morgenspaziergang.

Als ich trotzdem eine Eucharistiefeier für jene anbieten wollte, die sie wünschten, wurde mir das von der Leitung verboten.«

Sicher gäbe es im Anschluß an einen solch enttäuschten Erfahrungsbericht vieles zu einer sinnvollen Hinführung zur Eucharistie zu sagen. Man könnte Fragen zur Erstkommunion- und Firmvorbereitung stellen, über Inhalt und Stil kirchlicher Jugendarbeit diskutieren.

Hier gilt es vor allem nüchtern festzustellen: Hätte Johannes nur solche Erlebnisse zu verzeichnen, könnte er an seinem Beruf ernsthaft zweifeln. Mit dem, was ihm wichtig ist, redet er ins Leere und bekommt sogar die rote Karte. Mit dem, was ihm als alleinige Rolle zugewiesen wird, nämlich Geldbeschaffer und Alibi für »kirchliche Jugendarbeit« zu sein, kann er sich natürlich nicht einverstanden erklären. Wie kann jemand eine solche Situation aushalten, wie mit ihr umgehen?

Wo finde ich Anerkennung als Priester?

Mit Bedacht: Ein kreativer Umgang mit dieser Situation – will man nicht die harte Konfrontation provozieren, auf der sich kaum etwas aufbauen läßt – könnte darin bestehen, ohne jede Erwartung den Kontakt mit den Jugendlichen zu pflegen. Johannes könnte sich mit aller ihm möglichen Menschlichkeit als »personales Angebot« zur Verfügung stellen. Er darf damit rechnen, daß allein seine Anwesenheit als Priester bereits wirkt. Dies erfordert viel Gelassenheit, Geduld und Vertrauen.

Mit einer solchen Einstellung in einen schwierigen Arbeitsbereich hineinzugehen, setzt – menschlich gesehen – einen Ausgleich in anderen Bereichen voraus, in denen er, unbeschwert und gerne angenommen, seine Kompetenz und seine Person als Priester einbringen kann.

In jeder Gemeinde gibt es Jugendliche und Erwachsene, die von der Kirche mehr als nur Freizeitgestaltung erwarten. Vielleicht sind es nur wenige, die z. B. einen Bibelkreis oder einen Gesprächskreis über Glaubens- und Lebensfragen wünschen. Doch es gibt sie. In der Regel reicht eine Einladung zu solchen Kreisen im Gemeindeblatt nicht aus. Persönliches Ansprechen, persönlicher Kontakt und Hausbesuche erreichen weit mehr.

Mit anderen Worten: Der einzelne ist zu einem großen Teil selber mitverantwortlich dafür, ob es zu Gruppen und Kreisen kommt, die ihn mit seiner priesterlichen Kompetenz nicht nur gewähren lassen, sondern denen er als Priester ausdrücklich willkommen ist. Solche Gruppen, an deren intensiven geistlichen Erfahrungen er teilhaben kann, wird ihn fähig und frei machen, andere, schwierigere Arbeitsfelder gut und vielleicht auch gerne wahrzunehmen.

Eine solch bewußte Suche nach geistlich orientierten Gruppen in der Gemeinde ist durchaus kein verkappter Egoismus oder ein Haschen nach Streicheleinheiten, sondern sowohl seelsorglicher Auftrag als auch ein legitimes, persönliches Bedürfnis des Priesters und eine Notwendigkeit für ihn, Leben und Glauben mit anderen Christen zu teilen.

Impulse zum Weiterdenken

Auf wessen Lob und Anerkennung lege ich Wert?

- Im persönlichen Bereich,
- in meinem Bekanntenkreis außerhalb meiner Gemeinde und meines Arbeitsgebietes,
- im Bistum,
- in meiner Gemeinde und meinem Arbeitsbereich.

Eine Prioritätenliste könnte Aufschluß darüber geben, auf wessen Anerkennung ich keinesfalls verzichten möchten.

Welchen menschlichen und geistlichen Stellenwert hat für mich der Bischof?

- Wie wäre es, ihm einen Brief zu schreiben, in dem Sie ehrlich sagen, was Sie ihm schon immer einmal sagen wollten? Entscheiden Sie dann, ob Sie diesen Brief abschicken, eine Zeitlang liegen lassen oder ihn mit einem Freund besprechen wollen.

Bei welchen Gelegenheiten mache ich die Erfahrung,

- daß ich mehr als Amtsperson und weniger als Mensch gefragt bin?
- daß ich mehr als Amtsperson und weniger als Priester gefragt bin?

Gibt es Arbeitsgebiete, Gruppen und Kreise, in denen ich ausdrücklich als Priester bejaht und angenommen bin?

- Wie drückt sich diese Annahme aus?
- Wie wirkt sich diese Erfahrung auf andere Arbeitsgebiete aus?

Wer hat mir in der der letzten Woche, im letzten Monat für meine Arbeit ausdrücklich gedankt?

- Was habe ich dabei empfunden?
- Habe ich den Dank angenommen? Oder eher abgeschwächt mit Worten wie: »Das war doch selbstverständlich.«

Wie schätze ich mein Selbstwertgefühl ein?

- Wie würde ich auf einer Skala von 1 bis 10 mein Selbstwertgefühl einschätzen?
- Bin ich damit zufrieden?
- Möchte ich etwas ändern?
- Mit wem könnte ich darüber sprechen?

Wer fragt, wie es mir wirklich geht?

»Ein Mann weint nicht!«, ein Priester auch nicht! Er darf sich nicht hängen lassen. Denn er soll allzeit voll zur Verfügung stehen, soll Vorbild sein und Beispiel, wie ein »guter Christ« sein Leben meistert.

Diese Maxime hat nicht erst das Christentum erfunden, sie ist Jahrtausende alt. Priester werden in allen Kulturen so gesehen. Paulus fordert in 1 Kor 16,13 die Christen mit markanten Worten auf: »Seid wachsam, steht fest im Glauben, seid mannhaft, seid stark!« Und was für Christen allgemein gilt, das sollen die Priester in besonderer Weise verwirklichen.

»Sei ein Mann!« – »Sei stark!« – so lautet der Antreiber unseres Lebens, besonders für Christenmänner. »Auf die Zähne beißen!« »Indianer kennen keinen Schmerz!« »Sich keine Blöße geben!« Vorbild sein, in allen Situationen Haltung bewahren, konsequent sein, am besten alles alleine durchstehen, sich durchsetzen, notfalls energisch durchgreifen.

Das ist nichts anderes als ein Aufruf zum Heldentum, der oft – vor allem den Jungen – bereits seit frühster Kindheit als Lebenswert von den Eltern vermittelt wird. Diese Maxime fordert bestimmte Verhaltensweisen, die durch Lob bestätigend und durch Tadel einschärfend in die Seele eines Jungen eingetrichtert werden. Dieses allzeit Starksein schließt ein, keine Gefühle zu zeigen, keine Schwäche zu offenbaren, immer beherrscht zu bleiben, so zu tun, als habe man alles im Griff.

Die anderen sind schuld

Wer von innen heraus geprägt und getrieben ist, so zu leben, benötigt allerdings ein Überdruckventil. Dieses Ventil besteht nicht selten darin, daß andere verantwortlich sein müssen, wenn etwas schiefgeht.

Wenn sich der »starke« Mann z. B. ärgert, wird er nicht sagen: »Ich ärgere mich!« Er wird vielmehr auf die unmögliche Situation verweisen und feststellen: »Da kann man *sich doch nur noch ärgern!« Und nach dem Mittagessen sagt er nicht: »Jetzt brauche ich eine Tasse Kaffee, sonst schlafe ich ein.« Er wird erklären, daß nach dem Essen das Blut im Magen beschäftigt ist und* man *darum notwendigerweise einen Wachmacher benötigt.*

Das genau erscheint einem solchen Menschen als eines der schwierigsten Dinge: zuzugeben, daß er Hilfe braucht, und diese Hilfe ohne erklärende, beschwichtigende Argumente anzunehmen. Denn dagegen steht: Wer Hilfe braucht, ist schwach. Wer erwachsen, männlich, »ein ganzer Mann« sein will, der schafft alles und schafft alles allein. Wenn er aber doch einmal Hilfe annimmt, dann nur deshalb, um einem anderen einen Gefallen zu tun! Für den anderen soll es eine Auszeichnung sein, ihm helfen zu dürfen.

Wer mit dem persönlichen Dogma lebt »Ich muß stark sein!«, gerät aus der Fassung, wenn ihm etwas mißlingt. Er müßte sich sozusagen selbst exkommunizieren, weil er sich in dieser Situation nicht nach seinem Dogma richtet. Mache sich niemand etwas vor: Ein solch persönliches Lebensdogma ist für die tägliche Lebenspraxis meist einschneidender und folgenreicher, als alles, was ein Konzil beschließen kann.

Bei einem Verstoß gegen dieses Dogma entsteht innere Unruhe, innerer Überdruck, Unwohlsein. Das muß wegrationalisiert werden, etwa dadurch, daß ich anderen die Schuld an einer prekären Situation weiterreiche. Oder die Psyche greift zum letzten Mittel, indem sie den Überdruck psychosomatisch in einer Krankheit signalisiert und abreagiert.

»Wenn ich schwach bin, dann bin ich stark«

Doch gibt es auch andere Möglichkeiten. Paulus bietet das Modell einer neuen Denkweise an. Dieses Modell klingt zunächst paradox, weil es gängige Begriffe umdefiniert (2 Kor 12,10): »Wenn ich schwach bin, dann bin ich stark.« Der Apostel nennt für sich selbst Erfahrungen von Schwäche: Ohnmacht, Mißhandlungen, Nöte, Verfolgungen, Ängste. Diese Schwächen wandeln sich in Stärken, wenn sie angenommen werden: die Ohnmacht erleben und ja zu ihr sagen. Mißhandlungen, Nöte und Verfolgungen als Lebensaufgaben und Chancen ertragen. Ängste wahr-nehmen und akzeptieren.

Paulus fühlt sich berechtigt, diese Umdefinierung vorzunehmen. Sein Grundmodell: Christus »wurde in seiner Schwachheit gekreuzigt, aber er lebt aus Gottes Kraft« (2 Kor 13,4). »Das Schwache in der Welt hat Gott erwählt, um das Starke zuschanden zu machen« (1 Kor 1,27). Der Christ ist zu diesem Umdefinierungsprozeß für seine eigenen »Schwächen« eingeladen.

Doch wie es so oft in der konkret gelebten Glaubenspraxis geschieht: Das Modell ist klar – allein, es fehlt der Glaube. Es fehlt die Kraft, dieses Modell gegen die übermächtigen Antreiber im eigenen Inneren durchzusetzen.

Seit Jahren schwelte in der Gemeinde ein Konflikt zwischen Pfarrer M. und Frau B., der Gemeindereferentin. Der Pfarrer kann mit den pastoralen Fähigkeiten seiner Mitarbeiterin nicht mithalten. Sie ist jung, eine äußerst charmante und attraktive Frau. Sie hat die Fähigkeit, Menschen anzusprechen und zu begeistern. Ihre Erstkommunionvorbereitung läuft phantastisch.

Als die Gemeindereferentin vor vier Jahren in die Gemeinde kam, freute sich Pfarrer M.. Die Gemeinde ließ sich von der jungen Frau ansprechen, war begeistert. Doch mit der Zeit spürte er, daß er gegenüber dieser agilen Frau immer blasser erschien. »Herr Pfarrer, Sie müßten doch auch mal...« »Herr Pfarrer, wir fänden es gut, wenn die Gemeindereferentin in den Kinder- und Familiengottesdiensten die Ansprache hält.«

Pfarrer M. versuchte, vor sich und den anderen mit Begründungen zu reagieren: »Ich habe als Pfarrer so viel zu tun, daß ich nicht wie die Gemeindereferentin die ganze Woche Zeit habe, eine Ansprache vorzubereiten.« »Wir hatten früher nicht eine so praktische Ausbildung.« Irgendwann bekam er Wut: »Ja, ja, ich weiß. Gehen

Sie doch gleich zu Frau B.!« »Lassen Sie mich mit all diesem Kram in Ruhe! Ich habe andere Dinge im Kopf als die Spielereien im Kindergottesdienst!«

Wenn ich schwach bin, dann bin ich stark? Ob Pfarrer M. das so sehen kann? Oder ob er dies in seiner Situation nicht eher als blanken Hohn empfindet?

Die gängigen Arten der Konfliktbewältigung in einer Situation wie der von Pfarrer M. verlaufen meist anders:

- Der Pfarrer zieht sich depressiv zurück und überläßt das seelsorgliche Feld der pastoralen Mitarbeiterin.
- Der Pfarrer zieht sich zurück, braucht Entlastung, da er seit einiger Zeit mit einer Krankheit zu kämpfen hat.
- Der Pfarrer läßt in der Gemeinde Bemerkungen über Frau B. fallen nach der Art: »Ich möchte Frau B. nicht schlecht machen. Sie leistet vorzügliche Arbeit. Aber ich muß schon sagen, da hat sie ...«
- Der Pfarrer bricht mit Frau B. einen offenen Streit vom Zaun, bei dem er sich – vielleicht eher unbewußt – ausrechnet, daß sie diesen auf Dauer nicht übersteht und die Stelle wechseln will.
- Der Pfarrer macht der Gemeinde bei diversen Gelegenheiten klar, daß er als Pfarrer die Verantwortung trägt und bestimmte Aktionen so zu laufen haben, wie er es bestimmt.
- Der Pfarrer bringt in Konfliktsituationen deutlich zum Ausdruck, daß man sich zwischen ihm und der Gemeindereferentin entscheiden müsse.

Diese »Manöver« laufen nicht selten unbewußt ab. Eine wirklich böse Absicht soll hier nicht unterstellt werden. Doch alle skizzierten Reaktionen sind eindeutig Negativlösungen. Je nach Temperament und Selbstverständnis wendet der Pfarrer das gezückte Messer gegen die Mitarbeiterin und die Gemeinde oder gegen sich selbst. Die Folgen sind Streit, Zwietracht und Kränkungen bei allen Beteiligten.

Neue Kindlichkeit

Die soeben beschriebene Entwicklung in der Gemeinde von Pfarrer M. setzte sich fort, indem der Pfarrer für sich selbst eine Initiative ergriff:

Er besuchte einen älteren priesterlichen Freund, der ihn etliche Jahre zuvor geistlich begleitet hatte. Ihn fragte er um Rat bezüglich der verfahrenen Situation in seiner Gemeinde. Dieses erste persönliche Gespräch seit langem tat ihm so gut, daß er mit dem Freund bis auf weiteres eine neue Begleitung vereinbarte.
In den folgenden Gesprächen stellte sich heraus, daß die Situation der Gemeinde sich für ihn nur dann ändern könne, wenn er seine »Unterlegenheits-«gefühle gegenüber der Gemeindereferentin annehmen, ja darin sogar neue Chancen für sein seelsorgliches Engagement entdecke. Durch den veränderten Blickwinkel wandelten sich auch seine Gefühle gegenüber Frau B., mehr aber noch gegenüber sich selbst. Er konnte immer bewußter und überzeugter den alten Antrieb, stark sein zu müssen, loslassen.
Diesen Perspektivewechsel erlebte Pfarrer M. als Befreiung, auch wenn sie nur sehr langsam die alten Gefühle und Denkmuster ablöste. Mit seiner persönlichen Veränderung veränderte sich auch das Klima in der Gemeinde.

Annehmen der eigenen Schwachheit und erlaubten Unzulänglichkeit – unter spiritueller Perspektive bedeutet dies: Je mehr ich mein Begrenztsein als Person und Amtsträger wirklich annehme und mit ihr Frieden schließe, um so eher kann ich zulassen, nicht alles – perfekt und anerkannt – selbst tun zu müssen, um so mehr kann ich mit heilsamer Gelassenheit das Wirken des Geistes erbitten und erfahren. Ich bin nicht mehr allein für alles und für jeden Vorgang verantwortlich. Ich kann in Ruhe und Geduld meinen persönlichen Beitrag, meinen vielleicht bescheidenen Beitrag als »Mitarbeiter der Gnade Gottes« (1 Kor 3,9) einbringen.

Möchte man das Ziel eines solchen Lernvorganges mit einem Schlüsselwort benennen, könnte man von einer »neuen Kindlichkeit« sprechen. Dies widerspricht zunächst dem Gefühl, erwachsen zu sein, und dem Bewußtsein erwachsener Autonomie genauso wie die Forderung, seine Schwäche vor sich selbst und gar vor anderen einzugestehen und anzuerkennen. Was meint dieser Begriff?

Im ersten Kindsein des Menschen erlebt sich das Kind abhängig von seinen Eltern. Diese Abhängigkeit geht in der ersten Lebenszeit so weit, daß das Kind sich nicht von seiner Mutter unterscheiden kann. Erst langsam löst sich diese Symbiose. Das Kind lernt, »ich« zu sagen, entdeckt den eigenen Willen, erobert seine Welt. Wenn ein Kind an Grenzen stößt, schreit es nach den Eltern. Es verläßt sich in aller Unbefangenheit darauf, daß Mama und Papa ihm helfen, es aus schwierigen Situationen zu befreien. Dafür steht das einprägsame Bild des Kindes, das mit erhobenen Händen vor seinem Vater oder seiner Mutter steht und auf den Arm genommen werden möchte.

In der Pubertät gibt der junge Mensch diese kindliche Unbefangenheit auf und überprüft alle seine bisherigen Identifikationen. Er erkämpft sich eine immer größere Eigenständigkeit, notfalls im Konflikt mit seinen Eltern. Am immer noch vorläufigen Ende dieser Entwicklung steht der (fast) selbständige Mensch.

Mit der immer größer werdender Eigenständigkeit setzt auch die Erfahrung ein, für das eigene Handeln verantwortlich zu sein, Konsequenzen eigenen Tuns selbst in Kauf nehmen und tragen zu müssen. Dabei wird das Erleben der eigenen Unvollkommenheit und Ratlosigkeit und auch der eigenen Schwächen immer deutlicher und manchmal auch schmerzlicher. Dies muß verkraftet werden, und je nach dem, welche Verhaltensstrategien er bisher erlernt hat, wird er diese Erfahrung zu verarbeiten suchen. Will er nicht fortwährend, wenn ihm etwas mißlingt, einerseits die Schuld anderen zuweisen, oder will er andererseits sich nicht selbst solange kränken, bis er krank ist, dann muß er eine »neue Kindlichkeit« erwerben. In dieser »Kindlichkeit« überspringt er jene fatalen Antreiber, die ihn durchs Leben hetzen. Spontan und unvoreingenommen wie ein Kind – jetzt allerdings aus einer reiferen Lebensposition heraus als verantwortlicher Mensch – erkennt er dann seine Schwächen, bearbeitet sie, und Reste, die er nicht verändern kann, nimmt er an.

Hilfe annehmen

Von den Eltern erlassene Anordnungen – wie etwa »Sei stark!« – lassen sich nicht einfach wegschieben. Es bedarf in der Regel eines helfenden Menschen, um die Dominanz solcher Anordnungen zu durchschauen, sie zu relativieren und wenigstens ansatzweise zu überwinden. Der Begleiter muß ein Mensch sein, dem ich erlaube, mir die persönliche Frage zu stellen: »Wie geht es dir wirklich?« Dem ich erlaube, nicht mitzumachen, wenn ich mit ihm Versteck spielen will nach dem Muster »Wie geht es?« – »Gut wie immer!« oder: »Hab 'ne Menge zu tun!« Es muß ein Mensch meines Vertrauens sein, den ich Einblick in mein Inneres nehmen lasse, dem gegenüber ich bereit bin, die ganze Wahrheit zu sagen.

Nicht wenige Priester und pastorale Mitarbeiter leiden darunter, daß keiner sich ernsthaft dafür interessiert und danach erkundigt, wie es ihnen wirklich geht. Vielleicht ist es mir aber selber unangenehm, wenn einer mich tatsächlich so fragen würde? Vielleicht organisiere ich meine Kontakte so, daß sich keiner traut, mich zu fragen?

Mit anderen Worten: Ich sollte nicht darauf warten, bis jemand kommt und mich persönlich anspricht. Mein Teil ist möglicherweise nicht gering, und ich müßte selbst etwas dafür tun, daß ich ansprechbar bin.

Während der Studienzeit ist ein selbstverständliches Ziel der Ausbildung, daß sich jeder Priesteramtskandidat einen geistlichen Gesprächspartner sucht. Das Gespräch mit ihm kann auch in eine Beichte einmünden. So wie in den ersten Priesterjahren vieles von dem, was während der Seminarzeit wichtig war, versandet, so verweht bei vielen Neugeweihten sehr bald auch die geistliche Begleitung im Wind.

Dafür mag es viele »gute« Gründe geben: mangelnde Zeit in der

Vielfalt der pastoralen Praxis; oder die Überzeugung, daß jetzt anderes dran sei; oder die Enttäuschung, daß diese Art der Begleitung nicht viel gebracht habe, daß die geistliche Begleitung nur unter dem Druck des Regens stattgefunden habe – und anderes mehr. Vielleicht schreckt aber auch die Anstrengung, die eine bewußte Auseinandersetzung mit sich selbst bringt. Oder die Befürchtung, Eigenschaften bei sich selbst zu entdecken, die nicht in das bisherige Selbstbild passen.

Der Mühe, auch als Priester eine Gesprächsbegleitung in die eigene Lebenskultur aufzunehmen, steht die Erfahrung gegenüber, daß menschliches und geistliches Wachstum deutlicher spürbar wird, wenn dieses Arbeiten an sich selbst, dieses Unterwegssein mit sich selbst im Angesicht eines anderen Menschen geschieht. Eines Menschen, der mich anschaut, dem ich so viel wert bin, daß er mir seine Zeit schenkt. Der nachfragt und nicht locker läßt, wenn ich ausweichen will. Der nicht erschrickt, wenn ich Erschreckendes erzähle. Der mir ganz nahe ist und zugleich den Überblick behält. Von dem ich weiß, daß er sich selbst ebenfalls einem anderen aussetzt, um sich selbst immer noch besser zu verstehen.

Natürlich geschieht menschliches und geistliches Wachstum auch vor dem Angesicht Gottes. Doch wird mir deutlicher, daß er mich anschaut, wenn ich mich von einem Menschen als seinem Ebenbild anschauen lasse. In diesen mit-menschlichen »Emmausgesprächen« wird mir klarer und erfahrbarer, daß Gott sich um meine Menschwerdung kümmert, wenn ein Mensch in seinem Namen fragt: »Wie geht es dir wirklich?«

Varianten der Begleitung

Neben der geistlichen Begleitung gibt es noch andere Arten, die für die Strukturierung des eigenen Lebens und der seelsorglichen Arbeit hilfreich sind.

Da ist zunächst das *Dienstgespräch* mit einem Vorgesetzten. Diese Formulierung mag für einen Priester, einen Pfarrer ungewöhnlich sein, ist er doch sein eigener Herr. »Mit den Laien können die das machen, aber doch nicht mit uns!« konterte ein altgedienter Pfarrer bei einem solchen Ansinnen. Pfarrer fühlen sich in der Regel allein dem Bischof, eventuell noch dem Generalvikar verantwortlich. Doch wie soll ein Bischof die Zeit finden, mit all seinen Priestern im Bistum Dienstgespräche zu führen? (Nebenbei: In der Industrie geht man davon aus, daß ein Manager etwa 15 Mitarbeiter verantwortlich führen kann.)

Das Dienstgespräch mit einem Vorgesetzten muß nicht unbedingt als Unterdrückungsinstrument interpretiert zu werden. Wenn Seelsorger davon ausgehen, daß alle, vom Bischof bis zur Pfarrsekretärin, im gleichen Interesse und mit der gleichen Motivation arbeiten, dann kann ein Dienstgespräch vielmehr Hilfe und Entlastung sein. Hilfe, weil es einen heilsamen Druck ausübt, nicht allein vor sich »hinzuwursteln«, sondern immer einmal wieder nach Sinn und Ziel all der Arbeit zu fragen, Erfolge anzuerkennen und nach Gründen von Mißerfolgen zu forschen. Entlastung, weil dann der Vorgesetzte um das, was nicht gelingt, weiß und die Enttäuschung mitträgt. Niemand bräuchte dann mehr etwas vor sich selbst, vor seinen Mitbrüdern oder seinem Bischof zu kaschieren oder zu vertuschen.

Mangels entsprechender Strukturen – man fragt sich in diesem Fall, wo die viel beschworene Hierarchie (»heilige Ordnung«) bleibt – muß ich mir jedoch gegebenenfalls selbst einen Vorgesetzten als Gesprächspartner suchen. Bleibt dann nur die Frage, ob ich das will.

Eine andere Variante persönlicher und seelsorglicher Begleitung leisten *Beratung* und *Supervision.* Hier geht es in je eigener Weise um Themen und Fragen wie: Wie beeinflussen die Institution Kirche und Bistum meine konkreten Tätigkeiten? Welchen Einfluß hat meine Charakterstruktur auf meine Arbeit? Welche ausgesprochenen und unausgesprochenen Imperative bestimmen meine Arbeit? Wo kommen diese Imperative her?

Beratung und Supervision haben für viele pastorale Mitarbeiter, inzwischen auch für viele Priester, einen durchaus guten Klang.

Da sich diese Art der Begleitung längst für viele bewährt hat, braucht niemand mehr zu überlegen, ob er sich vor den anderen oder vor sich selbst etwas vergibt.

Es muß keineswegs immer gleich eine professionelle Hilfe durch ausgebildete Berater und Supervisoren sein. Die Treffen von Priestergruppen, Weihekursen beispielsweise oder Fortbildungsveranstaltungen können ein fruchtbares Forum für eine »correctio fraterna« sein. »Correctio« will hier nicht Zurechtweisung bedeuten, sondern Verbesserung, Unterstützung, Zuwachs an Wahrnehmung und Kenntnissen. Hilfe, die eigene Situation klarer einzuschätzen und zu verstehen, besser zu gestalten. Hilfe, die eigene Situation weniger verbissen zu betrachten. Hilfe, mehr Vertrauen in den eigenen Lebensweg zu setzen. Hilfe, mit mehr Zuversicht und Freude seine seelsorgliche Arbeit zu tun.

Eine weitere Variante persönlicher Begleitung: der Weg der *Therapie*. Ja, ja – da gibt es bei vielen einen Aufschrei: »Ich bin doch nicht verrückt!« Therapie ist nach wie vor bei vielen mit einem Schamgefühl belegt. »Wenn ich in Therapie gehe, heißt das doch, daß bei mir etwas nicht stimmt. Was denken dann die anderen von mir?«

Dazu eine Überlegung: Alle, die in beratenden und helfenden Berufen tätig sind, kommen eng mit dem Leben und den Nöten der Menschen in Kontakt. Das löst in dem, der beraten und helfen will, etwas aus. Wenn der Pfarrer beispielsweise an das Bett eines Sterbenden gerufen wird und er hier nicht nur seinen Dienst tut, dann läßt er das Geschehen auch persönlich an sich herankommen. In Berührung mit Krankheit, Leid, Tod, Abschiednehmen, Trauer und Hoffnung wird er sich ganz natürlich Fragen stellen : Wie ist mein ureigenes Verhältnis zu Krankheit, Leid und Tod? Wie wird es sein, wenn ich am Sterbebett meiner Mutter oder meines Vaters stehe? Was bewegt mich jetzt in dieser konkreten Situation?

Solche Augenblicke menschlicher Grenzerfahrung wühlen die eigene Lebensgeschichte auf. Um in solchen Situationen menschlich nicht völlig überfordert zu sein, muß meine persönliche Lebensgeschichte mit ihren starken und schwachen Punkten einigermaßen durchklärt sein. Da in der Nachfolge Jesu Christi und in seinem Auftrag priesterliche Seelsorge immer auch eine heilende Dimension hat, bleibt es fortwährend not-wendig, daß ein Priester sich menschlich und geistlich, so gut es irgend geht, auf diesen Dienst mit seiner ganzen Existenz einstellt und sich dafür bereit macht.

In beratenden und therapeutischen Berufen ist es selbstverständlich, daß sich jeder im Laufe seiner Ausbildung Lehrtherapien unterzieht. Denn wenn jemand wirklich hilfreich beraten oder therapeutisch (= heilsam) tätig sein will, muß er für sich selbst – so weit wie möglich – einen gewissen Abstand zu den jeweils angesprochenen Problemen haben. Andernfalls besteht die Gefahr, daß er sich aufgrund seiner eigenen, noch ungeklärten Probleme so sehr in die Situation hineinziehen läßt, daß er nicht mehr helfen kann. Da wird z. B. in einer Beratung intensiv ein Vater- und Autoritätsproblem angesprochen, mit dem der Berater auch selber noch nicht im Frieden ist. Die Gefahr, daß er sich im Laufe der Beratung – aus lauter Mitempfinden – in das Boot des Ratsuchenden begibt und plötzlich beide das gleiche Problem haben, ist groß und fatal. Solche Verstrickungen und die lauernden Projektionen kann er nur vermeiden, wenn er zuvor selbst an seinen Lebensthemen und seinen »unerledigten Geschäften« gearbeitet hat.

Das will nicht heißen, daß jeder Priester »seinen Therapeuten« braucht. Es heißt aber sehr wohl: Es ist hilfreich, ja geradezu professionell, wenn sich ein Priester bei tiefgreifenden Problemen und lebensgeschichtlichen Wendepunkten entsprechende Hilfe holt.

Wider die Wehleidigkeit

Die Bereitschaft, Hilfen verschiedenster Art in Anspruch zu nehmen, unterscheidet sich zutiefst von diversen Spielarten der Wehleidigkeit oder des Selbstmitleids, die bei jeder Anstrengung und jeder Frustration ihre Blüten treiben. Bei derartigen Neigungen wäre es ratsam, dem Übel auf den Grund zu gehen: Wie ist sie unterscheidend zu erkennen? Woher kommt diese Wehleidigkeit? Was bringt sie? – Die soeben ausgeführten Überlegungen legen drei mögliche Beweggründe nahe:

Erstens wird jemand wehleidig, wenn er immer wieder in persönliche oder berufliche Streßsituationen gerät und Angst ihn umtreibt zu versagen, aber nicht bereit ist oder auf die Idee kommt, Hilfe in Anspruch zu nehmen. Möglicherweise würde er eine solche Idee nochmals als Eingeständnis verbuchen, versagt zu haben, – ein Teufelskreis.

Oder jemand entwickelt *zweitens* zur eigenen Entlastung die Strategie, anderen die Schuld an der mißlichen Lage anzulasten, was bedeutet: Die anderen müssen sich ändern, nicht er selbst. Sein Teil ist es, darunter zu leiden, daß da etwas nicht gelingt, ohne selber daran etwas ändern zu können.

Drittens hat er nicht den Mut, wenn der Auslöser seiner schwierigen Situation tatsächlich einmal bei anderen liegt, auf diese zuzugehen und, wenn es sein muß, einen Konflikt auszutragen.

Wehleidigkeit bedeutet also im Grunde: (1) sich weigern, eine schwierige Situation anzugehen und zu verändern, (2) keine Kraft aufbringen, für diese Veränderung etwas einzusetzen, (3) sich somit den schwierigen Zustand erhalten, um darüber weiter jammern zu können.

Wehleidigkeit und Selbstmitleid haben jedoch in dem Moment keine Chance mehr, in dem ich (1.) bereit bin, mit einem Menschen meines Vertrauens offen über meine Situation zu sprechen; in dem ich (2.) vorsichtig werde in der Schuldzuweisung und ich mich (3.) dafür entscheide, mutig und offen denen gegenüber meine Einschätzung der Situation vorzutragen und zu vertreten, die dafür tatsächlich oder vermeintlich die Verantwortung tragen.

Impulse zum Weiterdenken

Eine Erkenntnis von Paul Theroux:

»Ich schuf mir eine Welt von Geheimnissen und spürte, daß mich niemand kennen durfte. Um stark zu sein, brauchte ich Geheimnisse.«

- Welche Geheimnisse habe ich?
- Was von mir und aus meinem Leben soll niemand erfahren?
- Welche Schwächen möchte ich vor den anderen verbergen, damit mich alle für stark halten?

Mein Bild vom Mann

- Ich schreibe zehn Eigenschaften auf, die m. E. ein Mann haben sollte.
- Dann bringe ich diese Eigenschaften in eine Reihenfolge, wie ich sie für mich persönlich als wichtig erachte.
- Welche Eigenschaften habe ich für mich gut ausgebildet, mit welchen habe ich Mühe? Gibt es vielleicht noch welche, die ich ausgeblendet habe?

Bestandsaufnahme meiner Lebensbegleiter

Welche Menschen haben mich seit meiner Kindheit begleitet?

- im Sinne geistlicher Begleitung?
- im Sinne von Beratung und Supervision?
- im Sinne von Therapie?
- im Sinne von Dienstgesprächen?
- Wenn ich einzelnen Begleitern heute danken sollte, wem würde ich wofür danken?
- Habe ich irgendwelche schlechten Erfahrungen mit bestimmten Begleitern gemacht?

Wahrhaftigkeit

- Habe ich wenigstens einen Menschen, dem ich die Wahrheit über mich anvertraue? Was schätze ich an ihm?
- Welche Lebensdetails, welche Erfahrungen halte ich selbst in intimen Gesprächen oder im Beichtgespräch zurück?

Neuanfang

- Möchte ich hinsichtlich Ob und Wie von Lebensbegleitung etwas verändern? Wäre ein Neuanfang sinnvoll?
- Wen würde ich fragen wollen, ob er mein geistlicher Begleiter sein möchte?

- Hat mir jemand schon einmal angedeutet oder direkt empfohlen, eine therapeutische Begleitung zu suchen? Wie kam er darauf?
  Wie habe ich auf diese Empfehlung reagiert?

Mit Antoine de Saint-Exupéry meditieren - Vertrauen

Zu dir kann ich kommen,
ohne eine Uniform anziehen
oder den Koran hersagen zu müssen;
kein Stück meiner inneren Heimat
brauche ich preiszugeben.
In deiner Nähe
habe ich mich nicht zu entschuldigen,
nicht zu verteidigen,
brauche ich nichts zu beweisen.
Über meine ungeschickten Worte,
über die Urteile hinweg,
die mich irreführen können,
siehst du in mir einfach den Menschen.
Dein Jasagen zu dem, was ich bin,
das hat dich gegen Haltung
und Bekenntnis nachsichtig gemacht,
so oft es nötig war.
Ich weiß dir Dank dafür,
daß du mich so hinnimmst,
wie ich bin.

Aus: Gesammelte Schriften, Band III, Düsseldorf 1959, 201f

4

Spirituelles

Das Leben so teuer wie möglich verkaufen

Eine bekannte Legende erzählt:

Etwa zweihundert Jahre nach Christus lebte in Samos ein Riese von Mensch. Er wollte nur einem Starken untertan sein, nur dem stärksten Herrn der Welt dienen. Bei seiner Suche bekam er den Hinweis: »Der König ist der Mächtigste.« So stellte er sich fortan in den Dienst dieses Königs.
Er folgte dem König überall hin, bis sie in der Stadt zwei trafen, die miteinander stritten. Der eine wünschte dem anderen, daß ihn der Satan hole. Der König erschrak und bekreuzigte sich. »Warum tust du das?« »Es ist nicht gut, diesen Namen zu nennen.« »Leb wohl König, ich gehe zu dem, den du fürchtest, denn er ist stärker als du.« Nach langem Suchen traf er Satan in seiner dunklen Pracht. »Sei du mein Herr!« So folgte er Satan auf allen Straßen. An einer Wegkreuzung deutete Satan auf ein Wegkreuz und murmelte heiser: »Wir müssen einen andern Weg wählen.« »Wieso erschreckt dich das?« Aber Satan war vor seinen Augen verschwunden. »Wenn dieser stärker ist als der, der eben verschwand, ist er der König, dem ich dienen will.«

Christophorus. Der einsame, wilde Mann, der sein Leben so teuer wie möglich verkaufen will. Er gibt sich nicht zufrieden mit dem vorletzten Herrn. Nur dem Größten, dem Stärksten, dem Mächtigsten will er sein Leben weihen. Er landet schließlich bei dem Kind, das er als Herrn der Welt erkennt.

Das eigene Leben wertvoll sehen

Diese Legende ist nicht nur schön. Sie bringt in Szene, was im Leben eines jeden Menschen vor sich geht. Kaum einer will einfach durchs Leben joggen und dann wie eine Sternschnuppe verlöschen. Jeder trägt in sich den Drang, etwas zu tun und zu leisten, was Ewigkeitswert hat. Es gehört zur Lebenskultur der Menschen, etwas Wichtiges und Wertvolles im Leben zu gestalten.

Der Wille, »etwas aus seinem Leben zu machen«, verweist auf eine Sehnsucht, die hinter allem steht: das eigene Leben, sich selbst wertvoll, sinnvoll zu sehen; Wert und Geltung zu besitzen vor sich selbst, vor den Menschen, vor Gott; ernstgenommen zu sein; sich selbst in den verschiedenen Lebensbezügen – persönlich und beruflich – als erfolgreich und wichtig zu erleben.

Kurz ist die Zeit, heilig zu werden wie du

Der urmenschliche Zug zur Größe drückt sich bei religiösen Menschen in der Offenheit für das Heilige und die Heiligen aus. Nicht ohne Grund tauchen in Firmmappen regelmäßig Personen wie Mutter Teresa und Pater Maximilian Kolbe auf.

Ein interessantes Phänomen ist, daß viele Priester irgendwann damit beginnen, Biographien, besonders solche von Heiligen, zu lesen. Von diesen Menschen geht eine Faszination aus, die darin besteht, daß sie einen Gedanken, einen Aspekt des Christentums radikal leben und dadurch Wirkung und Bedeutung für die ganze Gemeinschaft der Glaubenden gewinnen.

Da kommt etwa der Pfarrer von Ars in den Blick. Mit ihm und seinen mangelhaften Anfangsfähigkeiten lassen sich alle eigenen Ängste und Frustrationserfahrungen verbinden. Aber aus seiner Schwachheit heraus erblüht eine Kraft, nach der sich mancher sehnt, – eine Kraft, die den Menschen als wertvoll auszeichnet und zugleich erfahrbar macht, wie Gott seine Spuren hinterläßt.

Im Blick auf Gott und Jesus Christus formuliert ein Hymnus des Stundengebetes: »Kurz ist die Zeit, heilig zu werden wie du.« Der Maßstab ist kein geringer: »Ihr sollt vollkommen sein, wie es auch euer himmlischer Vater ist« (Mt 5,48).

In Standardwerken geistlicher Literatur findet man an dieser Stelle – sozusagen als Ausgleich zum Streben nach Größe – den Begriff der Demut eingeführt. Unbestritten gehört die Tugend der

Demut zur Lebenskultur religiöser Menschen, um sich nicht selbst in eine trügerische Grandiosität hineinzumanövrieren. Vor Gott und im Vergleich zu ihm sind ganze Völker »wie ein Tropfen am Eimer. ... Alle Völker sind vor ihm wie nichts« (Jes 40,15.17).

Damit der Mensch eine solch schwerwiegende Aussage über seine Niedrigkeit mit Verstand und in Freiheit zu äußern vermag, bedarf es zuvor einer anderen Betrachtung. In seiner Gottebenbildlichkeit darf er voll Freude mit dem Psalm (8,5-6) sprechen:

»Was ist der Mensch,
daß du an ihn denkst,
des Menschen Kind,
daß du dich seiner annimmst?
Du hast ihn nur wenig geringer gemacht als Gott,
hast ihn mit Herrlichkeit und Ehre gekrönt.«

Beide Aspekte, Nichtigkeit und Größe, machen großen Sinn. Der göttlichen Zusage der Größe, der Annahme, der »Herrlichkeit und Ehre« bedarf der Mensch zuerst. Wenn er sich seiner Würde bewußt wird, kann er sich in Ehrfurcht vor dem ihn liebenden Gott niederwerfen und bekennen, daß er Staub ist und zum Staub zurückkehrt (Gen 3,19). Zugleich darf er im Vertrauen auf die Barmherzigkeit Gottes beten: »Er weiß, was wir für Gebilde sind; er denkt daran: Wir sind nur Staub« (Ps 103,14).

Es ist freilich unmodern geworden, als Ziel des eigenen Lebens sich vorzunehmen: Ich möchte heilig werden. Es kann auch nicht von der Kanzel her verkündet werden. Doch beim Gebet in der Kammer (vgl. Mt 6,6) hat der Wunsch nach Heiligkeit seinen Platz: »Kurz ist die Zeit, heilig zu werden wie du – oder wie einer deiner Heiligen – in meiner Weise.« Dies ist eine Art, sein Leben so teuer wie möglich zu verkaufen.

Spuren in der Geschichte hinterlassen

Stephan D. war nach seiner Kaplanszeit Pfarrer in einer Stadtpfarrei mit etwa fünftausend Katholiken geworden. Als er sich zum regelmäßigen Wiedersehen mit seinem Weihekurs traf, erzählten alle reihum von ihren Erfahrungen in der letzten Zeit. Stephan berichtete mit strahlendem Gesicht: »Es ist ganz schrecklich. Ich dachte, nun könnte ich als Pfarrer mit der Seelsorge so richtig beginnen. Doch als ich nach St. Andreas kam, standen zuerst eine Reihe von Bauvorhaben an. Die Kirche muß außen renoviert und der Gemeindesaal umgebaut werden. Seit Jahren steht der Neubau eines Kindergartens an, an den sich mein Vorgänger nicht mehr heranwagte.«

Das erfreute Gesicht von Stephan straft seine Reden eigentlich Lügen. Er fühlt sich mit den Bauvorhaben nicht schrecklich, sondern pudelwohl. Seine Arbeit darf jetzt »Gestalt« annehmen. Man und vor allen Dingen er selbst wird sehen können, was er geschafft hat. Natürlich bedeuten Bauen und Umbauen auch Mühe und Streß. Doch tut es sicher irgendwie auch gut, seine Spuren in der Geschichte der Gemeinde zu setzen, etwas Bleibendes zu schaffen, etwas von mir zu hinterlassen, noch anwesend zu bleiben, auch wenn ich nicht mehr da sein werde. Das trifft sich mit dem Urwunsch des Menschen, unvergänglich zu sein, nicht einfach aus dem Gedächtnis der Menschen ausgelöscht zu sein.

Menschen erfahren dieses Überdauern der Zeit in natürlicher Weise in ihren Kindern. Neues Leben, Leben aus dem eigenen Leben wird weitergegeben von Generation zu Generation. Darum ist die Freude so groß, wenn jemand als alter Mensch seine Enkel oder gar Urenkel sehen und auf den Schoß setzen darf.

Zu der Zeit, als Stephan Pfarrer wird, haben andere Männer in der Regel ihre Familien gegründet und bekommen Kinder. Was sind die »Kinder« eines Priesters? Die Antwort: »Er baut!« wäre zu platt und zu einfach. Ganz falsch ist sie aber nicht. Vielleicht unvollständig.

Ein anderer Hinweis zu den Spuren der Geschichte: Viele Priester überkommt ab einem gewissen Zeitpunkt in ihrem Leben (meist nach dem vierzigsten Lebensjahr) die Reiselust: Reisen alleine, Reisen mit der ganzen Gemeinde. Es sind meist Reisen zu irgendwelchen Ursprüngen. Reisen zu Orten, an denen Menschen Spuren hinterlassen haben. »Auf den Spuren Jesu« ist dann das Motto einer Israelreise. »Auf den Spuren des Paulus« ist die Kreuzfahrt durch das Mittelmeer überschrieben.

Doch nicht nur die Quellen des christlichen Lebens faszinieren. Auch die Quellen der Menschheit. So wird eine Ägyptenreise zu einem Abenteuer, weil die Spuren der Pharaonen in Land und Geschichte zeigen, was möglich ist. Die Bewunderung gilt durchaus der Architektur der Tempel und Pyramiden, doch vor allem unter dem Aspekt, welche Anstrengungen Menschen unternahmen, um für immer zu leben. Gerade dadurch schufen sie eine Hochkultur. Vielleicht ist der innere Drang, seine Spuren deutlich der Geschichte einzuprägen, ein letzter Beweggrund für Kultur überhaupt.

War das alles?

Wer vor den Pyramiden von Giseh gestanden, durch die Gänge der Cheops-Pyramide gekrochen ist, die Große Sphinx und den Grabschatz des Tutenchamun im Ägyptischen Museum bestaunt hat, fährt bescheiden wieder nach Hause, und bei der Betrachtung der eigenen Beiträge zur Geschichte der Menschheit und der Kirche wird man besinnlich.

Da kommt ein Pfarrer neu in eine Gemeinde und will nach einiger Zeit aus liturgischen Gründen den Taufstein versetzen. Er stößt auf energischen Widerstand der Gemeinde: »Der Taufstein hat immer da gestanden. Das hat keinen gestört. Alle unsere Kinder sind dort getauft. Warum soll das auf einmal nicht mehr gut sein?«

In diesem Stil schlagen sich etliche Pfarrer durch ihre Baugeschichte. Nach vielen Jahren voller Mühe bleiben oft die nüchterne, ernüchternde Erkenntnis: »Das war nicht viel« und die bange

Frage: »War das alles?« Diese Frage stellt sich um so drängender, je mehr gegen Ende der Dienstzeit die Kräfte nachlassen und die Phantasie Raum greift: »Die wollen mich nur noch loswerden.«

»War das alles?« bekommt dann nicht selten den bangen Druck: »War das nun alles, was von mir übrigbleiben wird? War das alles, was ich als Spur in die Gemeinde und in die Herzen der Menschen einschreiben konnte? Ist das die ganze Ernte, die ich nach langen Jahren der Arbeit einfahren darf?«

Wie kann ich mein Leben und Arbeiten so gestalten, daß ich nicht versucht bin, am Ende – und vielleicht immer mal wieder zwischendurch – solch bitteren Fragen nachzusinnen? Welche Sicht auf meinen Lebensweg ist angeraten, damit ich in Ruhe sehen kann, wie ich am Anfang Pyramiden bauen wollte und es am Ende vielleicht nicht einmal zu einem kleinen Bau reichte?

Von Kleinem groß denken

Ein Esel, der eine Last trägt, schaut nicht nach vorn, wohin er seine Last tragen wird. Er richtet seinen Blick auf die beiden Meter Weg, die er als nächste laufen wird. Ein Mann läuft neben ihm her und treibt ihn an, nur nicht lahm und gehfaul zu werden. Ja, es ist zweifellos gut, die nächsten Schritte zu kennen, doch eines Menschen unwürdig und für ihn auf Dauer unerträglich, nicht zu wissen, wohin der Weg führt. Eine mittelalterliche Legende erzählt:

Ein Fremder kam in eine Stadt. Mitten in der Stadt fand er eine riesige Baustelle. Hunderte von Arbeitern waren beschäftigt. Da trat der Fremde an einen der Arbeiter heran und fragte: »Sage mir, was tust du?« »Ich behaue Steine«, bekam er zur Antwort.
»Sage mir, was tust du?« fragte er einen anderen. »Ich verdiene hier mein Geld.«
»Sage mir, was tust du?« fragte er einen dritten, und der gab ihm zur Antwort: »Ich baue an einem Dom.«

Zwischen dem Bewußtseins und Selbstverständnis eines Esels und dem, der an dem Dom baut, liegen Welten. Beide »arbeiten«. Beide mühen sich ab. Doch das eine: schier bewußtloses Vor-sich-hin-Schuften, das andere: kulturelles Schaffen, Teilnahme und Teilhabe an einem großen Ziel.

Die *möglichen* Parallelen zum täglichen, alltäglichen Arbeitspensum eines Priesters, eines Pfarrers und vielleicht auch eines Theologieprofessors oder Bischofs brauchen nicht im einzelnen gezogen werden. Sie sind offensichtlich. Da kann es durchaus sein, daß sich jemand als schuftender Esel fühlt und erlebt, der keine Zeit hat, den Blick auf den Dom zu richten, an dem er bauen möchte. Doch – diese Eselei muß nicht zwingend sein. Es kommt darauf an, wie ich meine tägliche Eselei, meine Bemühungen und Begegnungen interpretiere: Kann ich von dem Kleinen, das ich jeden Tag zu verrichten habe, groß denken? Kann ich durch all den Kleinkram, mit dem ich mich tagtäglich zu befassen habe, gleichsam hindurchblicken, um die Aufgaben und das Wirken eines Priesters zu erkennen?

Was mag jahre- und jahrzehntelang in Priestern und Bischöfen vor sich gegangen sein, die in osteuropäischen Staaten in Gefängnissen saßen oder zum Fenster-, Flur- und Kloputzen abkommandiert waren? Sie hatten es nicht mit der Verwaltung von Spendenquittungen und mit Konflikten in Kindergärten zu tun. Sie mußten über große Zeiträume hinweg und mit endlos langem Atem an das kaum sichtbare Reich Gottes glauben. Nicht wenige von ihnen fühlten sich schmerzlich mit dem Gedanken konfrontiert, daß die Sache Jesu vielleicht doch nur eine Fata Morgana am Horizont einer mörderischen Realität sei.

Daran glauben, daß Fensterputzen meine konkrete, jetzt zu erledigende, von Gott mir heute zugeteilte und zugemutete Arbeit für das Reich Gottes sein soll – das erfordert Seelen- und Glaubensstärke. Thérèse von Lisieux, die junge leidgeprüfte Nonne, nennt dies den »kleinen Weg«.

Sie erfuhr in ihrem Kloster, daß gerade die kleinen Dinge des Alltags den großen Zielen Gottes zugeordnet sind. So konnte sie das Schrubben der Klostergänge, das Auswringen der Wäsche am Klosterbrunnen oder das geduldige Ertragen ihrer Krankheit als Arbeit für die Mission interpretieren. Eine unerträgliche Mitschwester hielt sich für eine der Lieblingsschwestern Thérèses, da diese sie immer besonders zuvorkommend behandelte. Sie mußte später aus den autobiographischen Schriften erfahren, wie schwer der »kleinen« Heiligen der Umgang mit ihr fiel.

Thérèses Interpretation, ihre Arbeit im Dienste der Mission zu sehen, hat die Kirche offiziell anerkannt. Thérèse hat ihr Leben so teuer wie möglich verkauft. Sie wurde heiliggesprochen, und die, die nach ihrem Eintritt ins Kloster nichts mehr von der Welt sah, zur zweiten Patronin der Weltmission erhoben – und jüngst zur Kirchenlehrerin.

Diese Sicht der kleinen Dinge widerspricht keineswegs der Dringlichkeit und Sinnhaftigkeit, daß ein Priester seine Arbeit sinnvoll strukturieren muß. Sie widerspricht auch nicht der Klugheit und Freiheit, Mitarbeiter(inn)en im Reich Gottes Aufgaben und Funktionen zu überlassen, die sie kraft ihres Christseins und ihres Charismas erledigen können, damit die eigentlich priesterlichen Dienste zum Zuge kommen können. Doch trotz aller Arbeitsorganisation und Delegation bleiben die vielen kleinen Geschäfte des Alltag, die zu bewältigen sind. Sie bedürfen besonders der Interpretation nach jenem Modell.

Global denken, lokal handeln

Eine weitere Anfrage lautet, wie ein Priester, der von seinem Bischof z. B. in eine »hinterwäldlerische« Pfarrei geschickt wird, sein Leben so teuer wie möglich verkaufen kann. Hier kann der Pfarrer unter Umständen jahrzehntelang seinen Dienst tun, ohne daß jemand ernsthaft nachfragt, was er tut und wie er es tut. Bischöfliche Visitationen sind eher eine unübliche, nur wenige Stunden dauernde Unterbrechung dieses Zustandes.

Vor Jahren gab eine Partei mit Blick auf den Umweltschutz ein Motto aus, das gerade in diesem Zusammenhang hilfreich sein kann: »Global denken, lokal handeln!« Konkret war dabei die Vorstellung: Bei einer örtlich begrenzten Aktion, etwa einer Demonstration, wird hier und jetzt, lokal gehandelt. Im Blick bleibt jedoch das Anliegen, globale Schädigungen der Umwelt zu verhindern und positiv die Umwelt zu schützen.

Übertragen auf die Situation der Seelsorge: Wenn ein Pfarrer sich beispielsweise Monat für Monat einer Gruppe von Familien widmet, um deren Stabilisierung und Fortentwicklung zu unterstützen, oder um dadurch die Ehepaare und Familien zu einem Engagement in Gesellschaft und Kirche zu ermutigen, oder um mitzuhelfen, ethische und religiöse Werte in die nächste Generation weiterzutragen – dann trägt er dazu bei, exemplarisch und vor Ort eines der größten Probleme unserer Gesellschaft und Kirche einer Lösung näherzubringen. Die Ermutigung und Unterstützung einzelner und der Ehepaare vermag weite Kreise durch deren Wirkungsfeld in Verwandtschaft, Nachbarschaft und Beruf zu ziehen. Denn diese Menschen werden ihrerseits ihr Umfeld mitgestalten, andere ermutigen und positiv Einfluß nehmen.

Wenn ein Pfarrer mit einigen Gruppen und Kreisen in dieser Weise konsequent arbeitet, auch Kleinarbeit und persönlichen Einsatz nicht scheut, könnte er über seine ihm geschenktes, seelsorglich fruchtbares Wirken staunen. Auch wenn er seine Arbeit im sogenannten abgelegensten Dorf – das es im Zeitalter der Massenkommunikation und hohen Mobilität ohnehin in unseren Breiten kaum mehr gibt – konsequent tut, braucht er sich um die Wirkung dieser Saat nicht sorgen.

✎

Impulse zum Weiterdenken

Dag Hammarskjöld:
»Sorge nicht, wohin dich der einzelne Schritt führt:
Nur wer weit blickt,
findet sich zurecht.«

- Wann ist es für mich notwendig, auf den konkreten nächsten Schritt zu achten?
- Gibt es bei mir Situationen, in denen ich die Verbesserung der Welt konzipiere und dabei vergesse oder mich davor drücke, das zu tun, was jetzt ganz konkret ansteht?
- Habe ich in der letzten Zeit die Erfahrung gemacht, im Kleinkram des Alltags zu wühlen und dabei zu vergessen, wofür und auf welches Ziel hin ich das alles tue?
- Wie oft nehme ich mir Zeit, meine Arbeit neu auf das Ziel des Reiches Gottes auszurichten?
- Spielt das Ziel meiner Arbeit und meines Lebens auch im täglichen Beten, etwa beim Stundengebet eine Rolle?

Anregung: Nach den Fürbitten der Laudes füge ich eine Bitte um die Ausrichtung des neuen Tages ein, etwa: »Schenke mir an diesem neuen Tag deinen Geist, der mir Mut macht, die kleinsten Dinge im deinem Licht groß zu sehen.«

Alfred Delp:
»Den Lasten Gottes soll man nicht ausweichen. Sie sind zugleich der Weg in den Segen Gottes. Und wer dem herben und harten Leben die Treue hält, dem werden die inneren Brunnen der Wirklichkeit entsiegelt, und ihm ist die Welt in ganz anderem Sinn nicht stumm, als er es ahnen konnte. Die Silberfäden der Gottesgeheimnisse alles Wirklichen fangen an zu glänzen und zu singen. Die Last ist gesegnet, weil sie als Last Gottes anerkannt und getragen wurde.«

Nicht mehr »brav sein«

Die folgenden Gedanken wollen keine Palastrevolution anzetteln. Sie verweisen zunächst auf einen denkwürdigen Vorgang. Frage: »Versprichst du mir und meinen Nachfolgern Ehrfurcht und Gehorsam?« Antwort: »Ich verspreche es!«

Bei jeder Priesterweihe wird diese Frage vom Bischof gestellt und von den Weihekandidaten beantwortet. Noch keiner hat je mit »Nein!« geantwortet. Doch im Laufe eines Priesterlebens differenzieren sich die Vorstellungen, die sich mit jenem Ritus verbinden. Die einen erinnern sich – besonders bei Versetzungen, die ihnen nicht so recht zusagen – an die Worte von damals und beugen sich. Andere winken ab und bekunden mit vielsagender Miene, daß der Ritus wohl etwas eigenartig, von vorgestern war.

Unsere Überlegungen gehen davon aus, daß Männer über fünfundzwanzig Jahre in ihrem Tun, in ihren Entscheidungen ernst zu nehmen sind und meinen, was sie sagen. Daß sie keine liturgischen Spielchen mitmachen, die sie eigentlich nicht wollen. Daß sie nicht alles Mögliche versprechen, nur um der Würden des Priestersein teilhaftig zu werden. So haben sie mit ihrer persönlichen Antwort »Ich verspreche es« auch ihren Ortsbischof und seine Nachfolger gewählt. Sie haben zu dem konkreten Bistum als Ortskirche mit allen ihren Möglichkeiten und Unmöglichkeiten ja gesagt.

Wer abwinkt, muß sich fragen lassen: Wußtest du nicht, was du sagtest? Hast du nicht bedacht, worauf du dich einläßt? Oder dachtest du, du könntest alles umkrempeln? Oder hast du diesem Versprechen keinen so hohen Stellenwert eingeräumt?

Dennoch: Ein Fünfzigjähriger ist sicher nicht mehr der gleiche, der er mit fünfundzwanzig Jahren war. Was er damals sagte und dachte, ist jedoch nicht verlorengegangen. Vieles hat sich modifiziert, ist reifer, ausgereifter, lebenserfahrener geworden, und so bleibt es wichtig und notwendig, vormals Gedachtes und Gesagtes von Zeit zu Zeit bewußt zu durchdenken und aus hinzugewonnenen Erfahrungen »dasselbe anders zu sagen« (E. Schillebeeckx). Dann erst kann es neu und reifer in den geistigen Besitz übergehen.

»Brave Jungen kommen in den Himmel...«

Diese Überlegungen rühren an das Problem der Spannung von Gehorsam und Eigenständigkeit in der Kirche. Begriffe wie Anpassung und Loyalität spielen dabei eine wichtige Rolle. Der Begriff der Anpassung wird im allgemeinen Sprachgebrauch eher negativ verstanden. Doch Vorsicht: »Anpassung« im positiven Sinn ist eines der notwendigen Ziele jeder menschlichen Sozialisation. Wer nicht gelernt hat, sich überlegt und verantwortlich anderen anzupassen, hat alle »Chancen« zum Chaoten und Außenseiter. Er tut das, was ihm gerade einfällt. Ihm kommt nicht ins Bewußtsein oder übergeht, was in seiner sozialen Gruppe wichtig und notwendig ist.

Sich in eine Gemeinschaft einzufügen ist jedoch geradezu eine Überlebensstrategie. Wer sich nicht mit Werten, Normen und Verhaltensweisen seiner Umwelt auseinandersetzen mag, läuft dauernd gegen Mauern, rennt sich den Kopf ein. In einer begründeten Anpassung halten sich Menschen an Lebensregeln, die sinnvoll und zweckmäßig sind. Sie erreichen für sich und andere dadurch meist das, was sie selber wollen, ohne zu viel Energie zu vergeuden.

Negativ, uniform, unpersönlich wird Anpassung, wenn mir nichts wichtiger ist, als mit den Wölfen zu heulen und dabei mich selbst zu vergessen. Dominant mag dann beispielsweise die Phantasie sein, was wohl andere oder eine Gruppe von mir erwarten. Ohne gefragt zu sein, praktiziert ein solcher Rudeltyp einen »vorauseilenden Gehorsam«. Dabei vernachlässigt er meist völlig seine eigenen Wünsche. Statt dessen grübelt er fortwährend darüber nach, was wohl die anderen über ihn denken und von ihm erwarten. Das macht ihn abhängig, unselbständig und untergräbt seine eigenständige Entscheidungskraft. Mausert sich diese Art der Anpassung zum alles bestimmenden Lebensstil, dann mutiert sie zum unmündigen Bravsein, das eigenes Denken ausschaltet und die Kreativität lahmlegt.

In Anlehnung an den Titel von Ute Ehrhardts Buch »Gute Mädchen kommen in den Himmel, böse überall hin. Warum Bravsein uns nicht weiterbringt« könnte man formulieren: »Brave Jungen kommen in den Himmel«, aber – für die Seelsorge auf Erden sind sie kaum zu gebrauchen.

Ein Bischof braucht keine braven Priester, sondern Männer, die kreativ, selbstverantwortlich und entscheidungsfreudig das Leben mit den Menschen gestalten, sich aber zugleich an die »Spielregeln«, denen sie zugestimmt haben, halten.

Gehorsam gegenüber einem Menschen?

Trotz aller klaren Definitionen, wie sich Gehorsam grundlegend von Bravsein und Überanpassung absetzt, bleiben die Fragen: Ist es nicht selbstverachtend, einem Menschen in der Weise Gehorsam zu versprechen, wie es der Priester dem Bischof gegenüber tut? Und das in einer Umwelt, in der sich demokratisches Bewußtsein und Selbstbewußtsein weiterentwickelt, demokratische Strukturen als die für das menschliche Zusammenleben einzig akzeptablen erweisen? Paßt ein solcher Gehorsam in eine Gesellschaft, die durch hochgradigen und sich noch mehr steigernden Individualismus geprägt ist, der nur das gelten läßt, was zuallererst dem einzelnen gut tut?

Fragen, die an die Grundfesten gläubigen und kirchlichen Gehorsamsverständnisses rühren. Damit plagen sich »Welt«-Priester genauso wie Ordensleute und Mitglieder geistlicher Gemeinschaften, die ihren Ober(inn)en Gehorsam geloben. Ist es eines Erwachsenen würdig, einem anderen Menschen zu gehorchen? Und umgekehrt: Ist es gerechtfertigt, daß ein Mensch von einem anderen Menschen Gehorsam verlangt?

Die Antwort lautet: Nein! Da jeder Mensch mit der gleichen Würde ausgestattet ist, alle Christen die gleiche Taufe, Firmung und Eucharistie verbindet, gibt es nur den einen Gott und Vater, den einen Herrn (vgl. 1 Kor 8,6) und nur den einen Geist (vgl. 1 Kor 12,4f). Gehorsam kann nur dem gegenüber menschenwürdig sein, dessen Willen zu erfüllen auch das Ziel des Lebens und der Sendung Jesu ist.

Einem anderen Menschen gehorchen ist darum nur sinnvoll und menschenwürdig, wenn ich in ihm den Willen des einen Herrn entdecken kann. Wenn ich in ihm »sakramental« die Weisung Gottes zu erkennen vermag. Wenn ich spüre, daß dieser »Amts«-Träger sein Amt in diesem Bewußtsein und in dieser Rückbindung ausübt. Wenn in seinem Verhalten deutlich wird, daß er sich nicht als letzte, sondern als vermittelnde Instanz versteht. Wenn glaubwürdig zu spüren ist, daß es ihm nicht um persönliche Machtausweitung, sondern um das Reich Gottes geht. Wenn er sich selbst unter die Weisungen stellt, die er anderen zumutet. Herrschaftsgebaren ist nicht nur Sünde gegen den einen Herrn, sondern erschwert auch den geforderten Gehorsam oder macht ihn menschlich zu einer Zumutung. In einem »rechtmäßigen Vorgesetzten«, der nur recht mäßig sein Amt in jenem Sinne ausfüllt, zuerst den Willen Gottes zu suchen, kann zur Qual werden.

Gehorsam gegenüber der Gemeinde

Eine zweite Koordinate im Gehorsamsverständnis bildet die Gemeinde, in die der Bischof einen Priester sendet. Die Gemeinde vor Ort erfordert weit mehr als die fleißige Erfüllung von Vorschriften: Sie wartet auf sein Einfühlungsvermögen, auf die Fähigkeit, sich selbst ohne Vorbehalte auf Begegnungen, Situationen und Konflikte einzulassen. Auf seine Fähigkeit, Menschen mit ihren Fragen und Ängsten anzunehmen. Auf seine Fähigkeit und sein inneres Wissen, das eigene und das Leben der anderen liebevoll, mitfühlend in Beziehung zum Evangelium setzen zu können. Auf seine Kreativität, Lebens- und Glaubenssituationen hilfreich zu deuten und zu gestalten.

Es ist eine interessante Sache, einem Schalterbeamten der Post gelegentlich bei seiner Arbeit zuzuschauen. Gleichgültig, welche Wünsche die Kunden an ihn herantragen, er kennt den exakten Ablauf dessen, was er zu tun hat. Für einfache Vorgänge wie Briefmarkenverkauf bis hin zu Einschreiben, komplizierte Auslandssendungen oder Abbuchungen vom Postsparbuch sind alle Tätig-

keiten geregelt und vorgeschrieben. Ziel der Ausbildung eines Postlers ist es, alle nur möglichen Situationen zu kennen und sie in der festgesetzten Weise abwickeln zu können.

Priester sind freilich keine Schalterbeamten der Kirche. Sie können nicht alle Situationen der Seelsorge kennen, denn jede Begegnung ist neu, anders, einmalig. Auch sie haben zwar eine Reihe von Verwaltungsvorschriften studieren müssen, die im Pfarrexamen abgeprüft werden. Doch diese dürfen nie zum Selbstzweck werden. Der Auftrag zur Seelsorge verlangt kreative Flexibilität und einem Künstler vergleichbares Improvisationstalent.

Darin bekundet sich ein Gehorsam gegenüber der Gemeinde, der mehr ist als Rede- und Organisationstalent. Dieser Gehorsam bezieht sich durchaus nicht auf jede Regung, der ein Pfarrer in einer nur mehr reagierenden Pastoral nachlaufen sollte. Sein Gehorsam zeichnet sich vielmehr dadurch aus zu entdecken, wie sich hinter den Bewegungen und Strömungen seiner Gemeinde ein Wunsch Gottes an ihn ausdrückt. Es ist ein Gehorsam, der nach dem tastet, was Jesus Christus als der eigentliche Leiter und Pastor für diese Gemeinde als Weg vorgesehen hat.

So versteht sich Gehorsam – auch unter der Perspektive der Gemeinde – als ein geistlicher Vorgang, der zu tun hat mit genauem Hinsehen und Hinhören, mit Ringen um eine gläubige Deutung von Vorgängen, mit einem beherzten Zupacken dort, wo es nötig ist, und zwar immer unter den Vorzeichen von Liebe und Barmherzigkeit, Brüderlichkeit und dem Bewußtsein, daß jeder an seinem Platz unterwegs ist zu dem alle verbindenden Ziel – christlich gedeuteten – menschlichen Lebens.

Gehorsam gegenüber sich selbst

Neben Loyalität (Gehorsam gegenüber dem Bischof) und Ernstnehmen der Menschen sowie der seelsorglichen Situation (Gehorsam gegenüber der Gemeinde) ist die eigene Person des Priesters die dritte Koordinate in der Gesinnung des Gehorsams.

Gehorchen ohne das Hinhorchen auf die eigenen inneren Stimmen wäre verantwortungslos und unwürdig. Wenn jemandem eine Aufgabe zugeteilt wird, von der er nach intensiver, wahrhaftiger Prüfung überzeugt sein müßte, daß sie ihn überfordert oder unzumutbar ist, wäre ein heroisches Ja nicht stimmig. Es würde dem Ziel der Aufgabe und seiner Person nicht gerecht. In einer solcher Situation Gehorsam von dem zu verlangen, der vor seinem Gewissen ein Nein sagen müßte, wäre ebenso unsinnig wie würdelos.

Dem einzelnen obliegt es jedoch, etwas dafür zu tun, daß diejenigen, die Aufgaben und Ämter verteilen, um jene innere Stimmen wissen. Gehorsam erfordert darum auch Zivilcourage, den Mut, persönliche Überforderung nicht zu verschweigen. »Die müßten doch wissen, daß ich...« ist unrealistisch, sogar ungerecht. Nicht nur brav sein, heißt also: sich selbst ernst nehmen. Es heißt zudem: in meinen Fähigkeiten und Unfähigkeiten Hinweise Gottes entdecken, was meine Aufgaben sein sollen, und dies kundtun.

Ausdrucksformen kreativen Gehorsams

Wilhelm Emanuel Freiherr von Ketteler, Bischof von Mainz, der sich durch seinen Einsatz in der Sozialen Frage einen Namen machte, war nach Aussagen seiner Biographen eine hitzige und leidenschaftliche Persönlichkeit. Das wurde bereits in seiner Studentenzeit deutlich. So hatte er beispielsweise bei seinen studentischen Degenübungen die vorderste Spitze seiner Nase verloren. Da der Heilungsprozeß der wieder aufgelegten Spitze ihm zu langwierig erschien, riß er diese ab und nahm lieber einen Schönheitsfehler in Kauf.

Mit solcher Leidenschaft setzte er sich später auch in der Sozialen Frage der zweiten Hälfte des 19. Jahrhunderts ein, und mit gleicher Leidenschaft nahm er am Ersten Vatikanischen Konzil teil.

Ketteler war einer der Gegner des Unfehlbarkeitsdogmas. Er hielt eine solche Formulierung für inopportun und kämpfte während des Konzils gegen ein solches Dogma. Als dessen Verabschiedung bevorstand, machte er vor dem Papst einen Kniefall und beschwor ihn, von der Dogmatisierung abzusehen. Sein Einsatz fruchtete nicht. Mit anderen verließ er vor der Abstimmung das Konzil. Seine Reaktion auf die Dogmatisierung sah dann jedoch anders aus als bei einigen anderen deutschen Konzilsteilnehmern. Für Ketteler war klar, daß er das endgültige Ergebnis des Konzils als im Glauben bindend annehmen müsse.

In unserem Zusammenhang geht es nicht um das Infalibilitätsdogma als solches, sondern um die Art und Weise, wie Ketteler Glaubensgehorsam praktisch lebte.

Da gibt es zunächst ein Problem, das kontrovers diskutiert wird. Er hält mit seiner Meinung nicht hinter dem Berg, agiert auch nicht hinter den Kulissen, etwa im Kreis der Mitbischöfe und Theologen. Er geht beherzt und leidenschaftlich an die Sache und kämpft offen für seine Überzeugung. Aus ihm spricht kein braver Theologe und Bischof, kein Opportunist, kein Duckmäuser, kein Agitant, der heimliche Nörglerzirkel gründet, ohne öffentlich etwas zu wagen. Ketteler setzt alle ihm zur Verfügung stehenden Mittel eines Konzils ein, um seine Meinung kundzutun und durchzusetzen, bis hin zu einem beschwörenden Kniefall vor dem Papst.

Seine Größe zeigt sich jedoch erst in ganzer Fülle, als der Kampf bereits zu Ende ist. Wie es zu seinem Selbstverständnis gehört zu kämpfen, so auch dies: die Aussage eines Konzils anzunehmen. Wieder nicht aus Opportunismus, nicht aus Angst, seinen Bischofsstuhl zu verlieren. Er hätte wie andere und mit anderen eine neue Kirche gründen können. Er nimmt an – aus Glaubensgehorsam.

Dies kennzeichnet eine eigene Art des Gehorsams. Zwar entspricht sie durchaus der traditionellen Lehre (beispielsweise des heiligen Thomas von Aquin), doch großes Gewicht liegt auch auf dem Freimut dessen, der gehorchen soll. Dieser Aspekt betont und achtet die Würde des einzelnen, nimmt seine Mitverantwortung sehr ernst und fördert sie.

Die kreativen, freiheitlichen Elemente eines solchen Gehorsams können so beschrieben werden:

- Das Problem nach allen Seiten sichten und erfassen.
- Sich mit allem Freimut für seine Meinung einsetzen, bis hin zur höchsten Autorität.
- Sich auf eine kontroverse Diskussion mit dem, der zu entscheiden hat, einlassen und nichts zurückhalten.
- Nach einem solchen Ringen die Entscheidung annehmen, auch wenn sie nicht der eigenen Meinung entspricht.

Ein solcher Prozeß ist für alle Beteiligten, sowohl für den, der letztlich entscheidet, wie auch für den, über den entschieden werden soll, nur dann akzeptabel,

- wenn jeder dem anderen vertraut, daß es letztlich um die eine »Sache«, um das Reich Gottes und die Kirche geht;
- wenn jeder dem anderen vertraut, daß er es ganz ernst mit dem Glauben, dem Reich Gottes und der Kirche meint und daß auch er sein Leben auf die eine Karte Jesus Christus gesetzt hat;
- wenn jeder dem anderen zutraut, ernsthaft nach dem Willen Gottes für diese Situation zu suchen;
- wenn deutlich wird, daß Entscheidungen nicht mit Nachlässigkeit, mangelnder Kompetenz oder gar Menschenverachtung, sondern nach bestem Gewissen gefällt werden;
- wenn die Annahme der Entscheidung, wie immer sie letztlich ausfällt, nicht nur formal geschieht, sondern auch von innen heraus mitvollzogen wird;
- wenn jeder der Überzeugung ist, daß alles im Willen Gottes geborgen ist, und Gott auch auf krummen Zeilen gerade schreibt.

Für eine priesterliche Lebenskultur bedeutet das: Kämpfen für die eigene Überzeugung, Annehmen einer auch gegenteiligen Entscheidung – dies kann nur dann verantwortlich geschehen, wenn alle drei Koordinaten auch in ihrer geistlichen Dimension beachtet werden:

- die Loyalität gegenüber dem Bischof;
- rechte Einschätzung und Berücksichtigung der Menschen, Gemeinde oder des Bereiches, auf den sich die Entscheidung bezieht;
- die rechte Beachtung und Einschätzung dessen, über den entschieden wird.

✎

Impulse zum Weiterdenken

»Versprichst du mir und meinem Nachfolger Ehrfurcht und Gehorsam?«

- Wie verstand und empfand ich das Versprechen damals?
- Wie heute?
- Welchen Einfluß hat dieses Versprechen auf mein Handeln?

Die drei Dimensionen des Gehorsams

Loyalität gegenüber Bischof – Bedürfnisse der Gemeinde – meine eigene Befindlichkeit:

- Wie sehe ich die Gewichtung dieser drei Dimensionen?

»Christus wurde gehorsam bis zum Tod«

Gehorsamsgeschichten und -aussagen in der Heiligen Schrift:

Gen 12	Mt 7,21-27
Röm 4	Mt 12,50
Ex 3,11	Joh 3,36
Jer 4,1-10	Joh 4,34
Lk 1,26-38	Röm 5,19
Luk 2, 41-52	Rom 8,1-17
Mt 1,18-25	Phil 2,5ff

Die »Evangelischen Räte«

Die »evangelische Räte«, um des Himmelreiches willen arm, keusch und gehorsam zu leben, drücken eine tiefe Lebensweisheit aus. Streben nach Reichtum, nach Genuß und Macht hat einen inneren Zusammenhang: Wenn ich nur eines im Blick habe, können die anderen um so ungehemmter hervorbrechen.

- Wie sehe ich den Zusammenhang von Armut, Keuschheit und Gehorsam?
- Welchen Stellenwert haben diese drei in meiner konkret gelebten Lebenskultur?

Johann Heinrich Pestalozzi:

»Der Fürst, der Kind seines Gottes ist, ist Kind seines Vaters.
Der Fürst, der Kind seines Vaters ist, ist Vater seines Volkes.
Der Untertan, der Kind seines Gottes ist, ist Kind seines Vaters.
Der Untertan, der Kind seines Vaters ist, ist Kind des Fürsten.
Stand des Fürsten, Bild der Gottheit, Vater der Nation.
Stand des Untertans, Kind des Fürsten,
der mit ihm Kind Gottes ist.
Wie sanft und stark und fein ist dieses Gewebe
der Naturverhältnisse der Menschheit.«

- Ein geschlossenes Weltbild? Realität oder Ideologie?

Freiheitsübungen

Folgende Übungen, über einen gewissen Zeitraum eingehalten (wenigstens eine Woche oder einen Monat), stärken oder vertiefen das eigene Freiheitsempfinden:

- Darauf achten: Ich muß es nicht jedem recht machen. Ich kann und will zu meiner eigenen Meinung stehen und sie bewußt vertreten.
- Ich sage bewußt nein, wenn ich der Meinung bin, daß ich überlastet bin.
- Die Erfahrung machen und reflektieren: Es passiert mir nichts, wenn etwas anders läuft, als ich es geplant habe.
- Ich grenze mich bewußt gegenüber Erwartungen anderer ab, die ich nicht oder nur mit übergroßem Einsatz erfüllen kann.
- Ich setze mir für meine Arbeitszeit bewußt Grenzen und kontrolliere (schriftlich), ob ich sie einhalte.

Spiritualität aus der Mitte

Als Jesus seine Jünger zur Nachfolge berief, holte er einige von ihrer Arbeit als Fischer. Sie warfen gerade auf dem See ihre Netze aus. Er ging auf sie zu und sagte zu ihnen: »Kommt her, folgt mir nach! Ich werde euch zu Menschenfischern machen« (Mk 1,17).

Am Mittelmeer kann man Fischer beobachten, die in Stiefelhosen bis zum Bauch im Wasser stehen und gebeugt nach Fischen unter der Wasseroberfläche suchen. In der Hand halten sie zusammengelegt ein Netz von einigen Quadratmetern Umfang. Das Netz ist gesäumt von einem schweren Seil. Wenn nun der Fischer Fische entdeckt, wirft er sein Netz so aus, daß sich das Netz über der Fläche entfaltet, unter der die Fische schwimmen. Das Netz senkt sich nieder, beschwert durch das Seil am Rande. Dann reißt der Fischer an diesem Seil, und das Netz zieht sich zusammen zu einem Sack, in dem die Fische zappeln.

Das Netz mag ein Gleichnis sein für das, was mit priesterlicher Lebenskultur gemeint ist. Dieses Lebensnetz hat viele Maschen und Knoten – viele Facetten und Perspektiven. Doch ist dieses Netz nur dann zu gebrauchen, zum Fischen tauglich, wenn jenes starke Seil das ganze Netz umfaßt. Was bedeutet – gleichnishaft – dieses Seil, welches das Netzgewebe erst zu einem Fischernetz macht? Was umfaßt die ganze priesterliche Existenz, damit sie für die Arbeit im Reich Gottes fruchtbar werden kann?

Psalm 139,1f.5
Herr, du hast mich erforscht und du kennst mich.
Ob ich sitze oder stehe, du weißt von mir.
Du umschließt mich von allen Seiten
und legst deine Hand auf mich.

Priesterliches Leben und priesterliche Lebenskultur sollen umfaßt und getragen sein von dem, der beruft und sendet. Doch was kann ich tun, damit ich spüre, daß dieser Gott mich tatsächlich hält und bergend umschließt? Damit sein Auftrag, Menschenfischer zu werden, nicht ins Leere läuft?

»Kommunizierende Röhren« des geistlichen Lebens

Vier entscheidende Elemente geistlichen Lebens, in besonderer Weise der geistlichen Lebenskultur des Priesters, seien genannt:

- die Gotteserfahrung im Alltag,
- die Betrachtung (mit Hilfe der Heiligen Schrift; Anbetung),
- das Gebet (persönliches Gebet, Stundengebet),
- die Eucharistiefeier.

Diese vier stehen zueinander in Verbindung wie kommunizierende Röhren. Kommunizierende Röhren sind nach oben offen und unten miteinander verbunden. In allen Röhren – hier wäre an viergegliederte Röhren zu denken – steht eine Flüssigkeit aufgrund des Drucks gleich hoch. Gibt man in eine der Röhren Flüssigkeit hinein, verteilt sie sich gleichmäßig – durch ihr Verbundensein – in allen vier Röhren.

So verhält es sich auch mit den vier Elementen des geistlichen Lebens. Mühe ich mich in besonderer Weise um das eine, dann wird dies eine Bereicherung und Intensivierung auch der anderen nach sich ziehen. Zugleich aber empfiehlt sich ein Beachten aller vier Elemente, weil jedes von ihnen seine eigengeartete Funktion und Wirkung hat. Ist eine der geistlichen »Röhren« verstopft, leidet das ganze geistliche Leben darunter.

Das Leben durchschauen oder: Gotteserfahrung im Alltag

Zu Beginn der Überlegungen zur Lebenskultur des Priesters stand die grundlegende Einsicht, daß unsere inneren Bilder die

Wirklichkeit um uns herum interpretieren und so unser Bewußtsein und Handeln prägen. Diese inneren Bilder wirken wie eine getönte Brille: Sie färben für unsere Wahrnehmung und unser Erleben die Wirklichkeit rosarot oder dunkel. Sie können einige Facetten oder besondere Aspekte unseres Lebens vergrößern oder verkleinern, ihnen Gewicht verleihen und andere außer Blick geraten lassen.

Eine Brille eigener Art ist die gläubige Perspektive des Lebens. Nach der Erfahrung des gläubigen Menschen verändert sie nicht die Realität ins Unwirkliche. Sie färbt nicht schön oder verdunkelt. Sie gibt vielmehr einen klareren Blick auf die Wirklichkeit frei. Sie wirkt wie eine Restlicht-Brille, durch die mittels ultravioletter Strahlen selbst bei Dunkelheit noch Bilder erkennbar werden.

Eine gläubige Einstellung macht hellsichtig für die Wirklichkeit Gottes, für sein Wirken in dieser Welt. Sie durchschaut die Dinge, die Ereignisse, die Begegnungen mit Menschen auf das hin, was Gott sagen möchte.

Das Ärgernis der Konkretheit

Theologisch können sich viele sehr schnell darauf einigen, daß Gotteserfahrung auf diese Weise möglich ist. Formulierungen wie »Mystik des Alltags« oder »Spiritualität von unten« signieren gegenwärtig in der theologischen und spirituellen Literatur das Gemeinte. Karl Rahners Aussage, daß der Christ der Zukunft ein Mystiker sein müsse, wird in diesem Zusammenhang oft zitiert. Doch wenn es an die konkrete Praxis geht, wie nun dieser Gott tatsächlich im Alltag zu erfahren sei, wird es schwieriger.

Pfarrer Herbert Z. berichtet in einem Konveniatskreis aus seiner Schule. In einer zwölften Klasse habe er zwei Schülerinnen aus einer Freikirche zu unterrichten. Die beiden seien am Religionsunterricht mehr interessiert als alle anderen. So habe eine von ihnen in der vergangenen Stunde von einer Gemeinschaftserfahrung berichtet: »In einer Gruppe unserer Gemeinde haben sich zwei heftig gestritten. In dieser Situation habe ich um Gottes Geist gebetet. Da waren sie bereit, sich miteinander zu versöhnen. Das war für mich eine intensive Gotteserfahrung.«

Der Pfarrer kommentierte diesen Vorgang: »Die beiden haben manchmal typisch freikirchliche Züge in dem, was sie sagen. Es ist schon etwas komisch, wenn sie einfach behaupten: ›Wir haben Gott erfahren.‹ Das sind doch subjektivistische und naive Vorstellungen von Gott. Gott ist doch auch der ganz Andere, der sich nicht einfach so festnageln läßt.«

Für Pfarrer Z. scheint die unbefangene Behauptung des Mädchens, sie habe Gott erfahren, fast ein Ärgernis zu sein. Typisch freikirchlich, wenn eine wichtige Alltagserfahrung »einfach« mit dem Attribut »Gotteserfahrung« belegt wird? So etwas berührt ihn eigenartig.

Dieser Einwand hat freilich seinen festen Platz in der Kirchengeschichte. Gleich nach der Auferstehung Jesu war er bereits präsent. Dieses befremdende Gefühl bewog den Apostel Thomas zu sagen: »Wenn ich nicht die Male der Nägel an seinen Händen sehe, und wenn ich meinen Finger nicht in die Male der Nägel und meine Hand nicht in seine Seite lege, glaube ich nicht« (Joh 20,25). Man braucht offensichtlich nicht ein moderner Naturwissenschaftler zu sein, um Experimentanordnungen zur wissenschaftlichen Feststellung eines Tatbestandes zu entwerfen. Was die anderen aus dem Zwölferkreis über ihre Christusbegegnung sagen, ist für Thomas einfach ärgerlich und unannehmbar und muß gewissermaßen experimentell geprüft werden.

Doch die Nachgeborenen, so auch wir, erhalten die Verheißung: »Selig sind, die nicht sehen und doch glauben« (Joh 20,29).

Das Ärgernis der Subjektivität

Pfarrer Z. mahnt ferner an, daß die Schilderung des Mädchens zu subjektiv sei. Gott ist zwar nahe, aber immer auch der ganz Andere, der sich menschlichem Zugriff entzieht. Man kann doch nicht einfach feststellen: »Da ist Gott«, wie man zwei und zwei zusammenzählt.

In der Tat: Keiner kann verlangen, daß seine Erfahrungen mit Gott in das Glaubensgut der anderen aufgenommen werden müsse. Was die einen subjektiv für die Erfahrung einer transzendenten Wirklichkeit halten, kann für andere ein völlig »normaler«, profaner Vorgang sein.

Kann das, was wir unsere Erfahrungen nennen, überhaupt anders sein als subjektiv? Selbst in Situationen, die viele Menschen gemeinsam und zur gleichen Zeit erleben, kann das, was die einzelnen dabei erfahren, sehr unterschiedlich sein, weil subjektiv. Da gehen hundert Menschen ins Kino und schauen sich den gleichen Film an – und jeder erlebt mit diesem Film seine ganz eigene Geschichte, hat seine ganz eigenen Empfindungen und Eindrücke, weil jeder sich selbst und seine eigene Lebensgeschichte mitbringt. Da hören hundert Menschen am Sonntag genau die gleiche Predigt, aber jeder mit seinen Ohren, mit seinem Empfinden, mit seiner Glaubens- und Lebensgeschichte, und befragt man man sie, könnte man meinen, fast jeder hätte etwas anderes gehört. Wie kann dies anders sein, wenn Menschen Gott in ihrem Leben suchen – und ihn an ganz unterschiedlichen Orten, in ganz verschiedenen Situationen finden?

Das Ärgernis der Naivität

Pfarrer Z. meint, der Glaube des Mädchens sei naiv. Er schätzt es zwar durchaus, daß sich die beiden freikirchlichen Mädchen in seinem Unterricht so sehr für religiöse Fragen interessieren. Wenn sie jedoch ganz unbefangen erzählen, Gott erfahren zu haben, erscheint ihm dies äußerst suspekt: Ihre Aussagen wollen Gott auf ein Ereignis »festnageln«. So geht das nicht. Das ist naiv. – »Naiv«: natürlich, unbefangen, kindlich, einfältig – so das Lexikon.

Ärgerlich, weil naiv, erscheint eine solche Rede von persönlicher Gotteserfahrung nicht selten in Kreisen kirchlicher Profis. Zur absoluten Tabuzone avanciert Gotteserfahrung gar, wenn Priester unter sich sind. Es fällt schon schwer genug, sich bereit zu erklären, im Kreise der Mitbrüder und vor ihnen eine Messe zu zelebrieren. Von eigenen Gotteserfahrungen zu berichten ist in der Regel mit einer generellen Hemmschwelle belegt. Man gibt zu viel von sich selber preis. Die anderen könnten ja denken, ich sei naiv. Ich könnte gar in den Ruf kommen, schwärmerisch zu reden. Gotteserfahrung so ganz allgemein – ja. Mehr aber bitte nicht!

Bilden wir uns als Theologen bitte nichts ein: Alle unsere Studien und unser Wissen können nicht eine einzige Erfahrung ersetzen, von der wir persönlichst überzeugt sind, daß Gott uns ganz nahe war: sehr konkret, subjektiv und naiv – wie sollte eine solche Erfahrung denn auch anders sein?

Vielleicht können Szenen aus »Don Camillo« unsere theologische Sterilität ein wenig lockern. Wenn jenes Schlitzohr von Pfarrer etwas auf dem Herzen hat, stellt er sich vor das Kreuz und redet mit seinem Herrn, so einfach auf Du und Du. Der Mann am Kreuz hört, für Don Camillo zweifelsfrei erfahrbar, offensichtlich zu. So ungeniert, offen, ohne theologische Verrenkungen und ohne kritisch disputierende Exkurse über die »Bedingungen der Möglichkeit« persönlicher Gotteserfahrung mit Gott reden zu können – das wäre eine Befreiung.

Das Leben betrachten oder: Betrachtung als Weise des Betens

Wie anders aber die täglichen Erfahrungen: Wieder bin ich durch einen Tag gerast und habe bei aller Seelsorge vergessen, mich bewußt vor Gott zu stellen und sein »Du!« zu suchen. Die Eucharistiefeier und ganze Teile des Stundengebetes sind an mir wie ein Film vorübergezogen. Ich kam nicht dazu, innezuhalten und Ihm von meiner Befindlichkeit zu erzählen. »Reizüberflutung« nennt man das. Selbst seelsorgliche und liturgische Außenreize können jene Du-Suche vergessen lassen.

Und dann stellt sich am Abend das Gefühl eines eifrigen, allerdings unzentrierten Schaffers ein, der durch sein Haus rennt, um seine Brille zu suchen, sie aber längst auf seiner Nase trug. Die Brille war ihm so nahe vor Augen, daß er sie nicht sah. So könnte mir auch Gott immer schon nahe sein, doch es kommt mir nicht ins Bewußtsein.

Wenn sich dies Tag für Tag, Monat für Monat, Jahr für Jahr wiederholt, stellt sich irgendwann mit einem Hohlgefühl die Erkenntnis ein: An dem Gott, den ich verkünde, habe ich vorbeigelebt. Meine Beziehung zu ihm verdünnt sich zu einem Arbeitsverhältnis, verflacht und wird hohl wie das eines Ehepaares, das sich auf der Leiter des Lebensstandards mühsam hocharbeitete, Kinder zeugte, ein Haus baute und sich dann scheiden ließ. Sie hatten die Liebe und die sie verbindende Leidenschaft vergessen. Sie hatten aufgehört, einander in die Augen zu schauen, beieinander auszuruhen und dem Ich und Du ihrer Beziehung zu begegnen.

Heilung aus der Stille

Es gibt eine Alternative: innere und äußere Freiräume pflegen, die Stille suchen, in Abstand zu den vielen Ereignissen und in Distanz zu meinen vielen Aktivitäten, in das Schweigen zu gehen. Nur so bleibt meine innere Beziehung zu mir selbst und zu Gott lebendig und wächst. Mutter Teresa kommentiert:

»Die Frucht des Schweigens ist das Gebet;
die Frucht des Gebets ist der Glaube;
die Frucht des Glaubens ist die Liebe.«

Wenn meine Beziehung zu Gott ein Liebes-Verhältnis werden und bleiben soll, braucht es den Weg durch das Schweigen. Das Schweigen vor Gott am Abend macht meinen Tag heil, weil Gott seine Hand auf diesen Tag legt und ich dies im Raum von Stille erspüren kann. Wie den Emmausjüngern werden mir die Augen aufgehen, und ich erkenne, daß Er den ganzen Tag über dabei war, mir Gutes zukommen ließ, mir auch einiges zugemutet, zugetraut hat.

Eine Zeit der Ruhe und der Stille am Ende einer Woche oder an einem freien Tag macht diese Woche heil, und ich erspüre oder ahne wieder, daß Gott das Wachsen schenkt für das, was ich gewirkt habe.

Im Abstand und Innehalten einer Exerzitienwoche vermag sich mein Leben und Arbeiten neu zu zentrieren. Mein innerer Lebenskompaß wird neu justiert, damit der Pol, nach dem ich meine Wege richten möchte – Gott ist und bleibt.

Betrachtung als das nötigste Gebet

Eine alte Weisheit zur priesterlichen Lebens- und Gebetskultur lautet:

Die Eucharistiefeier ist das erhabenste Gebet,
das Stundengebet das verpflichtendste Gebet,
die Betrachtung das nötigste Gebet.

Betrachtung und Meditation kommt das Gewicht der Notwendigkeit zu, weil hier gleichsam geistliche Tiefenbohrungen geschehen. Damit ich das Leben durchschauen kann, muß ich wissen und fühlen, woraufhin ich es durchschauen möchte. Hier werden Leben und Glauben miteinander ins Gespräch gebracht und miteinander verknüpft. Hier kann ich von innen her »schmecken« (sapere), was Fundament und Inhalt meines Glaubens und meiner Verkündigung ist. Nur wenn ich in der Ruhe geschmeckt habe, worauf es wirklich ankommt, kann ich Weisheit (sapientia) leben und verkünden.

Im Gespräch mit einem jungen Priester kam die Rede auf den Stellenwert der Betrachtung für das geistliche Leben. Er sprach davon, daß er während seiner Ausbildungszeit relativ gut Zeiten der Betrachtung und der Stille in seinen Tagesablauf einbauen konnte. Seit er jedoch in der pastoralen Praxis sei, trete die Betrachtung immer weiter in den Hintergrund. Er habe zu wenig Zeit. Er bedauerte, daß seit einiger Zeit auch das Stundengebet leide. Doch wenn er abends spät z. B. von einer Gruppenleiterrunde nach Hause komme, habe er einfach keine Nerven mehr, auch noch Brevier zu beten. Das einzige, was er regelmäßig tue, sei die Feier der Eucharistie. Aber dazu gebe es halt einen Zelebrationsplan, den er einhalten müsse.

Dieser Priester beschreibt genau das, was für viele ein Problem in der Entwicklung ihres geistlichen Lebens ist: Der zeitintensive Druck des seelsorglichen Alltags hat zur Folge, daß zuerst die Betrachtung dem Terminplan weichen muß. Irgendwann reduziert sich auch das Stundengebet, und manch einer gibt es ganz auf. Übrig bleibt die Feier der Eucharistie, denn sie gehört ja vor allem zu seinen Aufgaben.

Betrachtung und Meditation als innerer Kampf

Es bedarf keiner Frage: Die Entscheidung zur Meditation bedarf der regelmäßigen Erneuerung und erfordert in vielfacher Weise regelrecht einen Kampf.

(1) Da gibt es zunächst den *Kampf um Zeit*. Keinem soll unterstellt werden, daß er recht schlampig seine Zeit einteilt und darum keine halbe Stunde übrig bleibt. In jeder Gemeinde gibt es Berge von Aktivitäten und seelsorglichen Diensten, daß jeder Pfarrer zu Recht sagen kann: »Ich bin voll ausgelastet, eigentlich sogar überlastet.«

Und dennoch: Ich tue das und nehme mir Zeit für das, was mir wichtig ist und wozu ich mich entscheide. Es gehört beispielsweise auch in meine Entscheidungen, ob jeder, der irgendwelche Ansprüche an mich stellt, meinen Terminkalender auffüllen darf. Es ist ebenso ganz allein meine Entscheidung, ob ich meinen Fernsehkonsum um eine halbe Stunde reduziere. Ich entscheide, ob ich alle Abende der Woche bis zur Müdigkeitsgrenze anfülle, ob ich mich verpflichtet fühle, (regelmäßig) an diesem oder jenem Arbeitskreis teilzunehmen. Und ich allein entscheide auch, ob ich jeden Tag das Angebot einer Audienz bei meinem höchsten Herrn annehme oder nicht.

(2) Ein zweites Problem entsteht, wenn ich mir nun tatsächlich Zeit zur Betrachtung eingeräumt habe und dann unruhig dasitze und warte, ob etwas in mir passiert. Wenn ich mir nicht aus tiefem inneren Bedürfnis regelmäßig diese Zeit zur Meditation freihalte, sondern sie irgendwie noch »dazwischenschiebe«, kann jene Minute ein *Kampf um ruhiges Sitzen* sein, – ein Kampf gegen die Gedankenflut, Erlebtes oder Geplantes im Kopf durchzuarbeiten, – ein Kampf mit der Idee, für ein anstehendes Gespräch schon einmal vorzuformulieren, was mir wichtig ist, – ein Kampf also, Gedankenschwärme abzuweisen und den Weg in wirkliches Schweigen zu finden.

(3) Doch der eigentliche Kampf steht bevor, wenn diese ersten Hürden genommen sind. Nun steht an, sich in die Welt Gottes hineinzugeben. Diese Hingabe besteht im Wesentlichen darin, innezuhalten, still zu werden, im Schweigen zu verweilen und *Gott* wirken zu lassen.

Anbetung - das Du Gottes suchen

Sich Gott hinzuhalten wird münden in die Anbetung Gottes. Anbetung meint: das Du Gottes suchen, mich in das unsichtbare Licht seiner Gegenwart stellen, anschauen – ansprechen – mich als Geschenk bringen. Anbetung entsteht, wächst und gelingt, wenn ich die »Gegenwart Gottes« nicht als eine Idee oder als ein Privileg der Mystiker betrachte, sondern als einem jedem mögliche, glaubend wahrgenommene Realität.

Bekanntlich sind Menschen in der Lage, sich intensiv oder gar fanatisch für eine Idee einzusetzen. So hat beispielsweise die Idee des Kommunismus ein ganzes Jahrhundert die Menschheitsgeschichte wesentlich mitbestimmt. Die Idee eines »heiligen Krieges« mit der Aufforderung »Gott will es!« hat von jeher ganze Völker oder Volksgruppen der verschiedenen Religionen in Bewegung gebracht und Schändlichstes angerichtet. So sind auch und gerade die Glaubensprofis – vielleicht mehr als alle anderen – in der Gefahr, sich in eine Idee zu verlieben oder besser: sich auf sie zu fixieren, ohne aber mit Gott, mit Christus im Kontakt zu sein, ohne in ihrem Herzen zu brennen wie jene Emmausjünger.

Die einfache und ganz nüchterne Frage lautet: Ist Gott, ist Jesus der Christus für mich real? Erlebe ich ihn wirklich als das große Du? Bin ich mit ihm so befreundet, daß er für mich wirklich ist, wie der Mensch neben mir? Woran denke ich, welche Worte spreche ich, wenn ich nach dem Kommunionempfang auf meinem Platz sitze?

Es fällt schwer, sich diese Frage ernsthaft und intensiv genug zu stellen. Denn es ist durchaus nicht leicht zu unterscheiden, ob ich nur einer Idee »Jesus von Nazaret« oder dem jetzt gegenwärtigen Jesus Christus begegne.

Im Gespräch mit Harald, einem Studenten, zeigte sich, daß er täglich in der Bibel las. Er betonte, welch tiefen Gewinn er aus diesen täglichen Lesungen zog. Er erzählte, wie er seine Textauswahl traf und welche Erfahrungen er mit einigen Texten machte.
Auf eine – eigentlich bestätigende – Bemerkung, dies sei ein guter Weg der Christus-Begegnung, sah er erstaunt auf und fragte, was

ich damit meine. Nach meinem Hinweis, daß z. B. während des Gottesdienstes im Lesen der Schrift Jesus Christus gegenwärtig sei, meint er: »Das ist doch wohl Mystizismus!« Auf die Frage, welche Bedeutung denn die Schriftlesung für ihn habe, antwortete er: »Hier bekomme ich Beispiele, wie ich mein Leben im Alltag gestalten soll.«

Was Harald tut, ist mehr, als die meisten tun. Dennoch bleibt der Jesus der Bibel für ihn mehr eine Idee als gegenwärtige Realität. Eine Idee zwar, nach der er sein Leben gestalten möchte. Ein Entwurf, der seinem Leben tieferen Sinn geben kann. Was er jedoch nicht im Blick hat und nicht vorkommt, ist persönliche Begegnung, Beziehung sozusagen von Mensch zu Mensch, von Mensch zu Gott.

In der Betrachtung und Anbetung – erfüllt von Stille und Schweigen und dann auch von einfachen Worten – kann für mich offenbar werden, ob ich mich nur mit (durchaus guten) Ideen befasse oder mich zum Du Gottes hin ausstrecke. Ich spüre immer klarer, ob ich mein Leben vor einer Metapher »Gott« reflektiere, oder ob ich mich und mein Leben ganz persönlich vor das Angesicht dieses Gottes stelle und ihm von meinen täglichen Freuden und Leiden erzähle.

Das Leben durchbeten

A. W. Richard Sipe geht in seinem Buch »Sexualität und Zölibat« unter anderem der Frage nach, welche Elemente solche Priester als feste Lebensbestandteile beachten, die einen »vollendeten«, einen gelungenen Zölibat leben. Seine Beobachtung ist, daß alle diese Männer ein reiches und aktives Gebetsleben führen. Das Gebetsleben sei so eng mit dem Gelingen des Zölibates verbunden, daß man z. B. bei einer klinischen Beurteilung zuerst nach dem Gebetsleben fragen könne. Ferner lasse das Gebetsleben auf Ausmaß, Güte und Art seiner Beziehungen zur transzendenten Wirklichkeit, auf die Art seiner Beziehungen zu Menschen und auf sein eigenes Selbstverständnis schließen.

Sipe stellt fest, daß alle, die den Zölibat vollendet leben, täglich mindestens anderthalb bis zwei Stunden dem Gebet widmen. Für die Zeit, die dem Gebet vorbehalten sei, scheine es kein abgekürztes Verfahren und keinen Ersatz zu geben. Viele der Männer schilderten, daß für sie bei steigenden Anforderungen an ihr Leben und ihren Dienst das Gebet immer mehr zur Priorität wurde.

Diese Beobachtungen machen nachdenklich. Sicher lebt nicht jeder, der lange betet, einen vollendeten Zölibat. Doch alle, die so leben, nehmen sich die Zeit für das Gebet. Dabei geht es diesen Männern nicht um die Erfüllung ihrer Gebets*pflicht* als »erste Beter ihrer Gemeinden«. Offensichtlich erleben sie – von innen heraus – ihr betendes Verweilen vor Gott als existentiell lebens- und berufsnotwendig.

Damit Gott präsent bleibt

Gott braucht nicht unser Gebet. Aber wir brauchen es. Gott ist immer der Anwesende. Ob wir es wahrnehmen, ist eine ganz andere Sache. Das in regelmäßigen Intervallen vollzogene Gebet schafft Raum, sich die Gegenwart Gottes bewußt zu machen und – wie Paulus sagt – sich in ihr zu bewegen, in ihr zu leben.

Das Stundengebet hilft, den Tag durch Zeiten des Gebets rhythmisch zu gestalten. Es bekommt immer dann den Geschmack einer Last, wenn ich das Rezitieren der Psalmen nicht anzufüllen vermag mit den Erfahrungen meines Lebens. Wenn – um an ein Bild zu erinnern – die eine oder andere kommunizierende Röhre des geistlichen Lebens verstopft und nur das Stundengebet als Gerüst übriggeblieben ist.

Ein kreativer Neuanfang fürs Brevierbeten kann daher wohl kaum durch ein intensiveres Studium der Psalmen gelingen. Vielmehr gilt es zu erforschen, welche Stelle zwischen den vier kommunizierenden Röhren – Gotteserfahrung im Alltag, Betrachtung, Gebet und Eucharistiefeier – verstopft ist.

Zugleich könnten kleine Änderungen im Fluß des Stundengebetes neue Freude an dieser Gebetsform erbringen: wenn z. B. über einen gewissen Zeitraum ein Psalm durch die Lektüre eines Meditationsbuches ersetzt wird. Bücher, die auf einer Doppelseite ein Bild oder Foto und einen kurzen Text bieten, sind vielleicht besonders hilfreich.

Was begleitende Gebetszeiten als äußere Stützen für den Tag bedeuten, erfährt man beim Besuch islamischer Länder. Der regelmäßige Ruf des Muezzin erinnert die Menschen an die große Mitte und die kleinen Mittelpunkte des Lebens. Das Glockenläuten zum »Engel des Herrn« in unseren Breiten hat die gleiche Funktion. Eine Belebung dieses Brauches als geistlicher Impuls für die ganze Gemeinde kann auch für die Lebens- und Gebetskultur des Priesters neuen Schwung bringen.

Das Stundengebet stellt gleichsam ein Gebetsgerüst dar, das hilft, sich in der Haltung eines dauernden Gebets zu üben. Paulus fordert auf: »Betet ohne Unterlaß! Dankt für alles; denn das will Gott von euch, die ihr Jesus Christus gehört« (1 Thess 5,17f). »Ob ihr also eßt oder trinkt oder etwas anderes tut: Tut alles zur Verherrlichung Gottes!« (1 Kor 10,31).

Die Mitte priesterlicher Lebenskultur: die Eucharistie

Über die Eucharistie als Mittelpunkt priesterlichen Lebens ist vieles auf vielerlei Weise gesagt. An dieser Stelle soll gleichsam am Mittelpunkt des Mittelpunktes noch einmal abzulesen sein, wie sich priesterliches Selbstverständnis gerade hier darstellt und vollzieht: Die Elemente des Hochgebetes zeigen an, was und wer der Priester ist.

Der, der zuspricht

»Der Herr sei mit euch.« – »Und mit deinem Geiste.«

Zu Beginn des »hohen Gebetes« der Eucharistiefeier spricht der Priester der Gemeinde zu, daß der erhöhte Christus anwesend ist. Bevor heilige Handlungen vollzogen werden, soll allen bewußt sein: Die Grundlage für alles, was Kirche tut und besonders jetzt sich anschickt zu tun, ist der Herr selbst.

Der, der auffordert

»Erhebet die Herzen.« »Wir haben sie beim Herrn.«

Daß der Herr gegenwärtig ist, darf nicht nur eine sachlich-theologische Aussage bleiben, die der Mensch hinnimmt oder distanziert für richtig hält. Der ganze Mensch ist gefragt, sein Herz, er selbst als Person. Die Aufforderung des Priesters »Erhebet die Herzen!« erinnert die Menschen daran und ruft nach ihrer Antwort: »Wir haben sie beim Herrn.«

Der, der im Namen aller Gott die Ehre gibt

In der Präfation formuliert der Priester – verbunden mit der ganzen Kirche – den Dank für die Großtaten Gottes durch Jesus Christus. Und die Gemeinde stimmt durch das Sanktus in diese Danksagung ein.

Der, der sich unter das Wirken des Geistes stellt

»Sende deinen Geist auf diese Gaben herab und heilige sie, damit sie uns werden Leib und Blut deines Sohnes, unseres Herrn Jesus Christus.«

In der Epiklese wird besonders deutlich, daß der Priester nicht der Herr des Geschehens ist, sondern »Werkzeug«. Er kann nur darum bitten, daß Gott durch seinen Geist in der Mitte der Gemeinde wirke, daß im Heiligen Geist Jesus Christus, der Herr der Gemeinde, sakramental gegenwärtig werde.

Dabei schützt der vorgegebene, nicht von individuellen Formulierungskünsten abhängige Ritus den Priester noch einmal davor, sich als der zu verstehen, der etwas »macht«. Das, was hier geschieht, kommt allein von Gott. Der Mensch stellt sich als der Empfangende unter das Wirken des Geistes und läßt geschehen.

Der, der verkündet

Mit den Worten des Einsetzungsberichtes wird deutlich: Nun kann kein Mensch mehr eigene Worte sprechen. Damit geschieht, wozu Jesus im Abendmahlssaal gebeten hat: »Tut dies, so oft ihr es tut, zu meinem Gedächtnis!« Nun kommt er selbst zu Wort: als Zitat der Heiligen Schrift, das jenes Abendmahlsgeschehen schildert und verkündet und das nun neu gegenwärtig wird. Der Priester stellt sich in den Dienst dieser Verkündigung.

Der, der - wenn es um die innerste Mitte der Liturgie geht - in persona Christi spricht

Die Dramaturgie des Hochgebetes mündet in die Einsetzungsworte. Alle nur möglichen Zeichen verdichten sich:

Der Priester spricht nicht nur, sondern vermittelt durch seine Handlung, was berichtet wird. Er nimmt das Brot und den Kelch in seine Hände, spricht Jesu Worte über die Gaben und hält sie der Gemeinde hin.

Die Worte des Einsetzungsberichtes, die Worte der Schrift und damit Zitat, werden noch einmal intensiver. Das, was Jesus seinen Jüngern sagte, wird wörtlich zitiert. Sozusagen ein Zitat im Zitat. Indem der Priester wörtlich spricht, was Jesus gesprochen hat, spricht er in persona Christi.

Das liturgische Gewand des Priesters, besonders die Stola als Zeichen seines Auftrags, schützt vor Mißverständnissen, vor Verwechslungen. Es geht nicht um den dort am Altar sprechenden Menschen. Der tritt zurück und stellt sich für das Geschehen zur Verfügung.

Der, der deutet

Mit den Worten »Geheimnis des Glaubens« bekundet der Zelebrant (oder Diakon) die Bedeutung des Geschehens. Es ist das Mysterium, die innerste Mitte des Glaubens und der Gemeinde. Und damit ist zugleich das Stichwort gegeben, auf das hin die ganze Gemeinde in die Verkündigung dessen einstimmt, was da gefeiert wird: »Deinen Tod, o Herr, verkünden wir, und deine Auferstehung preisen wir, bis du kommst in Herrlichkeit.«

»Bedenke, was du tust...!«

Was diese vom Priester vollzogenen Elemente während des Hochgebetes für die Deutung des priesterlichen Dienstes überhaupt sowie für die Lebenskultur des Priesters bedeuten, braucht zwar im einzelnen nicht weiter ausgedeutet zu werden. Es ist offenbar, bedarf aber wohl doch der persönlichen Meditation. Nur so viel zum Gewicht dieser Überlegungen: Gerade dann, wenn der Bischof während der Priesterweihe dem Weihekandidaten Kelch und Patene überreicht, spricht er die bedeutsamen Worte:

> *»Bedenke, was du tust,*
> *ahme nach, was du vollziehst,*
> *und stelle dein Leben*
> *unter das Geheimnis des Kreuzes!«*

Impulse zum Weiterdenken

Die vier Elemente einer Spiritualität aus der Mitte
(1) Die Gotteserfahrung im Alltag,
(2) die Betrachtung,
(3) das Gebet,
(4) die Eucharistiefeier.

Anregung: Malen Sie vier miteinander kommunizierende Röhren auf. Jedes steht für eines jener Elemente.

- Malen Sie in jede Röhre, wie hoch der Pegel des geistlichen Lebens in dem entsprechenden Bereich bei Ihnen steht.
- Gibt es »Verstopfungen« zwischen den vier Elementen?
- Möchten Sie etwas an der gegenwärtigen Situation in bezug auf die vier Elemente verändern?
  – Andere Schwerpunkte setzen?
  – Ein Element in nächster Zeit bewußter praktizieren?

»Tagesschau«
Nach wie vor steht die »Tagesschau« im Fernsehen ganz oben auf der Liste der Zuschauerzahlen.

Anregung: Bevor Sie am Abend ins Bett gehen, halten Sie eine geistliche Tagesschau.

- Was war heute für mich eine intensive Erfahrung, positiv oder negativ?
- Was hat diese Erfahrung in mir ausgelöst (Freude, Wut, Trauer u. a.)?
- Was bedeutet diese Erfahrung für mich vor dem Angesicht Gottes?
- Wollte mir Gott damit vielleicht eine wichtige Botschaft, einen Auftrag, einen Hinweis geben?

Gotteserfahrungen austauschen

Auf die Dauer reicht es nicht aus, Erfahrungen mit Gott nur in seiner »stillen Kammer« zu bedenken. Jeder braucht andere Menschen oder eine Gruppe, durch die seine Lebenserfahrungen und -deutungen gespiegelt, bestätigt, vertieft werden.

- Mit wem tausche ich meine Erfahrungen aus?
- Wie empfinde ich diese Art des Austausches?
- Tue ich mich schwer mit einem solchen Austausch?
- Kann ich darüber mit einem geistlichen Begleiter sprechen?

Betrachtung und Meditation

Stimmen Sie der Bedeutung von Betrachtung und Meditation zu, wie sie beschrieben wurde? Fehlt Ihnen etwas dabei?

- Wann habe ich meine letzte Betrachtung gehalten?
- Möchte ich etwas in meiner Praxis der Betrachtung ändern?
- Spielt die Anbetung in meinem geistlichen Leben eine Rolle?
- Gibt es in meiner geistlichen Entwicklung Stationen der Intensivierung?
- Wodurch wurden intensivere Erfahrungen ausgelöst?

Idee oder Beziehung?

Anregung: Betrachten Sie Ihren Tag, ob und wann Sie Gott oder Jesus Christus als echten und realen Gesprächspartner mit Du ansprechen.

- Bei welcher Gelegenheit haben Sie gespürt, daß da eine echte Du-Beziehung besteht?

Meditation der Eucharistie

Anregung: Versuchen Sie, das Hochgebet und andere Teile der Eucharistiefeier unter der Perspektive zu betrachten: »Bedenke, was du tust!«

Der Priester ist der,

- der zuspricht,
- der auffordert,
- der im Namen aller Gott die Ehre gibt,
- der sich unter das Wirken des Geistes stellt,
- der verkündet,
- der – wenn es um die innerste Mitte der Liturgie geht – in persona Christi spricht,
- der deutet.

Ohnmacht und Scheitern annehmen

Großinstitutionen – wie in Wirtschaft, Politik und Verbänden – kennen ein ungeschriebenes Gesetz wie kaum ein anderes: Man nimmt einmal getroffene Entscheidungen nur in äußersten Ausnahmefällen zurück, mag es sich um eine Entlassung, um die Besetzung wichtiger Ämter, um eine administrative Maßnahme oder um ein vermeintlich innovatives Produkt handeln. Zuzugeben, daß eine Situation falsch eingeschätzt wurde, daß ein Irrtum unterlief, eine Entscheidung einfach falsch war – das tut man nicht! Das ist nicht opportun. Einen Fehler und somit Schwäche einzugestehen, das Scheitern eines Projektes kundzutun – das paßt nicht in das Selbstbild einer starken Institution. Muß dennoch einmal eine folgenschwere Entscheidung oder Anordnung zwangsläufig revidiert oder ein eindeutig fehlerhaftes Produkt vom Markt genommen werden, nimmt man die falsche Entscheidung oder das mangelhafte Produkt nicht als solche bzw. solches zurück, sondern setzt gleich eine neue Entscheidung dagegen bzw. lenkt die Aufmerksamkeit auf ein anderes großartiges Produkt der gleichen Firma.

Das von Stärke und Glanz bestimmte Selbstbild einer Institution und ihr entsprechendes Manövrieren und Auftreten färbt auch deutlich ab auf das Selbstverständnis und Verhalten ihrer amtlichen Vertreter. Auch für sie gilt dieses Grundgesetz der »Unfehlbarkeit«.

Ohne Zweifel sind die Kirche und ihre Amtsträger nicht frei von diesem Phänomen, und bis in die kleinsten Winkel des Kirchenvolk hatte dies noch in Großmutters Zeiten seine Auswirkung. »Hochwürden«, ob Priester, Bischof oder gar der Papst als Stellvertreter Christi, durften nicht kritisiert werden. Hinweise auf menschliches Fehlverhalten oder auch nur auf eine mißlungene Sonntagspredigt waren nicht opportun.

Trauer über Ohnmacht und Scheitern

Diesem grandiosen Bild steht jedoch hin und wieder die herbe Erfahrung persönlicher Ohnmacht, schmerzlichen Scheiterns gegenüber, – eine Erfahrung, der der einzelne Amtsträger sich stellen muß, will er die Achtung vor sich selbst bewahren. Die Erfahrung, einer Situation nicht gewachsen zu sein, löst Enttäuschung und Trauer aus. Trauer, in einer bestimmten Situation versagt zu haben, nicht genug Kraft zu haben. Trauer darüber, jemand zu sein, der nicht alles im Griff hat.

Das bedeutet vielleicht auch, Abschied zu nehmen von unrealistischen Selbstbildern und unrealisierten Lebensentwürfen: Ich bin nun einmal nicht der große »Zampano«, der ich vielleicht gerne sein möchte, oder für den mich die Leute halten sollen oder gerne halten wollen. Ich bin wie alle anderen auch nur ein Mensch, der zwar hohe Ideale kennt, aber in der Praxis des persönlichen Lebens und der seelsorglichen Arbeit manchmal kümmerlich dasteht.

Ich habe ein hohes Bild von mir als Mensch, als Mann, als Christ, als Priester, Pfarrer. Ich soll und möchte Vorbild sein.

- *Und dann falle ich in einer Pfarrgemeinderatssitzung aus der Rolle und schreie unbeherrscht die Leute an, die ihre Zeit und Abende für die Gemeindearbeit opfern.*
- *Ich halte mich für einen guten Prediger, bereite meine Predigten immer sorgfältig vor und lese nicht nur Predigtvorlagen ab. Und nun höre ich immer öfter, wenn auch versteckt, daß viele von meinen Predigten enttäuscht sind.*
- *Ich bemühte mich um ein gutes Verhältnis zur Gemeindereferentin. Die Beziehung war zwar nicht ganz konfliktfrei, aber dennoch, meinem Gefühl nach, gut. Jetzt bewirbt sie sich in einer anderen Gemeinde. Über Umwege erfahre ich den Grund: Sie versteht sich nicht mit mir, fühlt sich von mir nicht wirklich respektiert.*
- *Ich bemühe mich seit vielen Jahren um einen guten und korrekten Umgang mit Frauen. Und jetzt lasse ich mich auf eine Beziehung ein, die nicht meinen Vorstellungen entspricht.*

Je nach Intensität der Enttäuschung erleben Priester die Trauer und das Abschiednehmen von Selbstbildern wie ein Sterben mit all seinen Phasen.

- Da gibt es zunächst den Schock und die Niedergeschlagenheit, daß mir dies passiert ist. Das kann, das darf doch nicht wahr sein!
- Dann folgt ein Chaos der Gefühle: Trauer, Wut und Zorn, Angst, Schuldgefühle und innere Unruhe lösen einander ab und wühlen mich auf. Ich stemme mich gegen das Erkennen und Eingestehen, versagt zu haben.
- Dann beginnt die Suche nach allen möglichen Entschuldigungen: Die anderen sind schuld, zu anspruchsvoll, zu kritisch, mißgünstig. – Die Situation hätte niemand gemeistert. – Die oder der wollte mich ja nur bloßstellen. – Ich bin einfach radikal überlastet, und drum gibt es auch mal Überreaktionen ...
- Wenn die Enttäuschung ganz tief sitzt, sind depressive Phantasien nicht mehr weit: Als Priester zu leben, wie sich die Kirche das vorstellt, ist heute nicht mehr möglich oder nicht mehr zumutbar ...
- »Frucht« eines solchen Prozesses könnte aber auch die befreiende Korrektur des Selbstbildes sein, für den einen in die Richtung zu mehr Bescheidenheit, für einen anderen in die Richtung zu mehr Wahrhaftigkeit, für einen dritten zu mehr Stärke durch Annahme der eigenen Menschlichkeit und Schwachheit.

Umwandlungsprozeß als Umwertungsprozeß

Nach dem Durchleben und Durchleiden jener Trauer- und Enttäuschungsphasen geht es darum, nicht in Resignation oder Selbstabwertung steckenzubleiben, sondern Abstand zu dem zu gewinnen, was in meinen Augen und in denen der anderen schiefging oder falsch war. Erst im deutlichen Abstand, den ich unter Umständen nur mit Hilfe von außen gewinne, kann ich dem Erleben des Scheiterns einen neuen Stellenwert geben, d. h. mich mit dieser Erfahrung und mit mir selbst versöhnen. Wie dies geschehen kann, soll noch etwas genauer angeschaut werden.

Der nüchterne Blick

Mit *emotionalem Abstand* kann ich mir selbst gegenüber zugestehen: Ohnmacht, Versagen, Scheitern oder bittere Enttäuschung sind eine zwar provozierende, aber auch heilsame Herausforderung, meine Masken vom Gesicht zu nehmen und mich zu sehen, wie ich wirklich bin.

- Meine Fähigkeiten und auch meine Grenzen werden deutlicher.
- Meine Begabungen und Stärken sind nicht unerschöpflich, sondern haben einen ganz bestimmten, begrenzten Umfang, und so darf es sein.
- Meine physischen und psychischen Kräfte sind nicht grenzenlos. Ich erlaube mir, mit ihnen zu haushalten.
- Meine Möglichkeiten, mit Krisen und Konflikten umzugehen, kann ich noch ausweiten. Doch meine Lebensgeschichte mit ihren Lernerfahrungen begrenzt mich auch in dem, was ich hinnnehmen und verkraften kann. Und daran ist kein Makel.
- Ich habe Ängste um mich selbst, mein Ansehen, meine Stellung. Ich möchte gerne – vor allem nach außen – souverän auch mit schweren Situationen umgehen. Doch das gelingt nicht immer, und das gestehe ich mir zu.
- Ich möchte Mißlungenes wiedergutmachen. Doch das läßt mein Stolz oft nicht zu. Oder die Betroffenen sind nicht bereit, meine ausgestreckte Hand anzunehmen. Davon muß ich mich jedoch nicht entmutigen lassen.
- Ich möchte mit meinen persönlichen Bedürfnissen und Leidenschaften bewußt und verantwortlich umgehen. Doch bin ich in bestimmten Situationen meinen Emotionen ausgeliefert. Weiß ich wirklich genau, was sie (die Emotionen) eigentlich wollen?

Wie ist das: Wie komme ich mit so einem ruhig betrachtenden Blick auf mich selbst zurecht? Was braucht es noch, um mich nach bitteren Erfahrungen auf meine Grenzen einzustellen? Sie kreativ in meine weitere Arbeit einzubeziehen, indem ich etwa andere mehr als bisher zum Zuge kommen lasse?

Steine werden zu Stufen

Was mache ich mit dem, was mir im Wege liegt? Eine weitere Neubewertung: Wenn mir andere Steine in den Weg legen, oder ich es selbst tue, kommt es darauf an, was ich mit diesen Steinen mache. Ich kann – wahrscheinlich mühelos – über sie klagen, über die Steinwüste um mich herum jammern. Ich kann die vielleicht wenigen Steine in meiner Wahrnehmung zu einem großen Berg anwachsen lassen und über die Schlechtigkeit der Welt einschließlich meiner selbst grübeln. Ich kann wutentbrannt die Steine aufheben und mit ihnen nach anderen werfen.

Oder – ich nutze die Steine, um Wege zu bauen und Gebäude zu errichten. Steine können zu Stufen werden, die mich und andere höher führen. »Höher« – zu mehr Leben, zu mehr geistlicher Substanz, zu mehr Gemeinsamkeit mit anderen, heraus aus Ich-Versponnenheit und Narzismus.

Anders ausgedrückt: Krisen der Identität sind durchaus notwendig, damit Entwicklung stattfindet. Wenn Krisen ausbleiben, fehlt – dem alten Adam in uns – der heilsame Druck, sich zu verändern und weiterzuwachsen. Die »Alternative«: Ich richte mich ein in dem, was ich erreicht habe, und verwalte nur noch das Erreichte. Die Folge: Ich verliere an Glanz. Meine Kreativität geht mit der Zeit verloren. Und die Erde (in mir) wird wüst und leer...

Pädagogik Gottes

Eine *geistliche* Neubewertung: Was ich zunächst als eine Niederlage erlebe, kann unter den Augen Gottes zu einer neuen Einschätzung meiner Gottesbeziehung werden. Als Mensch mit einigen guten Fähigkeiten stelle ich mich vielleicht allzuleicht auch vor Gott, wie vor die Menschen, mit dem – freilich unausgesprochenen – Gefühl: »Schau mich an, ich bin doch ziemlich gut!« Diese Vernisage kann sich steigern bis zur – freilich nie und nimmer und niemanden geoffenbarten – Hybris, alles im Griff zu haben und unschlagbarer Manager Gottes auf Erden zu sein. Ent-täuschungen, Ohnmachtserfahrung und Versagen offenbaren mich mir selbst (vielleicht plötzlich) als der, der ich tatsächlich bin: auch nur ein Mensch, der sich Gott zur Verfügung stellt, aber sich die Fruchtbarkeit seiner Arbeit von Gott schenken lassen muß.

Das Lukasevangelium drückt diese kreuzquer andere Sicht sehr drastisch aus: »Wir sind unnütze Sklaven; wir haben nur unsere Schuldigkeit getan« (17,10). Vielleicht entspricht unserem Lebensgefühl mehr eine Formulierung wie: Wir sind schon zu etwas nutze. Einiges gelingt sogar ganz gut. Doch alles in allem ist »an Gottes Segen alles gelegen«.

Somit könnten Ohnmacht und Scheitern gleichsam eine pädagogische Funktion bekommen, wenn ich es zulasse, daß sie mir eine realistische Einstellung und Selbstsicht vor Gott vermitteln: Ich bin in allem, persönlich und beruflich, auf die Barmherzigkeit Gottes angewiesen. Angewiesen meint aber zugleich auch aufgehoben, angenommen.

Wenn etwas zur Sünde wurde

Enttäuschungen und Scheitern geschehen nicht einfach »umständehalber«. Sie können auch mit Schuld, mit Sünde zu tun haben. Mit Schuld und Sünde vor Gott und den Menschen.

Für den Priester, dem die Sündenvergebung anvertraut wurde, ist der Umgang mit eigener Schuld und Sünde ein besonders sensibles Thema. Persönliche Erfahrungen beeinflussen hier seine Pastoral der Umkehr und Versöhnung.

- Die Erfahrung und wahrhaftige Einsicht, schuldig geworden zu sein, sollten ihn befähigen, von einem Gott zu sprechen, vor dem sich niemand zu verstecken braucht, weil Gott annehmend, weil er barmherzig ist.
- Die Erfahrung, vor Gott und den Menschen als Sünder dazustehen und sich nicht mehr rechtfertigen zu können, sollte ihn befähigen, langmütig und barmherzig mit anderen umzugehen.
- Die Erfahrung, auf die Vergebung Gottes und der Menschen angewiesen zu sein, sollte ihn befähigen, sich selber für eigene Fehltritte zu entschuldigen und um Vergebung zu bitten.
- Die Erfahrung, als Priester und zugleich schuldig gewordener Mensch anderen Sündenvergebung zuzusprechen, kann ihm eine neue Nähe zu den Menschen schenken.

Schritte aus der Ohnmacht

»Wer in den Sumpf geraten ist, kann sich nicht selbst herausziehen.« In Krisenzeiten erlebt wohl jeder die Wahrheit dieses Sprichwortes. Wer ohnmächtig ist, hat selber nicht die Macht, eine Situation zu bewältigen. Er braucht jemanden, der ihm beisteht.

Ein erster Schritt mag in der Regel die Suche nach einem geeigneten Gesprächspartner sein. Vor wem kann und möchte ich meine Ohnmacht aussprechen? Wem traue ich, mich bei jenem Umwertungsprozeß zu begleiten?

Ein nächster Schritt ist mit der Entscheidung verbunden, in welcher Weise ein grundlegend neuer Blick auf die eigene Person und Lebenspraxis zu gewinnen ist. Hier ist eine Reflexion der eigenen Umkehr- und Bußpraxis gefragt. Genügt mir das Gespräch mit einem erfahrenen und vertrauenswürdigen Menschen? Wie stehe ich zu einer längerfristigen Umkehrbegleitung, die auch regelmäßige Beichtgespräche einschließt? Sollte ich vielleicht auch eine »Kurskorrektur« durch Exerzitien ins Auge fassen?

Fluchtgedanken

Bei besonders schwerwiegenden Erfahrungen von Enttäuschung, Ohnmacht oder Scheitern könnte für einen Priester plötzlich die Frage unausweichlich im Raum stehen: Ist der Beruf des Priesters (noch) der richtige für mich? War meine Entscheidung damals wirklich reif und frei? Oder bin ich in diesen Beruf vielleicht eher hineingeschlittert, weil es damals keine nennenswerten Hindernisse gab oder ich keine Alternativen sah?

Vor solchen Fragen – oder sind es Fluchtgedanken? – ist niemand gefeit. Ja, sie sind normal. Wenn sie sich nie einstellten, läge sogar der Verdacht nahe, daß der Betreffende eine Krise nicht wirklich an sich heranläßt und sie statt dessen elegant zu überspielen versucht. Wer solche Fluchtgedanken bei sich nicht registrieren möchte oder nicht zuläßt, bringt sich um die Chance, seine Entscheidung von damals neu einzuholen und auf den Boden vertiefter Lebenserfahrung zu stellen. Ist es doch ein Lebensgesetz, daß Weichen stellende Grundentscheidungen immer wieder der Bewahrheitung und Neuverwurzelung bedürfen, um je und je wahr und lebendig zu bleiben.

Verlust des Berufs

Bestimmte Lebenssituationen eines Priesters können möglicherweise Fakten schaffen, die den Verlust der Berufsausübung nach sich ziehen. Von außen betrachtet, sieht der Vorgang der »Suspendierung vom Dienst« oft wie eine administrativ verfügte Maßnahme aus. Hier werden dann Erfahrungen von Ohnmacht, Scheitern, Schuld, Ratlosigkeit oder Enttäuschung kaum sichtbar.

Die folgenden Überlegungen betrachten den häufigsten Grund, warum Priester aus ihrem Dienst ausscheiden (müssen): das Scheitern an der zölibatären Lebensform.

Ein Regionalsender stellte das neue Buch eines 19jährigen Mannes vor: »Sohn eines Priesters«. Mit Leidenschaft spricht der junge Autor in der Sendung von seinem Priester-Vater. Er berichtet von den Heimlichkeiten viele Jahre hindurch, von dem Outing seines Vaters, von dem kurzen Familienleben bis zum Scheitern der Beziehung der Eltern. Er beschreibt seine Sehnsucht, einen Vater wie andere zu haben, zu dem er jederzeit gehen und mit dem er seine Probleme besprechen kann. In über vierhundert Seiten – so der Kommentator der Sendung – habe sich der junge Mann seine Erfahrungen von der Seele geschrieben.

Die wahrhaft leidvollen Erfahrungen aller Beteiligten stehen außer Frage. Der Priester selbst, die betroffene Frau und die aus der Beziehung hervorgehenden Kinder leben unter einem enormen Druck. Heimlichkeiten zehren an den Nerven. Schuldgefühle werden übermächtig. Für ein Doppelleben reichen irgendwann nicht mehr die Kräfte oder die Bereitschaft.

Zu bedenken ist die Art und Weise, wie Betreffende ihre Situation öffentlich machen. Solche Vorgänge sind nach wie vor für Sensationen gut. Außer wenigen, die plötzlich in einer Predigt oder Fernsehshow ihre Beziehung zu einer Frau offenbaren, gibt es die vielen, die völlig unspektakulär ihren Dienst als Priester aufgeben – und aufgeben müssen. Sie wollen kein persönliches Kapital aus ihrem Schritt schlagen, schon gar nicht sich medienwirksam in Szene setzen, die Kirche und ihre Vertreter an den Pranger stellen.

In der Regel ist der Vorgang einer Suspendierung für alle Beteiligten derart schmerzhaft und mit so leidvollen und einschneidenden weiteren Entscheidungen verbunden, daß Öffentlichkeit nicht gefragt ist. Bei aller Entschiedenheit, sich vom Priesterberuf zu trennen, müssen die Phasen der Trauer auch hier in intensiver Weise bewältigt werden.

Der rechtliche Vorgang

Ohne Zweifel besteht zunächst folgende Situation: Der Zölibat als Bedingung für die Ordination ist vorgegeben. Wer sich als Priesteramtskandidat zum Diakon weihen läßt, verspricht, auf Dauer mit dem Verzicht auf Ehe und genitale Sexualität zu leben.

Wer als Priester irgendwann eine Zivilehe eingeht, wählt selbst neue Bedingungen und wird darum automatisch suspendiert.

Wird die Beziehung zu einer Frau ohne Eheschließung öffentlich bekannt, und erhält die Bistumsleitung Kenntnis von dieser Beziehung, finden zunächst Gespräche mit dem Bischof statt, in denen die Situation festgestellt und besprochen wird. Meist fördern diese für beide Seiten mühsamen und hochsensiblen Gespräche deutlich den Entscheidungsprozeß. Nicht selten eröffnen sich Wege, neu zum priesterlichen Dienst und Zolibat ja zu sagen. Wenn jedoch keine Möglichkeit besteht, die Situation im Sinne des priesterlichen Dienstes im Rahmen des geltenden Rechtes zu klären, suspendiert der Bischof, d.h., er verbietet dem Betreffenden, vom Recht, als Priester zu wirken, Gebrauch zu machen.

Anschließend kann ein Laisierungsverfahren eingeleitet werden. (Es ist kein Nichtigkeitsverfahren etwa in Analogie zum Annullierungsverfahren bei Ehen.) Dieses Verfahren wird durch ein Gesuch an den Papst eröffnet. Je älter der Betreffende und je irreversibler, etwa durch die Geburt von Kindern, eine Beziehung ist, desto eher wird einer Laisierung stattgegeben. Vor dem vierzigsten Lebensjahr kann bei »schweren Defekten« laisiert werden, etwa bei latenter Alkoholabhängigkeit, die bereits zur Zeit der Weihe bestand. Neuerdings werden auch »Mängel« (wohl in bezug auf die Zölibatsentscheidung) berücksichtigt, die zum Zeitpunkt der Weihe bestanden. Für einen zivil getrauten Priester, der sich in Todesgefahr befindet, gibt es ein Kurzverfahren, das sogar über Fax verlaufen kann.

Und das konkrete Leben?

Dieser rechtliche Vorgang schneidet sich erheblich mit der konkreten Lebenssituation der betreffenden Priester. Daraus ergeben sich diverse Folgen in der Praxis: Da gibt es einerseits ausscheidende Priester, die ihrem Bischof oder Ordensoberen in einem Brief ihre Entscheidung mitteilen und völlig aus dem Blickfeld geraten. Andererseits kann die Entscheidung, aus dem priesterlichen Dienst auszuscheiden, nach einem langen und guten Prozeß von Gesprächen gefällt werden. Dazwischen gibt es viele Nuancen. Menschlich bedeutsam erscheint vor allem die Gesprächsbereitschaft des betreffenden Priesters selbst.

Dabei ist es jedoch sehr schwierig, auf der einen Seite die Ernsthaftigkeit, die Gültigkeit und Endgültigkeit des Priesterseins und des priesterlichen Dienstes zu betonen, auf der anderen Seite die menschliche Situation des Betreffenden ernst zu nehmen, ohne Vorhaltungen und insistierende Appelle an das Gewissen des Priesters.

Viele Bistumsleitungen gehen behutsame Wege, wenn der Betroffene das Gespräch sucht und seine Entscheidung seinerseits nicht mit Aggressionen verbindet. Hilfen, eine neue berufliche Existenz zu finden, werden – wenn möglich – vermittelt. Oft wissen der Bischof oder Mitglieder der Bistumsleitung über Jahre hinweg von der persönlichen und beruflichen Weiterentwicklung eines ausgeschiedenen Priesters.

Schwieriger scheint es für Gemeinden zu sein, die Spannung zwischen geltendem Kirchenrecht und Anerkennen menschlicher

Aspekte zu ertragen. Die Reaktionen reichen von Mitleid über die »armen Priester, die nicht heiraten dürfen« bis hin zu unbarmherziger, kalter Verurteilung der »abgefallenen Priester«.

Franz von Sales (1567-1622) kann als einer der glaubwürdigsten Männer im Umgang mit diesem Problem angesehen werden. Als Bischof von Genf mit Sitz in Annecy führte er im Anschluß an das Konzil von Trient energische Reformen durch, besonders auch in der Priesterausbildung.
Da im Zuge der Reformation viele Priester gerade in und um die Reformationsstadt Genf geheiratet hatten, war eine seiner großen Sorgen das Seelenheil dieser Männer. In einem flammenden Brief beschwor er den Papst, diese Männer zu laisieren, damit sie im Frieden mit Gott und der Kirche leben und sterben könnten. Seinem Anliegen wurde jedoch nicht stattgegeben. Immerhin aber hat ihn die Kirche zum Kirchenlehrer erhoben.

✎

Impulse zum Weiterdenken

Meilensteine meiner Ohnmacht

Immer wieder gibt es einschneidende Erfahrungen von Ohnmacht und Scheitern, die so schwerwiegend sind, daß sie gleichsam Meilensteine im Leben des einzelnen bilden. Es sind Verletzungen, deren Narben ein Leben lang zu spüren sind.

- Was sind solche Meilensteine in meinem Leben und meiner beruflichen Tätigkeit?
- Welche Auswirkungen hatten solche Erfahrungen auf meine persönliche und berufliche Entwicklung?
- Welche Erfahrungen schmerzen heute noch?
- Oder konnte ich mich inzwischen mit diesen Erfahrungen aussöhnen?
- Haben mich diese Erfahrungen, mit etwas Abstand betrachtet, nur verletzt oder auch menschlich weitergebracht?

Meine letzte Niederlage

Was war für mich die letzte Erfahrung von Enttäuschung, Ohnmacht oder Scheitern?

- Was war der Auslöser?
- Wie habe ich spontan reagiert?
- Welche Gefühle und Gedankengänge wurden in mir ausgelöst?
- Kann ich die Erfahrung geistlich verarbeiten, ohne sie zu verdrängen? Wie sieht eine solche Verarbeitung für mich konkret aus?

Meine Beichtpraxis

Bin ich mit meiner gegenwärtigen Praxis der geistlichen Umkehr und des Beichtens zufrieden?

- Möchte ich etwas verändern?
- Bin ich mit meinem »Beichtvater« zufrieden?
- Möchte ich mir einen neuen Gesprächspartner oder geistlichen Begleiter suchen?

Fluchtgedanken

Bei welchen Ereignissen kam mir – explizit oder »versuchsweise« – der Gedanke, aus meinem Beruf als Priester auszusteigen?

- Kann ich diesen Gedanken zulassen? Oder löst er Angst in mir aus?
- Wie gehe ich mit einem solchen Gedanken und den ihn begleitenden Gefühlen um?

5

Innere und äußere Arbeitsräume

Arbeitskultur

Eines der wichtigen Argumente für die Ehelosigkeit des Priesters ist die Freiheit, ganz für die Aufgaben im Reich Gottes zur Verfügung zu stehen. Damit wird das ganze Leben, die ganze Existenz des Priesters unter die Perspektive seines seelsorglichen Dienstes gestellt. Um dieses Dienstes willen nimmt er eine Lebensform an, die ihn von den meisten anderen unterscheidet. Seine Lebenskultur ist daher ganz wesentlich von der Kultur seines priesterlichen Wirkens geprägt.

Die Lust des Anfangs

Ohne Zweifel geht von den Aufgaben des Priesters eine große Faszination aus. Besonders gegen Ende des Studiums, wenn es um die Zulassung zur Pastoralausbildung geht, drängt alles danach, endlich beginnen zu können. Die erste Zeit ist meist getragen vom Glanz des Anfangs sowie der Freude, das leben und tun zu können, was die Mitte des Glaubens ausmacht.

Nach dem intensiven Elan des Anfangs folgt allerdings häufig der sogenannte Praxisschock. Eine Ernüchterung in der Arbeit und in dem, was erreichbar und machbar erscheint, greift um sich. Jeder durchlebt dann Phasen der Zufriedenheit ebenso wie Phasen der Enttäuschung über manches nicht Erreichte oder Unerreichbare sowie über das schier endlose Arbeitspensum.

Analysen von Priesterlebensläufen haben in den USA ergeben, daß nicht Zölibatsprobleme am Anfang einer Ursachenkette bei jenen stehen, die den priesterlichen Dienst aufgeben, sondern fast immer eine Überlastung durch die Arbeit. Wenn das Gefühl der Überbelastung durch Mißerfolg verstärkt wird, entsteht Frustration, die mit Motivationsverlust einhergeht. Die menschlich natürliche Folge sind das Bedürfnis und die Suche nach Lebensbedingungen und Menschen, die dem Leben und Arbeiten neuen Sinn vermitteln könnten.

Doch nicht erst Frustration und Motivationsverlust machen es sinnvoll, über Arbeitsvolumen und Arbeitsstrukturen nachzudenken. Auch zur Prophylaxe und ebenso zur größeren Freude an der Arbeit gilt es, in regelmäßigen Abständen die eigene Arbeitskultur zu überdenken und wenn nötig zu korrigieren.

Dabei kommen zwei wichtige Elemente in den Blick:

- Arbeitszufriedenheit und
- die Erfahrung, etwas geleistet zu haben.

Neue Arbeitszufriedenheit

Zufriedenheit mit der Arbeit und – der engen Verknüpfung wegen – Zufriedenheit mit dem konkret gelebten Leben sind ein sicherer Gradmesser dafür, wie nahe sich der einzelne innerlich seinem Beruf und seiner Berufung fühlt. Es erscheint darum geradezu berufserhaltend und berufsfördernd, sich seiner Zufriedenheit oder Unzufriedenheit bewußt zu werden.

Das Maß der Zufriedenheit oder Unzufriedenheit bestimmt sich aus einem Vergleich: Auf der einen Seite betrachte ich die Arbeitssituation, das Arbeitsvolumen, die Art der Arbeit und die Arbeitsbedingungen. Auf der anderen Seite gibt es meine Erwartungen, Bedürfnisse und Ansprüche. Stehen beide Seiten für mich weitgehend im Einklang, werde ich mit der konkreten Situation und meinem Beruf zufrieden sein. Je weiter für mein Erleben jedoch Ist- und Soll-Stand auseinanderliegen, desto stärker dominiert das Gefühl der Unzufriedenheit.

Da beide Seiten – konkrete Arbeitsbedingungen und meine Erwartungen und Vorstellungen – wohl nicht für immer festgelegte Größen sind, wird es sicher auch Schwankungen in meiner Befindlichkeit geben. Zufriedenheit wie Unzufriedenheit sind ein dynamischer Prozeß.

Will ich meine Situation beschreiben, sie klären oder verbessern, muß ich mir jene beiden Seiten ganz konkret anschauen: Was und wie sind die Gegebenheiten meines Arbeitsfeldes? Mit welchen Menschen arbeite ich wie zusammen? Fühle ich mich meiner Aufgabe gewachsen? Was tue ich besonders gern, was macht mir Mühe? In welchem Verhältnis stehen gewünschtes Soll und reales Ist? Wie stimmt das alles mit meinen persönlichen Bedürfnissen überein?

ARBEITSBEDINGUNGEN

In einer Analyse der Arbeitsbedingungen geht es zunächst um die *organisatorischen Gegebenheiten*:

- Wie sind die Arbeitsabläufe meiner Gemeinde, meines Arbeitsfeldes organisiert?
- Wie kommen Anliegen, Wünsche, Anträge von außen an mich heran: über die Sekretärin, über Telefon oder Anrufbeantworter, durch regelmäßige, bekannte und je neu zu vereinbarende Sprechzeiten?
- Wie ist die Arbeit unter den Mitarbeitern verteilt? Fällt es mir leicht zu delegieren, habe ich Mühe damit, möchte ich lieber das meiste selber tun?
- Gibt es Dienstbesprechungen? Welchen Geist prägen diese Treffen?

Pfarrer H., 48 Jahre, wechselt in eine neue Gemeinde. Er verfügt über ein ausgezeichnetes Organisationstalent. In vielen Kursen in Sachen Selfmanagement, Arbeitsplanung und Mitarbeiterführung hat er sich für seine Aufgaben fit gemacht.

Der Arbeitsstil seines Vorgängers war durchweg von einer »reagierenden Pastoral« geprägt. Ständig erklärte sich dieser »Pfarrer der alten Schule« bereit, seelsorgliche Aufgaben zu übernehmen. Das Telefon wurde grundsätzlich nicht abgestellt, auch nicht zu den Mahlzeiten. Das Pfarrhaus sollte ein »Haus der offenen Tür« sein. Ein Nein kam ihm so gut wie nie über die Lippen. Nach seinen eigenen Aussagen war er damit zufrieden und glücklich. Und die Gemeinde liebte ihn.

Pfarrer H. sieht sich nun dieser Begeisterung für den früheren Pfarrer gegenüber. Er weiß von sich, daß er den Arbeitsstil seines Vorgängers weder will noch aushalten könnte. Mühsam, Schritt für Schritt schafft er nach Absprachen mit dem Pfarrgemeinderat Neuerungen durch Sprechzeiten im Pfarrbüro, zielorientiertes, konkret geplantes Arbeiten im Seelsorgeteam und in den Gremien der Gemeinde. Ganz neu ist für die Gemeinde die Erfahrung, zwischen 13 und 15 Uhr nur einen Telefonanrufbeantworter zu hören.

Seelsorgestile und Arbeitsstile sind nicht nur austauschbare Organisationsformen, sondern haben mit der *Persönlichkeit* des einzelnen zu tun. Für den »Pfarrer der alten Schule« war dessen Stil ganz offensichtlich stimmig. Wertungen wie etwa die, organisationstechnisch nicht auf dem Stand der Zeit zu sein, wären ungerecht.

Pfarrer H. kann aufgrund seiner Ausbildung, aber auch durch seine Persönlichkeitsstruktur bedingt einen solchen Arbeitsstil nicht leben, und auch dies sollte jeder Wertung entzogen bleiben.

Pfarrer H. findet im Pfarrbüro – für ihn – völlig veraltete Arbeitsformen vor: Da gibt es noch Karteikarten. Die ebenfalls auf die Pension zusteuernde Sekretärin arbeitet an einer elektrischen Schreibmaschine. Das Ablagesystem ist eigentlich kein System, sondern ein großer Papierstapel.
Mit Schwung geht Pfarrer H. an die Neuorganisation des Büros. Er schafft einen Computer an, führt ein Ablage- und Archivierungssystem ein, das in seinem Bistum inzwischen gängig ist.
Nach einem Vierteljahr bittet die Sekretärin um ein Gespräch. Unter Tränen teilt sie dem Pfarrer mit, daß sie wohl – wenn auch so kurz vor der Pensionierung – mit ihrer Arbeit im Pfarrbüro aufhören müsse. Sie könne sich unmöglich in ihrem Alter noch einmal auf all die Neuerungen einstellen.
Pfarrer H. reagiert überrascht und bestürzt. In seinem Eifer hatte er die persönliche Situation seiner Sekretärin übersehen, sie zu wenig nach ihren Bedürfnissen und Befürchtungen gefragt. Er entschuldigt sich und berät mit ihr Möglichkeiten, die für sie beide akzeptabel erscheinen. In diesem Gespräch können gute Kompromisse gefunden werden.

Hier wurde deutlich, daß zu den Arbeitsbedingungen wesentlich die Möglichkeiten und Bedingungen des gesamten *Arbeitsteams* gehören. Die Sekretärin befürchtet, dem Leistungsstandard des neuen Pfarrers nicht mehr zu gewachsen zu sein. Sie sieht nur mehr die Möglichkeit des Rückzugs, was jedoch überhaupt nicht in der Intention des Pfarrers lag. Seine sich selbst korrigierende Offenheit, trotz genauer, eigener Vorstellungen zugleich aber auch die Bedürfnisse seiner Mitarbeiterin wertzuschätzen und zu berücksichtigen, macht es möglich, gute Arbeitsbedingungen für alle zu schaffen. Dies gibt der Sekretärin die Chance, sich mit ihren Fähigkeiten angenommen zu fühlen und in ihrer noch verbleibenden Arbeitszeit motiviert zu arbeiten. Das wiederhergestellte, gute Arbeitsklima fördert sicher auch die Zufriedenheit des Pfarrers.

Erwartungen und Bedürfnisse

Ein gutes Arbeitsklima, gute Arbeitsbedingungen bilden den einen wichtigen Pfeiler der Arbeitszufriedenheit. Eigenen Erwartungen, Bedürfnissen und Wünschen sowie denen der anderen Beachtung und Raum zu schenken, ist der andere.

Bei einem Rückblick auf den eigenen Lebenslauf – etwa anläßlich eines Jubiläums findet sich häufig die Anmerkung, daß man sich im Laufe seiner Priesterjahre nie eine Stelle selbst ausgesucht habe, sondern sich immer vom Bischof habe schicken lassen. Hinter diesem Hinweis steht das hohe Berufsethos und das Selbstverständnis als Priester, sich mit seiner ganzen Lebens- und Arbeitskraft der Kirche vorbehaltlos zur Verfügung zu stellen. Dieses Ideal der freien Verfügbarkeit hat viele Priesterleben geprägt.

Ohne Zweifel gibt es diese Priester, die in einer geistlichen Ernsthaftigkeit und zugleich in großer persönlicher Freiheit diesem Ideal folgen. Wenn beispielsweise eine als schwierig bekannte Gemeinde zu besetzen ist, bedeutet ihr Ja ein wirkliches und freies Ja aus gläubigem und dienendem Gehorsam heraus.

Doch gibt es auch andere Motive, sich schicken zu lassen. Da kann sich beispielsweise jemand nicht zu einem Neuanfang auf anderem Boden entscheiden und wird sich darum auch nach zwanzig Jahren nicht zu einem Stellenwechsel melden. Ein anderer fürchtet, sich möglicherweise falsch zu entscheiden, und meidet darum eine eigenständige Wahl. Oder andere signalisieren zwar Bereitschaft, doch wenn sie beim Wort genommen wurden, trauern sie jahrelang Altem nach.

Ein engagiertes und freies Ja ist wohl nur möglich, wenn jemand seine Erwartungen und Bedürfnisse kennt und sich im Wissen über diese entscheidet. Dabei ist durchaus nicht gesagt, daß alle Erwartungen und Bedürfnisse erfüllt werden müßten. Einer, der bewußt und frei auf die Erfüllung bestimmter Erwartungen verzichtet, nimmt sich genauso ernst wie einer, der für bestimmte Bedingungen kämpft.

Worum geht es hier – neben dem grundsätzlichen Wunsch und Ziel, sich für Jesus Christus, das Reich Gottes und die Kirche einzusetzen?

(1) Zunächst hat jeder *leibliche* Bedürfnisse. Es sind die Grundbedürfnisse nach Nahrung, nach Bewegung, Ruhe und Schlaf, nach Sauerstoff, nach Wohnraum und Privatsphäre. Die ausgewogene Erfüllung dieser Bedürfnisse gehören zweifellos zur Voraussetzung für ein Lebensgefühl der Zufriedenheit.

(2) Das Bedürfnis nach *Sicherheit* hat das elementare Ziel, ohne Angst vor persönlicher Bedrohung in einem geordneten, befriedeten Lebensraum zu leben und zu arbeiten. Ein angemessenes, ausreichendes Einkommen, der Schutz vor Arbeitslosigkeit sowie ausreichende Vorsorge für das Alter sind wesentliche Bausteine einer solchen Sicherheit.

(3) Um eine besondere Art der Sicherheit geht es dem Bedürfnis nach *sozialen Kontakten.* Hier spielen Zuneigung und Liebe, Zugehörigkeit zu bestimmten Menschen und zu einer Gruppe eine wichtige Rolle.

(4) Eine nächste Stufe ist die Sehnsucht nach *Selbstwertgefühl und Anerkennung.* Jeder möchte so viel und so Gutes vollbringen, daß er einerseits vor sich selbst bestehen, sich selbst achten kann. Andererseits möchte er auch Anerkennung bei anderen finden, Wertschätzung erfahren.

(5) Von besonderer Wichtigkeit ist das Bedürfnis der *Selbstentfaltung.* Jeder möchte intuitiv möglichst viel aus seinem Leben machen. Er möchte seine körperliche, seelische und geistige Energie optimal einsetzen, um seine Fähigkeiten und Charismen voll zu entfalten.

All diesen Bedürfnisstufen entsprechend erlernen wir im Laufe des Lebens bestimmte Weisen, wie Bedürfnisse erfüllt werden können. Die Intensität, die jemand mit einem Ziel verbindet, hängt zwar auch von äußeren Gegebenheiten ab. Sie ist aber wesentlich bestimmt durch Erziehung und persönliche Lebensgeschichte. So gibt es beispielsweise Familientraditionen, die Kindern und Kindeskindern vermitteln, wie Bedürfnisse nach Anerkennung und Selbstverwirklichung ihr Erfüllung finden können: durch schulische Bestleistungen, Tüchtigkeit und Durchsetzungsvermögen im Beruf, durch Entfaltung musischer und künstlerischer Begabungen, durch sportliche Leistungen oder durch Opfer- und Dienstbereitschaft.

Chancen auf Erfüllung

Der Beruf des Priesters stellt in hohem Maße Möglichkeiten bereit, jene skizzierten Bedürfnisse zu befriedigen.

Die Möglichkeiten, die unsere Gesellschaft und der finanzielle Rahmen der Kirche bietet, schaffen weitgehende Voraussetzungen für die Erfüllung der Grundbedürfnisse und des Bedürfnisses nach Sicherheit.

Der Bedarf an sozialen Kontakten findet sich nicht selten in einem Übermaß dadurch gedeckt, daß dieser Beruf wesentlich von Beziehungen zu Menschen lebt.

Achtung und Wertschätzung erfährt der Priester, wenn er sich nicht selbst ins Abseits stellt, in den Gemeinden meist schon aufgrund seiner Rolle, seines Amtes. Der Vorschuß an Vertrauen und Achtung ist oft überwältigend.

Der Priesterberuf zählt mit Sicherheit zu jenen Berufen, in denen Kreativität und Entfaltung der persönlichen Talente in hohem Maß gefragt und realisierbar sind. Selbstentfaltung, auch im Sinne persönlicher Charismen des einzelnen kennt nur wenige Grenzen.

Bei genauerer Betrachtung der verschiedenen Bedürfnisstufen zeigen sich wechselseitige Zuordnungen, wenngleich die Übergänge fließend sein mögen: Erst wenn die Grundbedürfnisse ausreichend befriedigt sind, kann sich jemand um Details seiner Sicherheit kümmern. Wenn Sicherheit gewährleistet ist, werden Kräfte frei, sich intensiver um soziale Kontakte zu bemühen. Sind diese zufriedenstellend und erfüllend, bekommen das Bedürfnis nach Anerkennung Bedeutung und das Streben nach Selbstentfaltung.

Umgekehrt kann man sagen: Wenn jemand deutliches Übergewicht bekommt oder sich übermäßigem Alkoholgenuß zuwendet, überzieht er einerseits die Befriedigung eines seiner Grundbedürfnisse und setzt damit sich und vielleicht auch anderen ein Warnsignal. Andererseits erlebt er jene anderen, übergeordneten (seelisch geistigen) Bedürfnisse für sich viel zu wenig befriedigt und reagiert regressiv. Er zieht sich auf das Grundbedürfnis nach Nahrung zurück und erfüllt es in einem Übermaß, um sich eine Ersatzbefriedigung zu schaffen.

So kann man zu Recht die ganze Leiter der Bedürfnisse absteigen: Wenn ein Priester etwa aufgrund seiner endlos vielen Tätigkeiten schon seine persönliche Entfaltung und Verwirklichung zurückstellen muß, dann will er wenigstens Anerkennung und Lob für seine Leistungen, will sich wenigstens seine Selbstachtung erhalten und sucht sie ausschließlich draußen auf der Weide.

Oder: Wenn Selbstachtung und Anerkennung durch andere unerträglich ausbleiben, dann möchte er wenigstens ein bißchen Zuneigung von ein paar bevorzugten oder gar einem Menschen spüren.

Oder: Gerät er – zumindest seinem Empfinden nach – ins soziale Abseits und hat er das Gefühl, viele Menschen zu treffen, aber keine wirklich menschlichen Beziehungen zu finden, dann sucht er Sicherheit und Absicherung. Da kann selbst bei einem Priester die Frage nach einem Arbeitsvertrag laut werden.

Die letzte Rückzugs- bzw. Ersatzbeschaffungsmaßnahme mündet in der Stillung der leiblichen Grundbedürfnisse nach dem Motto: »Man gönnt sich ja sonst nichts.« Wobei nicht übersehen werden soll, daß bei allem Suchen nach Ersatz nicht auch Enttäuschung, Schmerz und stille Not eine erhebliche Rolle spielen können.

Bedürfnisprofile

Zufriedenheit kann auf sehr verschiedene Weise entstehen. Zunächst empfiehlt sich eine nüchterne Analyse der eigenen Erwartungen und Bedürfnisse. Es ist daher ratsam, die fünf Bedürfnisstufen »in stiller Stunde« gründlich zu reflektieren: Was brauche ich unbedingt? Was wäre für mich wünschenswert? Was wäre angenehm, muß aber nicht sein? Um sich selbst nichts vorzumachen, böte sich an, das Gespräch eines Freundes in Anspruch zu nehmen.

In einem zweiten Analyseschritt stehen Fragen an wie: Welche Bedürfnisstufe hat für mich besondere Bedeutung? Für die Erfüllung welcher Bedürfnisse möchte ich auch kämpfen? Welche Wünsche kann und möchte ich zurückstellen?

Die Gewichtung kann sehr verschieden ausfallen. Das wird z. B. beim Antritt einer neuen Stelle deutlich. Wenn ein Priester sich für die Übernahme einer (bestimmten) Pfarrei bereit erklärt hat, stehen in der Regel auch seine Bedingungen oder Wünsche zur Diskussion, die viel von seinem Bedürfnisprofil erkennen lassen. Da gibt es den, der (abgesehen von notwendigen Renovierungsarbeiten) den kompletten Umbau des Pfarrhauses erwartet. Ein anderer legt viel mehr Wert auf die Ausstattung des Pfarrbüros. Der Dritte richtet sein Augenmerk ausschließlich auf die seelsorglichen Schwerpunkte der Gemeinde.

Sicher spielen alle diese Aspekte für jeden irgendwie eine, wenn auch nicht gleichgewichtige Rolle. Bedeutsam sind jedoch in diesem Zusammenhang etwa folgende Fragestellungen: In welchem Bereich gibt es bei mir Empfindlichkeiten? Welcher Aspekt beschäftigt mich im Entscheidungsprozeß am meisten? Zu welchem entwickeln sich die meisten und emotional intensivsten Phantasien? Wann ist es so weit, daß ich sage: »Wenn dies nicht geschieht oder keine Aussicht auf Erfüllbarkeit hat, gehe ich da nicht hin!«?

Aus dem Gesamt der Wünsche, Vorstellungen und deren Gewichtung, aus dem ganz konkreten Spektrum an Bedürfnissen, jenen, die jemand erfüllt haben möchte, oder jenen, auf deren Erfüllung er auch verzichten kann, ergibt sich ein persönliches Bedürfnisprofil.

- Da gibt es Priester, die besonderen Wert auf Wohnkultur legen. Ihr Haus oder ihre Wohnung haben sie mit bewußter Sorgfalt und Geschmack eingerichtet. Möbel, Wandschmuck, die gesamte Gestaltung weisen sie als Ästheten aus. Entsprechende Ambitionen haben sie als Pfarrer auch für die Gestaltung der Kirche.

- Im Gegenzug jene, die persönlich in äußerster Einfachheit leben. Ein Gemeindemitglied charakterisiert seinen Pfarrer: »Er lebt wie ein Bettler, ist aber glücklich, wenn die Kirche voller Menschen ist.«
- Für andere haben der Kontakt und die Zuwendung zu Menschen oberste Priorität. Ihr persönliches Bedürfnis nach Begegnung und Beziehung wurde zur pastoralen Stärke: Pfarrer, die dauernd unterwegs sind, um Menschen zu besuchen und menschliche Nähe und Begleitung anzubieten.
- Andere haben sich darauf eingestellt, daß ihnen z. B. die Gestaltung von lebendigen Gottesdiensten und gut vorbereiteten Predigten Zustimmung und Anerkennung einbringen. Hoch motiviert pflegen sie vor allem diesen Arbeitsbereich.

Es geht hier keineswegs darum, einzelne Bedürfnisprofile gegeneinander auszuspielen, auf- oder abzuwerten. Jeder sollte sein eigenes kennen, kritisch seine Lieblingsbeschäftigungen betrachten, wach seine Bedürfnisse beachten und sie in pastorale Energie wandeln und so auch persönliche Erfüllung finden.

Qualifikation zur Seelsorge

Priesterliche Arbeitskultur erschöpft sich natürlich nicht ausschließlich darin, eine möglichst hohe Zufriedenheit zu erreichen. Es geht ja nicht allein um den Priester, der für sich ein möglichst erfülltes Leben und Arbeiten erreichen möchte. Es geht darüber hinaus um einen Auftrag, eine Sendung. Das bedeutet, auch und insbesondere nach Fähigkeiten und Qualifikationen zu fragen, die der einzelne für seine priesterliche Arbeit mitbringt bzw. erwerben sollte, sowie nach Zielen und Inhalten, die in der Aus- und Weiterbildung eine Rolle spielen (müßten).

Aus- und Weiterbildung werden auf dem Hintergrund gesamtkirchlicher Vorgaben von den Bistümern konzipiert und angeboten. Daneben ist von Anfang an und bleibt es die Aufgabe des einzelnen – schon aus Gründen der Motivation –, selbst für seine pastorale Bildung zu sorgen. Die erste Frage ist nicht: Was sieht ein Bistum für seine Priester an (Aus-/Fort-)Bildung vor? Die erste Frage ergeht an den einzelnen: Welche Talente hat Gott mir gegeben, was habe ich daraus gemacht, was möchte/sollte ich daraus machen (vgl. Mt 25,14-30)?

Die beruflichen und persönlichen Qualifikationen, die ein Priester für seine seelsorglichen Aufgaben braucht, lassen sich ganz gut in einem Kompetenz-Quadrat darstellen. Vier Bereiche, die in sich von Bedeutung sind und sich zugleich wechselseitig bedingen und beeinflussen, benennen notwendige Qualifikationen:

(1) Fachkompetenz
(2) Organisationskompetenz
(3) Psychische und soziale Kompetenz
(4) Spiritualitätskompetenz

(1) Fachkompetenz

Durch ein langes Studium hat sich jeder Priester ein recht hohes Fachwissen, d. h. theologische Kompetenz erworben. Selbst wenn er in seinem theologischen Diplom nur ein »befriedigend« erreicht haben sollte, versteht er in der Regel mehr von Theologie als alle anderen Mitglieder der Gemeinde. Hinzu kommen pastorale Grundqualifikationen, die er in seiner pastoralen Aus- und Weiterbildung erworben hat: Umgang mit einzelnen und Gruppen, Gesprächsführung, rhetorische und homiletische Fähigkeiten, ein Wissensfundus für die Bewältigung verschiedener seelsorglicher Felder.

Theologisches Fachwissen und pastorale Qualifikationen fließen permanent in die seelsorgliche Praxis ein und werden fortwährend überprüft, erweitert, vertieft. So entstehen im Laufe der Jahre eine Berufserfahrung, ein Praxiswissen, ein Know-how, das weit über das hinausgeht, was in Studium und Ausbildung ursprünglich erworben wurde. Freilich setzt reflektierte Berufserfahrung das Bemühen des einzelnen voraus, etwa durch Lesen und persönliches Studium, durch Kurse und Inanspruchnahme von Begleitung sich selbst in Bewegung und Entfaltung zu halten.

(2) Organisationskompetenz

Ein Priester kommt – sei es in der Pfarrei, sei es im Lehrberuf, sei es in der Bildungstätigkeit – ohne Organisation nicht aus. Dabei beginnt alle Organisation bei ihm selbst: Kann er sein Leben, seine Zeit, seine Kraft so organisieren, daß er nicht wie ein gehetztes Wild von Termin zu Termin jagt? Es gibt ein einfaches Verfahren, um für sich selbst herauszufinden, wie es mit der Selbstorganisation steht. Die Art und Weise, wie ich mich den anderen mit meinem Zeitbudget präsentiere, sagt etwas darüber aus, ob und wie ich mich organisiere.

Da ist der Priester, der seinen Gesprächspartnern das Gefühl und die Sicherheit vermittelt, jetzt wirklich für sie da zu sein. Er hört, fragt in Ruhe nach. Man merkt ihm an, daß er nicht neben dem Gespräch noch etwa in Gedanken eine nächste Sitzung vorbereitet. Er läßt sich durch nichts von seinem Gesprächspartner ablenken.

Ein solcher Stil setzt voraus, daß um das Gespräch herum zeitlich alles so geordnet ist, daß der Pfarrer nicht unruhig zu sein braucht und unbedingt auf die Zeit achten muß. Wenn noch andere ein Gespräch wünschen, räumt er dafür eine gute Zeitspanne ein. Wenn er eine Sitzung oder eine Schulstunde vorbereiten muß, hat er dafür bewußt Zeit eingeplant. Er hat sogar Zeit für Unvorhergesehenes vorgesehen, Freiräume, damit er flexibel auf akute Vorgänge reagieren kann. Und wenn die Zeit zu Ende ist (d. h. 24 Stunden minus Schlaf, minus Zeit für sich selbst und das Gebet), dann läßt er sich nicht aus der Ruhe bringen. »Jeder Tag hat genug eigene Plage« (Mt 6,34). Und morgen ist wieder ein Tag! – Das Gegenmodell sieht etwa so aus:

Der Pfarrer vermittelt den Gemeindemitgliedern, seinen Mitarbeitern und Mitbrüdern fortwährend das Gefühl der Überlastung. Er taucht beim Elternabend zur Erstkommunionvorbereitung für zehn Minuten auf, um zu erklären, daß er nicht bleiben könne, noch weitere Termine habe und alles Gute für das Gespräch wünsche. Ein regelmäßige Tätigkeit ist der Blick auf die Uhr.

Spätestens dann müßte eine kritische Selbstreflexion einsetzen, wenn die Menschen etwa so ein Gespräch eröffnen: »Entschuldigung, Herr Pfarrer. Ich weiß, daß Sie viel zu tun haben. Aber könnten Sie vielleicht doch bitte einmal...?« Solche Sätze sind keine Würdigung des priesterlichen Engagements, sondern ein Alarmsignal dafür, daß die Menschen beginnen, immer weniger von ihrem Pfarrer zu erwarten. Sie wagen sich nicht mehr an ihn heran, erhoffen keine oder nur widerwillige Zuwendung.

Selbstorganisation bedeutet: einsehen und akzeptieren, daß ich nicht alles tun kann, was vielleicht wünschenswert wäre. Ich muß mich und meine Arbeit begrenzen, was bedeutet, Prioritäten und Optionen für die Arbeit zu setzen und den entsprechenden Aufgaben bestimmte, festgelegte Zeiten einzuräumen. Wer das nicht im Laufe der Zeit lernt, dem läuft die Zeit davon. Seine Arbeitszufriedenheit sinkt, sein Puls steigt. Er hat immer deutlicher das Gefühl, seinem priesterlichen Auftrag nicht nachkommen zu können.

Wer sich dagegen selbst zu organisieren weiß, kann auch organisatorische Aufgaben anderer Art angehen: die Pfarrverwaltung steuern, einen Etat aufstellen und verwalten oder verwalten lassen, Mitarbeiterinnen und Mitarbeiter je nach ihren Fähigkeiten zum Zuge kommen lassen, Arbeit koordinieren, Kooperation fördern.

(3) Psychische oder soziale Kompetenz

Strukturieren-Können reicht als Qualifikation in der Seelsorge nicht aus. Es bedarf auch der Fähigkeit,

- mit sich selbst und mit den anderen einfühlsam umzugehen,
- Leitungsaufgaben zu bejahen,
- die eigene Rolle als Priester (und Pfarrer) anzunehmen,
- mit den Mitarbeiterinnen und Mitarbeitern so umzugehen, daß deren Motive, Interessen, Bedürfnisse und Fähigkeiten optimal genutzt werden,
- Kommunikationsprozesse gestalten zu können,
- zielorientiert zu arbeiten,
- volles Vertrauen in sich und andere zu haben, gestellte Aufgaben bewältigen zu können,
- Entwicklungen im Blick zu behalten.

Die Zukunftsperspektiven bezüglich Seelsorgepersonal sehen für die Kirche in unseren Breiten anders aus, als die meisten es sich wünschen. Nicht nur die Priesterzahlen gehen rapide zurück. Auch die Zahl der anderen pastoralen Mitarbeiterinnen und Mitarbeiter, besonders die der Gemeindereferentinnen, sinkt. In einem Zukunftsszenarium etwa für das Jahr 2020 kann man damit rechnen, daß in größeren Seelsorgeeinheiten, etwa Pfarrverbänden, nur noch ein *Priester zu Verfügung steht.*
Diese Vorstellung bereitet jüngeren Priestern zunehmend Ängste: »Was wird da über uns hereinbrechen?« »Ich bin unter dem Bild des Pfarrers einer Gemeinde angetreten. Ich weiß nicht, ob ich das, was in Aussicht steht, kann und will.« »Ich bin gerne Priester geworden. Aber Pfarrer in diesem Stil – das kann ich nicht, und das will ich nicht!«
Wenn Priester wegen Überlastung zusammenbrechen oder mit einem Herzinfarkt im Krankenhaus liegen, geht durch die Reihen vieler – inzwischen immer öfter auch ausgesprochen – die Befürchtung: »Wann kommt der nächste dran?« Oder: »Wann bin ich dran?« Kollektive Fragen werden gestellt: »Was geschieht da mit uns?« Eigene Häuser zur Wiederherstellung der psychischen Gesundheit von Priestern bedeuten für manche eine Zuflucht und Perspektive, für andere eine Horrorvision mit der Emotion: »Wenn mir das passiert ...!«

Es gibt nur *eine* befriedigende Antwort für dieses Dilemma: Jeder einzelne muß für sich klären, was seine Fähigkeiten und psychischen Kräfte sind. Führungsverantwortung in komplizierten und großen Systemen übernehmen zu müssen und zu wollen ist die eine Sache. Sie übernehmen zu können eine manchmal ganz andere. Es ist möglich, daß ein Pfarrer mit einem oder zwei Mitarbeitern bestens zu Rande kommt, eine Schar von zehn ihn dagegen überfordert.

Hier kommt ganz deutlich die Frage: Wer kann und soll welche Aufgaben übernehmen? Dabei geht es nicht darum, wer der »bessere« Pfarrer und Priester ist. Es geht zuerst darum: Welche Fähigkeiten, die sehr verschieden aussehen können, möchte und kann ich einbringen?

- Da mag es Priester geben, die bei der Leitung einer Großraumpfarrei regelrecht aufblühen. Mit um so mehr Mitarbeiterinnen und Mitarbeitern sie die Seelsorge bestreiten, desto wohler fühlen sie sich.
- Ein anderer fühlt sich in einem überschaubareren Rahmen wohler und sicherer. Seine Stärke ist nicht die Organisation, sondern die Arbeit mit einzelnen und kleinen Gruppen. Für ihn ist eine kleinere Seelsorgeeinheit richtig.
- Ein dritter hat ein ausgesprochenes Talent in der Einzelseelsorge. Sein ihm entsprechendes Arbeitsfeld ist beispielsweise das Krankenhaus.

Die Organisationskompetenz sowie die soziale Kompetenz der Bistumsleitung werden sich darin ausweisen, die verschiedenen »Priestertypen« so einzusetzen, daß deren Fähigkeiten und Charismen optimal zum Zuge kommen können. Alle »Typen« haben ihre Vorzüge. Alle werden gebraucht. Alle gemeinsam ergeben das Bild vom Priester.

(4) Spiritualitätskompetenz

Fach-, Organisations- und psychisch-soziale Kompetenz werden erst dann zu wirksamen Kompetenzen eines Priesters und Pfarrers, wenn sie geistlich durchdrungen und zusammengehalten sind. Gemeinden brauchen keine Pfarreimanager, sondern Priester, die authentisch aus ihrer geistlichen Mitte leben und arbeiten, ihre erlernte Theologie ins Leben umsprechen können, eingeübte Methoden – z. B. der Gesprächsführung – nicht reproduzieren, sondern tatsächlich annehmende und zuhörende Menschen sind, ihre Tätigkeiten auf dem Hintergrund des Evangeliums befragen sowie über ihren persönlichen Glauben vor und mit anderen sprechen können, ohne zu bedrängen.

Nach einer Supervision, die besonders gut gelungen war, bat jemand aus der Gruppe, das Treffen dieses Mal mit einem Gebet zu schließen. Entrüstet protestierte ein anderer, die Supervision sei in sich so gut gewesen, warum nun am Ende noch eine »from-

me Soße« darüber gegossen werden solle. Es müsse ja wohl nicht immer gleich alles spiritualisiert werden.

Hier wird die Gefahr deutlich, die verschiedenen Kompetenzbereiche getrennt zu betrachten und nicht gemeinsam zum Zuge kommen zu lassen. Priesterliche Arbeitskultur zeichnet sich jedoch wesentlich dadurch aus, das Ineinander jener Bereiche bewußt zu suchen, zu fördern und harmonisch miteinander zu verzahnen.

- Dahin können persönliche Meditation und Gebet führen, etwa durch folgende Besinnungsfragen: Was wurde mir in dieser oder jener Situation geschenkt? Was könnte der Impuls gewesen sein, den Gott in dieser Begegnung für mich bereithielt? Welche Szenen oder Worte der Heiligen Schrift fallen mir ein, die mich in diesem Zusammenhang weiter inspirieren können?
- Jenes Ineinander kann auch in der gemeinsamen Reflexion der pastoralen Mitarbeiterinnen und Mitarbeiter oder im Gespräch der gemeindlichen Gremien eine Rolle spielen: Welche spirituellen Aspekte deuten sich in diesem aktuellen Problem, in jenem zu organisierenden Vorhaben an? Was könnte von Bedeutung sein für den Weg, auf den Gott unsere Gemeinde, unsere Gruppe führen will?

Diese und ähnliche Fragen sind nicht »fromme Soße« über das, was so und so abläuft. Sie bringen grundsätzliche Perspektiven ein: Wir arbeiten nicht nur in eigenem Namen, sondern in einer Sendung. Wir halten nicht die Geschicke selbst in Händen, sondern sind offen für die Wege und Impulse Gottes. »Dein Wille geschehe«, und nicht das, was wir uns in den Kopf gesetzt haben. Wir sind Gottes Mitarbeiter und nicht er unser Erfüllungsgehilfe. Freilich: sich selbst, das eigene Denken und Planen – bei allem fachlichen Wissen und aller organisatorischer Fertigkeit – gleichsam immer auch unter dem Himmel stattfinden zu lassen, mag manchmal gänzliches Neuland, manchmal Erinnerung, manchmal Provokation sein.

Keine Angst vor Rückmeldung

Zu den weißen Flecken auf der Landkarte des Arbeitsfeldes eines Priesters gehört allzu oft, keine ehrliche Rückmeldung zu erhalten. Lob und Zustimmung kommen ab und zu bei ihm an. Echte, hilfreiche Kritik dagegen ist selten.

In zahlreichen Märchen gibt es immer wieder einmal einen König, der wissen will, was seine Untertanen von ihm denken. Ein großes Anliegen dieses Königs ist es, sein Volk so gut wie möglich zu regieren. Er schickt seine Diener aus, damit sie auf Marktplätzen und in den Häusern hören, was und wie die Menschen von ihrem König sprechen.

In anderen Märchen mischt sich der König inkognito unter die Menschen, um selbst zu hören, welche guten Eigenschaften man ihm zuspricht und welche schlechten man beklagt.

Im Originalton anzuhören, was die Menschen beispielsweise von ihrem Pfarrer denken, ist nicht jedermanns Sache. Da braucht es eine starke Persönlichkeit, nicht nur – um des guten Eindrucks wegen – zum Ausdruck zu bringen, man sei durchaus interessiert und offen für jedwede Rückmeldungen, sondern sie sich gezielt einzuholen und dann mit wachem Ohr und einer guten Portion Selbstkritik anzunehmen und ernst zu nehmen.

Kritische Äußerungen vor einem breiteren Publikum – wie etwa in einem Pfarrgemeinderat, im Diözesanrat oder im Priesterrat – anzunehmen, kann ebenfalls sehr anstrengend sein – und dient wohl auch nicht in jedem Fall einem ehrlich gemeinten Feedback. Darum folgender Hinweis: Es wird sich als hilfreich erweisen, einige, wenn auch wenige Menschen in meinem Arbeitsfeld zu haben, die es wagen, mir in Offenheit und Freimut zu unterbreiten, wie sie mich als Person und in meiner Arbeit erleben. Von ihnen sind keine verallgemeinernden Aussagen zu erwarten, was »man« in der Gemeinde denkt, sondern konkrete Eindrücke von konkreten Menschen. Ihnen kann ich dann auch meinerseits Nachfragen stellen und – nicht zuletzt auch zu meiner eigenen Entlastung – meine Beweggründe erklären.

Allerdings darf kaum damit zu rechnen sein, daß sich jemand von selbst zu dieser nicht leichten Aufgabe meldet. An mir als Priester wird es liegen, auf Menschen meines Vertrauens zuzugehen und sie um Rückmeldung zu bitten. »Menschen meines Vertrauens« meint natürlich nicht solche, die mir vermutlich in allem zustimmen. Am besten eignen sich für diese Art des persönlicheren Austauschs jene, bei denen ich einerseits das Gefühl der Solidarität und Loyalität spüre, die sich andererseits erfahrungsgemäß nicht scheuen, mir auch öffentlich zu widersprechen.

Impulse zum Weiterdenken

Priesterliche Arbeitskultur heisst für mich:

- Arbeitszufriedenheit als Wert erkennen,
- auf gute Arbeitsbedingungen achten,
- gute Zusammenarbeit der haupt- und ehrenamtlichen Mitarbeiterinnen und Mitarbeiter bewußt fördern,
- auf meine Erwartungen und Bedürfnisse Rücksicht nehmen,
- Verzicht um der Arbeit willen,
- hohe Fachkompetenz,
- Fähigkeit zu organisieren,
- Fähigkeit, sich in andere Mitarbeiter hineinzudenken,
- spirituelle Durchdringung der täglich anfallenden Arbeit,
- ...

Wie sieht meine Prioritätenskala aus, und wie begründe ich den jeweiligen Stellenwert für mich selbst?

Mein »Energiekuchen«

Um meine tatsächliche Zufriedenheit oder Unzufriedenheit mit meiner Arbeit zu ermitteln, schaue ich mir – graphisch sichtbar – meinen »Energiekuchen« an:

- Teilen Sie den Kuchen Ihrer Arbeitskraft in Stücke auf, die Ihren verschiedenen, konkreten Arbeitsfeldern zeit- und kräftemäßig entsprechen. Diese Aufteilung macht den Ist-Stand deutlich sichtbar.

- Dann zeichnen Sie einen zweiten Energiekuchen, den Sie so aufteilen, wie es eigentlich Ihren Wünschen und pastoralen Überlegungen entspricht (Soll-Stand).
- Wird beim Vergleich der beiden Bilder Diskrepanz deutlich? Wie stark?
- Möchten Sie an der Diskrepanz etwas verändern?
- In welcher Weise und in welche Richtung?
- Was oder wer steht einer solchen Veränderung im Weg?

Erstellen eines Bedürfniskatalogs

- Körperliche Bedürfnisse
- Bedürfnis nach Sicherheit
- Bedürfnis nach sozialen Kontakten
- Bedürfnis nach Selbstachtung und Anerkennung von außen
- Bedürfnis nach Selbstverwirklichung
- ...

Bei diesem Katalog geht es zunächst nicht darum, daß alle diese Bedürfnisse befriedigt werden. Es ist erst einmal wichtig, mir selbst klarzumachen, welche Bedürfnisse ich habe. – Dann kann ich sondieren und Schwerpunkte setzen:

- Was brauche ich unbedingt?
- Was ist für mich wünschenswert?
- Was wäre angenehm, muß aber nicht sein?
- Was möchte ich in Zukunft beachten und konkret angehen?

Die Fruchtbarkeit meiner Arbeit

Vorschläge zur Meditation folgender biblischer Texte unter der Perspektive der seelsorglichen Arbeit und ihrer Fruchtbarkeit (siehe auch die synoptischen Parallelen zu Mt):

Mt 6,19-21	Mt 6,25-34
Mt 8, 23-27	Mt 10,16-39
Mt 13,1-9	Mt 13,31-33
Mt 13,36-43	Mt 13,44-46
Mt 13,54-58	Mt 18,6-11
Mt 18,12-14	

Leitung wahrnehmen – Führungskultur

Der Kirche gehen die Priester aus. Deshalb wird genommen, was kommt. Das Ergebnis: »Dreiviertel der Kandidaten sind komische Leute und als Geistliche ungeeignet.« – So lautet das Resümee, das ein Pastoraltheologe gegenüber einem der großen deutschen Wochenmagazine zur Frage zieht, wie sich die geringe Zahl von Bewerbern auf die Qualität der Priester auswirke. Es gibt manches zur jungen Generation der Priestern zu sagen: über ihre Vorstellungen, wie Priester heute sein und leben sollen, über ihre Art des Engagements. Man kann Anfragen an ihre Belastbarkeit stellen und vieles andere mehr.

Doch Entschuldigung: Wenn man solche Artikel liest, entsteht das Bild, daß die Priester immer mehr zu einer »Kaste schmalbrüstiger Typen« degenerieren, die im sonstigen Leben nicht zurechtkämen und darum ins Priesterseminar flüchteten. Probleme der heutigen Priesterausbildung werden vielerorts besprochen. Doch – das heutige Wissen über die Qualität der Priester im Laufe der Kirchengeschichte (und nicht nur im »finsteren Mittelalter«) läßt erhebliche Zweifel aufkommen, ob es mit der pastoralen Kompetenz der Priester heute tatsächlich bergab geht. Zudem sei die Nachfrage erlaubt: Wendeten wir jenes Kompetenzspektrum und Anforderungsprofil auf Priestergenerationen früherer Zeiten an, sähe das Bild anders aus?

Die folgenden Überlegungen gehen von der Überzeugung aus, daß Jesus Christus aus jeder Generation Menschen zum Dienst des Priesters beruft. Es mag durchaus sein, daß Priester verschiedener Generationen aufgrund unterschiedlicher gesellschaftlicher und mentalitätstypischer Herkunft – wie in anderen Berufen auch – ihr Leben und Arbeiten unterschiedlich gestalten. Doch dies besagt noch wenig über die Qualität und Glaubwürdigkeit ihrer Persönlichkeit.

Leitung übernehmen

Eine andere Frage ist, ob alle Priester zur Leitung von Pfarreien oder gar größerer Seelsorgeeinheiten wie etwa Pfarrverbände geeignet sind. Führungsqualitäten werden natürlich nicht durch Weihe übertragen. Führungskompetenz ist eine Frage der jeweiligen Persönlichkeit und ihrer Fähigkeit, mit Gruppen und Teams umzugehen. Darum ist die Aussage nicht weniger junger Priester realistisch: »Ich bin gerne Priester, aber nicht unbedingt geeignet als Pfarrer.«

Pfarrer im Sinne des Leiters einer Gemeinde kann darum nur werden, wer von sich aus tatsächlich Führung und Leitung übernehmen will *und* entsprechende Fähigkeiten besitzt. Ob er diese Fähigkeiten besitzt, muß nach möglichst klaren Kriterien festgestellt werden.

In einer Gruppe von Pfarrern stellte ein eher ängstlicher Priester die Frage: »Was berechtigt mich eigentlich, mich jeden Sonntag vor meine Gemeinde zu stellen und ihr zu sagen, wie christliches Leben auszusehen hat? Jeden Sonntag rede ich eine Viertelstunde vor Hunderten von Menschen, ohne daß mir einer widersprechen kann. Natürlich bin ich mir bewußt, daß ich vom Bischof geweiht und in diese Gemeinde geschickt wurde. Doch ich tue mich schwer, den Menschen zu sagen, wo es langgeht.«
Die Mitbrüder verwiesen auf den Auftrag der Gemeindeleitung. Es sei doch die Aufgabe des Priesters, das Wort Gottes zu verkünden und Weglinien des christlichen Lebens zu zeichnen. Doch das konnte der Fragende nicht so recht annehmen. Ihm sei das Bild vom guten Hirten und von Jesus, der den Aposteln die Füße wäscht, näher als das Bild eines Menschen, der bestimmt, was gemacht wird.

Unter aszetischer, selbstkritischer Perspektive erscheint jene Fragestellung durchaus wichtig und notwendig. Sie schützt den Prediger vor Überheblichkeit, vor übereifrigen, vorschnellen Rezepten zum Leben der Christen. Er ist selbst ein Suchender und kein Superchrist, dem es aufgrund besonderer, herausragender Vorzüge zustünde, Menschen zu belehren.

Unter der eher strukturellen Perspektive, daß Gemeinde auch Kompetenz- und Organisationsstrukturen braucht und von unterschiedlichen »Gnadengaben« lebt, lautet jedoch die klare Frage an jenen Pfarrer: Willst du eigentlich Pfarrer sein, d. h., willst du den Leitungs- und Verkündigungsdienst in der Gemeinde übernehmen? Bist du bereit, kraft deiner Beauftragung durch den Bischof den Dienst des Wortes und der Führung in der Gemeinde im Zusammenspiel aller anderen Dienste und Charismen wahrzunehmen?

Wer eine innere Abneigung dagegen besitzt, die Zügel in die Hand zu nehmen, wer keine Freude daran hat, leitend mit anderen an Zielen und Projekten zu arbeiten, der sollte nicht Pfarrer, d. h. Gemeindeleiter werden. Er wird sich selbst in einen dauernden Konflikt bringen: Einerseits suggeriert seine Rolle als Pfarrer kompetente Leitung, auf die die Menschen einer Gemeinde auch einen Anspruch haben. Andererseits wehrt er sich, vielleicht eher unbewußt, diese Leitung auszuüben. Das führt notwendigerweise zu Irritationen.

Leitung und Macht

Leitungsfunktion wahrzunehmen hat immer auch mit »Macht« zu tun. Wer leitet, besitzt beispielsweise die Macht, Gespräche zu strukturieren, Themen und Diskussionsrichtungen zu forcieren, Entscheidungen vorzubereiten und durchzusetzen.

»Macht« hat jedoch weithin einen üblen Beigeschmack. »Macht« konnotiert landläufig: Rücksichtslosigkeit, Selbstsucht, Eigensinn, Herrschaftsgebahren, Parteilichkeit. Wer seine Macht bewußt ausspielt – so der psychologisch geschulte Diagnostiker –, hat es meist persönlich nötig. Unter Umständen deshalb, weil er in seiner Aufgabe fachlich nicht kompetent genug ist, zu wenig einleuchtende und überzeugende Argumente besitzt.

Gemeinden, pastorale Mitarbeiter, einschließlich Kapläne, die ja selbst Priester sind, klagen nicht selten über die Argumentationskeule »Ich bin der Pfarrer!«. Dieser Satz steht meist am Ende einer längeren Diskussion um seelsorgliche Fragen. Da es kaum Dinge gibt, die man nur so, nicht aber auch ganz anders sehen und tun kann, ist in einer Gemeinde ständig für Diskussionsstoff gesorgt: zur Liturgie, zur Gruppenarbeit, zur Katechese, zur Pfarrverwaltung, zur Geldverteilung, zu fast allem und jedem.

Wie jemand seine ihm übertragene Leitungsfunktion ausübt, kann in sehr unterschiedlicher Weise geschehen und entsprechend variierende Reaktionen hervorrufen:

Im Pfarrgemeinderat geht es um die Frage, an welchem Tag im kommenden Jahr die Feier der Erstkommunion stattfinden soll. Diese Frage wurde bereits mehrmals in diesem Gremium diskutiert. Der Pfarrer möchte aus verschiedenen Gründen vom traditionellen Weißen Sonntag abrücken. Es entsteht erneut eine Diskussion.

Modell 1: *Der Pfarrer hat seine Argumente vorgetragen, ohne den Pfarrgemeinderat überzeugen zu können. Ihm ist die Realisierung seiner Sicht und seines Vorhabens jedoch so wichtig an, daß er auf jeden Fall bei seiner Position bleiben will. Er beendet die Diskussion, indem er seine Amtsautorität als Pfarrer bemüht. Er geht davon aus, daß seine Stellung Richtlinienkompetenz und Vetorecht einschließt. Die Reaktion der Gesprächsteilnehmer: Verärgerung und das Gefühl, mit ihren Ansichten und Vorstellungen nicht ernstgenommen zu werden.*

Modell 2: *In der gleichen Situation versucht der Pfarrer, im Gespräch die Beweggründe der verschiedenen Positionen zu beleuchten und nicht nur seine eigene zu verteidigen. Entscheidungshilfen werden zusammengetragen. Wenn trotz allen Bemühens keine Einigung zu erzielen ist und eine Entscheidung nicht mehr länger hinausgeschoben werden kann, ist die Leitungsfunktion des Pfarrers gefragt. Er formuliert etwa so: »Wir müssen jetzt zu einer Entscheidung kommen, da morgen bekanntlich der erste Elternabend zur Erstkommunionvorbereitung stattfindet. Ich bin mir bewußt, daß jetzt nicht alle mit meinem Vorschlag einverstanden sind. Doch bitte ich zu akzeptieren, daß...« Die Reaktion* *der Gesprächsteilnehmer: Einsicht, daß nun die Leitung den Entscheidungsprozeß zu Ende bringen muß, und vielleicht auch Erleichterung, so aus der Sackgasse herauszukommen.*

Leitung und Entscheidung

Bei der Frage, wie Leitung sinnvoll und effektiv wahrgenommen werden soll, bedarf es der wichtigen Unterscheidung von Leitungskompetenz und Entscheidungskompetenz. Für jedes Gespräch muß klar sein: Wer leitet das Gespräch? Wer entscheidet am Ende? Es ergeben sich z. B. in einem Pfarrgemeinderat folgende Möglichkeiten:

(1) Der Pfarrer leitet das Gespräch und entscheidet am Ende letztlich allein. Die Gesprächsteilnehmer sind nur beratend tätig.

(2) Ein anderer Gesprächsteilnehmer (etwa der Vorsitzende des Pfarrgemeinderats) leitet das Gespräch. Am Ende entscheidet letztlich der Pfarrer allein. Die anderen Gesprächsteilnehmer beraten nur.

(3) Der Pfarrer leitet das Gespräch, bindet sich aber an die Mehrheitsentscheidung des gesamten Gesprächskreises. Nur wenn es insgesamt zu keiner Einigung kommt, greift er in den Entscheidungsprozeß maßgebend ein.

(3) Ein anderer Gesprächsteilnehmer leitet das Gespräch. Der Pfarrer hat Sitz und Stimme wie alle anderen Gesprächsteilnehmer.

Gäbe es in den Gemeinden eine ausgesprochene Klarheit darüber, in welcher Situation des Gemeindelebens welche Möglichkeit gilt, könnten viele Mißverständnisse und Streitereien vermieden werden. Unklare Situationen entstehen z. B.,

- wenn der Pfarrer die Leitung eines Gesprächs beansprucht, das Gespräch aber einfach laufen läßt;
- wenn der Pfarrer die Entscheidung für sich alleine beansprucht, sie aber dauernd hinausschiebt;
- wenn der Pfarrer so tut, als wenn alle mitentscheiden könnten, sogar Abstimmungen zuläßt, dann aber doch seine eigenen Vorstellungen praktiziert;

- wenn der Pfarrer signalisiert, daß er Gesprächsteilnehmer wie alle anderen ist, sich aber so beherrschend einbringt, daß alle anderen Argumente und Meinungen zweitrangig erscheinen.

Daraus ergibt sich die Regel: Bevor ein Gespräch oder eine Sitzung beginnt, in der Entscheidungen anstehen, muß für alle Beteiligten klar sein, wer leitet und wer entscheidet. »Macht« ist in diesem Zusammenhang keine verdächtige Sache, sondern die klare Befugnis, zu leiten und zu entscheiden. Und diese Macht muß klar und überschaubar verteilt sein.

Leitung und Überforderung

Pfarrer M., knapp vierzig Jahre, kam in seiner bisherigen Gemeinde sehr gut zurecht. Nun wurde er in einen Seelsorgebezirk versetzt, der mehrere Pfarreien umfaßt. Er muß sieben Gottesdienststellen versorgen, an drei Pfarrgemeinderäten und Verwaltungsräten teilnehmen. Er hat zwar vier Mitarbeiter bzw. Mitarbeiterinnen. Doch spürt er sehr bald, daß er physisch und psychisch mit dieser Situation nicht zurecht kommt.

Er wird in seiner Arbeit hektisch. Immer öfter kommt es vor, daß er beispielsweise in einem Pfarrgemeinderat »ausrastet«, die Leute lautstark attackiert und ihnen ungerechtfertigte Vorwürfe macht. Nach und nach verabschieden sich langjährige ehrenamtliche Mitarbeiterinnen und Mitarbeiter. Mehrere Gruppierungen lösen sich auf. Nach etwa einem Jahr beruhigt sich im Pfarrhaus und in der Gemeinde die Situation.

Zwei Jahre später geht die Gemeindereferentin in Mutterschafts- und Erziehungsurlaub. Eine Aushilfe kann nicht gefunden werden. So müssen der Pfarrer und die anderen Mitglieder des Teams deren Aufgaben mitübernehmen. Und wieder kommt es zu ähnlichen Reaktionen und Mißstimmungen: Pfarrer M. agiert hektisch und verleidet den Menschen zunehmend ihre Mitarbeit ...

Pfarrer M. fühlt sich mit der Situation seiner Gemeinden entschieden überfordert. Ein Zurück gibt es für ihn scheinbar nicht. Er würde vor sich und den anderen dokumentieren, gescheitert zu sein. Er greift – vielleicht ganz unbewußt – zu einer Methode, um die Situation seinen realen Möglichkeiten anzupassen: Er vergällt den Ehrenamtlichen so lange ihre Mitarbeit, bis sich ihre Schar auf eine für ihn überschaubare Zahl reduziert. Weniger Mitarbeiter, weniger Gruppen, weniger Arbeit. Durch den Weggang der Gemeindereferentin wiederholt sich der Vorgang.

Ein kompliziertes Seelsorgesystem wie das geschilderte zu leiten, bedarf spezifischer Kompetenzen. Pfarrer M. ist kein schlechter Pfarrer. Das hat er in seiner alten Gemeinde bewiesen und erfahren. Nur passen seine Fähigkeiten nicht zu dem neuen Seelsorgebezirk. Mehrere Kleinsysteme nebeneinander zu leiten, die vielfältigen Arbeitsfelder zu koordinieren und bei allem den Überblick zu behalten, erfordert andere, spezielle Fähigkeiten, braucht andere Denk- und Arbeitsstrukturen, als sie in einem einheitlichen Gemeindesystem möglich sind.

Es geht hier also nicht um »bessere« oder »schlechtere« Pfarrer. Nicht um Pfarrer, die mehr oder weniger arbeiten können und wollen. Es geht darum: Wer paßt wohin? Wer kann wo am besten seine Fähigkeiten einsetzen und zum Nutzen aller entfalten?

Überforderung kann verschiedene Ursachen haben. Eine der häufigsten: der falsche Mann am falschen Ort. Wer für sich zu der Erkenntnis kommt, oder wem andere signalisieren, daß er überfordert ist, braucht nicht gleich an sich selbst zu zweifeln. Er sollte statt dessen nachdenken oder mit verläßlichen Freunden darüber sprechen, ob sein Arbeitsfeld das für ihn richtige ist, – und sich dann ein Herz fassen, ein Gespräch mit dem Personalchef des Bistums führen und Konsequenzen ziehen. Nicht der »steht seinen Mann«, der sinnlos, auf Biegen und (Zer-)Brechen durchhält, sondern wer sinnvoll seine Kräfte an der richtigen Stelle einsetzt, oder?

Leitung und »Letztverantwortung«

Eines der schwierigsten Kapitel, wenn es um Leitung einer Gemeinde durch den Pfarrer geht, ist der Begriff der »Letztverantwortung«. Dieser Begriff könnte mißverstanden werden in dem

Sinne, daß der, der diese Verantwortung trägt, an allem schuld sei, vor allem, wenn etwas schiefgeht.

Führen, leiten, Letztverantwortung tragen meint etwas ganz anderes: seine Mitarbeiterinnen und Mitarbeiter gemäß ihren Kräften und Fähigkeiten im Blick auf ein gemeinsames Ziel motivieren, mit den ihnen entsprechenden Aufgaben betrauen und dafür sorgen, daß sie unter möglichst guten Bedingungen ihre Arbeit tun können. Für das, was sie tun und wie sie es tun, sind sie jedoch selbst verantwortlich.

Frau B. hat als neue Gemeindereferentin die Firmkatechese übernommen. Sie ist beauftragt, eine Firmmappe zu erstellen, die Firmkatechesen vorzubereiten, ehrenamtliche Katechet(inn)en zu gewinnen und zu begleiten und das ganze Projekt bis zur Firmung zu organisieren.
Sehr bald stellt sich heraus, daß sie mit zwei der Firmkatecheten Probleme hat. Diese beschweren sich beim Pfarrer über die angebliche Unfähigkeit der Gemeindereferentin. Sie bereite die Katechetenrunden nicht gründlich genug vor und sei nicht bereit, auch einmal selbst unterstützend in die Firmgruppen zu kommen.
Der Pfarrer fragt zurück, ob diese Probleme und Erwartungen schon einmal in der Runde besprochen worden seien. Dies war bisher nicht oder nicht ausdrücklich der Fall. Der Pfarrer bittet darum, zuerst im Kreis der Katecheten die Erwartungen an die Gemeindereferentin klar zu formulieren und mit ihr selber darüber zu sprechen.

Der Pfarrer läßt die Verantwortlichkeit für die Firmvorbereitung zu Recht dort, wohin sie vereinbarungsgemäß gehört: bei der Gemeindereferentin und den Firmkatecht(inn)en. Damit erreicht er gleich mehreres:

- Wenn die Gemeindereferentin von jenem Gespräch der Katecheten mit dem Pfarrer erfährt, wird sie sich durch dessen Reaktion in ihrer Verantwortung ernstgenommen und geachtet fühlen.
- Die Katecheten werden darauf verwiesen und gebeten, ihre Probleme nicht auf der Autoritäts-, sondern auf der Gesprächsebene der unmittelbar Beteiligten zu lösen.

- Die Katechetenrunde hat aufgrund eines solchen Gesprächs die Chance, Vertrauen unter allen Beteiligten aufzubauen und dadurch intensiver zusammenzuwachsen.
- Der Pfarrer reißt nicht die Verantwortung im Sinne einer »Letztverantwortung« an sich und erspart sich damit einen unnötigen Konflikt mit der Gemeindereferentin.

Eine alternative Reaktion wäre: Der Pfarrer stimmt den Beschwerden nach dem Muster »Das geht so wirklich nicht! Ich werde umgehend mit der Gemeindereferentin sprechen« zu. Er würde damit vordergründig bei den sich beschwerenden Katecheten Verständnis signalisieren und Sympathie ernten. Die Atmosphäre unter den für die Firmkatechese unmittelbar Zuständigen würde aber durch eine solche Intervention von seiten des Gemeindeleiters wahrscheinlich noch mehr Schaden nehmen.

Nicht nur solche Beziehungsebenen lassen geraten erscheinen, den Begriff und die Inanspruchnahme einer »Letztverantwortung« zu meiden. Wenn ein Priester in den vielen Bereichen der Gemeindepastoral diese Art der Verantwortung konsequent übernehmen wollte, stünde er permanent unter einem Druck, der eigentlich unmenschlich, weil unzumutbar ist. In einem Lebensraum, in dem so viele Menschen wie in einer Pfarrgemeinde zusammenarbeiten, kann kein einzelner allein alles »im Griff« behalten. Es gibt nur die eine sinnvolle und lebbare Alternative: alle Getauften und Gefirmten in ihrer Eigen- und Mitverantwortung ernst zu nehmen, wo immer sie sich zur Verfügung stellen.

Besonders aus spiritueller Perspektive verbietet sich geradezu der Begriff der »Letztverantwortung«: Denn der erste *und* der letzte in der Reihe der Verantwortlichen ist Jesus Christus. Er ist Herr seiner Gemeinde und Kirche. Alle anderen, einschließlich der Pfarrer, sind seine Mitarbeiter. Wenn dieser Gedanke nicht nur Ideologie sein soll, dann muß er sich im Selbstverständnis und konkreten Verhalten des Pfarrers glaubwürdig widerspiegeln. Leitung und Führung durch ihn kann darum im Sinne des Dienstes der Einheit nur bedeuten: die Mitarbeit der vielen zu sammeln und zu koordinieren, sie auf das eine Ziel des Reiches Gottes hin zu orientieren und dem Herrn der Gemeinde, Jesus Christus, anzubieten.

Diese Vorstellung entlastet ungemein, rückt die Arbeit aller in ein wahrhaft heilsames Licht und wirkt im ganz konkreten Gemeindeleben befreiend und motivierend.

Zwischen Spiritual und Arbeitgeber

Jeder Priester prägt selbst ganz entscheidend das Bild, das die Menschen seiner Gemeinde oder seines Arbeitsbereiches von ihm entwickeln. Eine wesentliche Rolle dabei spielt die Art und das Ausmaß seiner Leitungs- und Führungsaktivitäten.

Pastoralreferent K. ist Ansprechpartner für den Kindergarten der Gemeinde. Einmal im Monat nimmt er am Dienstgespräch der Erzieherinnen teil. Dafür bereitet er ab und zu ein »Geistliches Wort« vor. Einmal hat er einen Besinnungstag für das Team angeboten, mit gutem Erfolg.

Nach einem der Dienstgespräche bittet eine der jungen Frauen um ein Gespräch. Sie berichtet dem Pastoralreferenten von ihrem Einstellungsgespräch mit dem Pfarrer. Sie habe damals dem Pfarrer einiges vorgelogen: ihre langjährige *Tätigkeit in der Jugendarbeit, ihren* regelmäßigen *Besuch des Sonntagsgottesdienstes, ihre* selbstverständliche *Bereitschaft,* religiös *mit den Kindern zu arbeiten. Sie habe unbedingt diesen Arbeitsplatz gebraucht und darum zu diesen »Notlügen« gegriffen. Doch plagten sie seitdem Gewissensbisse. Sie gehe ja jetzt auch öfter mal zur Kirche.*

Herr K. hilft der Frau, ihre Gefühle zu ordnen, und erarbeitet mit ihr Möglichkeiten, wie sie aus ihrer Sackgasse herausfinden kann.

Für das Amtsverständnis des Priesters bzw. Pfarrers läßt sich aus dieser Geschichte folgendes ableiten: Sobald sich ein Priester ausschließlich auf die Ebene amtlicher Autorität, in diesem Fall die des Arbeitgebers, begibt, bringt er sich in bezug auf die Betroffenen um die Chance persönlicher, geistlicher Begleitung, die den Priester nicht als »Funktionär«, sondern vor allem als Person braucht. Die »offizielle«, amtliche Arbeit als Seelsorger – etwa bei Taufe, Erstkommunion, Eheschließung und sonntägliche Eucharistiefeier – wird ihm zwar weiterhin abgenommen. Doch wer institutionell oder gar beruflich von ihm abhängig ist, wird kaum um seine persönliche, geistliche Begleitung bitten.

Die notwendige Trennung von »Forum internum« und »Forum externum«, die jedem Priester während seiner Seminarzeit sehr wichtig gewesen ist, hat auch in der Gemeindepastoral große Bedeutung.

Beispiel: *Ein Kaplan ist Leiter eines Zeltlagers. Jeden Abend muß er zu später Stunde die Gruppenleiter in ihre Zelte treiben und sich mit ihnen wegen Alkoholmißbrauchs auseinandersetzen. Diese durchaus notwendige Wahrnehmung seiner Leitungsfunktion macht es jedoch zugleich sehr schwer, daß am nächsten Tag jemand im vertrauten Gespräch mit ihm über persönliche Probleme sprechen wird.*

Beispiel: *Ein Pfarrer löst am Abend wegen eines Bauprojektes im Verwaltungsrat zurecht eine Kontroverse aus. Es entstehen erhebliche Unstimmigkeiten. Einige Gesprächsteilnehmer sind regelrecht beleidigt und über den Pfarrer verärgert. Sie werden ihm mit Sicherheit in der nächsten Zeit keine persönlichen Probleme anvertrauen.*

Wer im »Forum externum« Leitung wahrnehmen, Regeln und Grenzen setzen und deren Beachtung einfordern muß, kann im »Forum internum« wohl kaum erfolgreich arbeiten. Da stellt sich für jeden Seelsorger die unvermeidliche Frage: Möchte ich mehr Spiritual oder mehr Organisator meiner Gemeinde sein? Ist mein Schwerpunkt mehr eine geistliche oder eine organisatorische Leitung? Betone ich durch meine Arbeit de facto mehr meinen geistlichen Dienst oder meine Führungsaufgabe als Chef, Arbeitgeber, als einer, der weisungsbefugt ist?

Diese zwei Aspekte sollen nun nicht völlig unversöhnlich nebeneinander- und gegeneinandergestellt werden. Doch zeigen sie deutlich ein Problem, das kein Seelsorger umgehen kann. Er muß sich entscheiden, in welchen Bereichen er äußere Leitung mit allen Konsequenzen wahrnimmt, und welche Leitungsbereiche, etwa den eines Kindergartens, er an andere weitergibt.

Welcher Dienst soll bleiben?

Die Erfahrung der Priester, nicht alles tun zu können oder selber tun zu sollen, kennzeichnet kein neues Problem der jüngeren Kirchengeschichte und auch keine Schlußfolgerung, die aus dem aktuellen Priestermangel erwächst. Sie hat Tradition seit den Tagen der Urgemeinde. Damals erlebten bereits die Apostel, daß sie den Überblick im Bereich der Diakonie verloren. Die Witwen der Hellenisten beispielsweise wurden bei der täglichen Versorgung übersehen. Die Zwölf erklärten den Jüngern: »Es ist nicht recht, daß wir das Wort Gottes vernachlässigen und uns dem Dienst an den Tischen widmen... Wir wollen beim Gebet und beim Dienst am Wort bleiben« (Apg 6,3f). Damals wählte man daher sieben Diakone, die den caritativen Dienst übernahmen.

Apg 2,42 führt vier Grundelemente auf, an dem die nachpfingstliche Gemeinde festhielt:
(1) die Lehre der Apostel,
(2) die Gemeinschaft,
(3) das Brechen des Brotes,
(4) das Gebet.

Diese vier Elemente können auch als Ordnungsschema verstanden werden, das unterscheiden hilft, welche Dienste der Priester selbst wahrnehmen und welche er anderen überlassen sollte, wobei selbstverständlich ist, daß diese Elemente der ganzen christlichen Gemeinde und Kirche aufgetragen sind. Dennoch hat der Priester dabei seine ihm eigenen Aufgaben.

(1) Überall dort, wo das *Wort Gottes verkündet* wird, wo es um die ursprüngliche Lehre der Apostel geht, ist die spezifische Mitarbeit des Priesters gefragt: Inspiration, geistliche Begleitung und Schulung, Predigt. Das bedeutet nicht, daß nur er reden dürfte.

Doch seine nicht deligierbare Aufgabe ist es, daß der Verkündigung des Wortes Gottes der vorderste Platz in der Gemeinde zukommt.

(2) Das Wort Gottes ergeht freilich nicht im leeren Raum. Seine Verkündigung geschieht und wird aufgenommen in der *Gemeinschaft der Glaubenden*. Daher muß der, der das Wort Gottes verkündet, sensibel für diese Gemeinschaft sein: Was bewegt diese Menschen? Was sind ihre Sorgen und Ängste? Was ihre Hoffnungen? Erst wenn er diesen Fragen nachgegangen ist, kann er das Wort Gottes treffend in den Lebenskontext der Menschen hineinsprechen. Diese Art der Gemeinschaftspflege ist also viel mehr eine einfühlende als eine dirigierende. Sie ist Dienst an den Menschen und am Wort Gottes, ist »nachgehende« Seelsorge.

(3) Wenn das Leben im Lichte des Wortes Gottes durchleuchtet, gedeutet und ausgerichtet ist, erfährt es im *Brechen des Brotes* eine neue Dimension. Jesus Christus, der Herr der Gemeinde, ist im Zeichen nahe. Alle Riten und Rituale des Lebens und der christlichen Lebenspraxis, in denen Begegnung mit Gott gesucht oder ausgedrückt wird, finden in der Eucharistiefeier ihren Knotenpunkt. Die Leitung des Priesters ist – nach kirchlicher Lehre – vor allem an dieser Stelle gefragt: d. h., dafür zu sorgen, daß dieses elementarste Zeichen des Glaubens und der Nähe Gottes gefeiert wird.

(4) Schließlich ist die Anleitung und Ermutigung zum *Gebet* eine der Grundaufgaben des Priesters. Damit Gemeinde lebt, bedarf sie neben der Verkündigung, der Gemeinschaft und der Liturgie des dauernden Gebetes. Dabei ist sowohl an das gemeinsame Beten in der Gemeinde (vgl. Apg 3,1) wie an das Beten zu Hause zu denken (vgl. Apg 1,14; 4,24-30; 12,12). Wie sehr ist dies im lebendigen Bewußtsein der Priester: die Gemeinde als Schule des Betens – und der Pfarrer als deren Inspirator?

✎

Impulse zum Weiterdenken

EIGENE LEITUNGSVORSTELLUNGEN

Erstellen Sie eine Liste aller Tätigkeiten über einen bestimmten Zeitraum: einen Tag oder eine Woche.

- Ordnen Sie die einzelnen Tätigkeiten den beiden Rubriken zu:
  »Spiritual meiner Gemeinde«
  »Arbeitgeber und Organisator«
- Wo liegt de facto der Schwerpunkt meines Arbeitens?
- Ist das so für mich richtig? Was möchte ich verändern?
- Was könnten erste Schritte sein?

WER HAT BEI UNS DAS SAGEN?

Analysieren Sie eine Sitzung des Pfarrgemeinderates:

- Wer leitet die Sitzung?
- Wer hat die meisten Sprechzeiten?
- Wer trifft Entscheidungen?
- Werden die Entscheidungen ausgeführt?
- Wie geht es mir ganz persönlich bei solchen Sitzungen und Entscheidungsabläufen?

JESUS CHRISTUS ALS »LEITER«

Höchst ergiebig ist die Betrachtung des Verhaltens Jesu in bezug auf das Thema »Leiten und Führen«. Er scheint die verschiedensten Varianten in seinem Repertoire zu haben. Wie verhält er sich in den verschiedenen Situationen – leitend oder zurücknehmend?

- Modell »Folge mir nach« – Mk 1,16-20
- Modell »Ich aber sage euch« – Mt 5,21ff
- Modell »Was willst du, daß ich dir tun soll?« – Mk 10,51
- Modell »Er zog sich zurück« – Lk 5,16
- Modell »Wenn ich dich nicht wasche« – Joh 13,1-20
- Modell »Für sie bitte ich« – Joh 17,9-19
- Modell »Er legte ihnen dar« – Lk 24,13-35
- Modell »Da er die Seinen liebte« – Joh 13,1

Mit anderen gemeinsam
Kooperation als Lebenskultur

Kooperation – das neue Zauberwort für die Seelsorge? Viele Bistümer führen Diözesansynoden, diözesane Foren oder Befragungen durch. Dabei wird Kooperation als Seelsorgemodell mit Zukunft gepriesen. Solche Schlüsselbegriffe tauchen auf und sind in aller Munde, wenn ein Mangel zu beklagen ist und als immer drückender empfunden wird. Offensichtlich hofft man, mit dem Modell der Kooperation einen Weg aus der Sackgasse zu finden, die durch Folgen des Priestermangels entstanden ist.

Die Not erweist sich als heilsam. Denn mit diesem Begriff kommt eine Diskussion in Gang. Es geht dabei nicht nur um die notwendige Entlastung der Priester, sondern auch um eine positive Begründung der verantwortlichen Mitarbeit aller. Was das Zweite Vatikanum mit der Verantwortung des Volkes Gottes und dem Laienapostolat meinte, kommt neu und mit neuem Ernst ins Gespräch.

Diffuse Vorstellungen

In Gesprächen mit Priestern sowie pastoralen Mitarbeiterinnen und Mitarbeitern wird jedoch bald deutlich, daß dieses Zauberwort ein noch schillernder Begriff ist, verbunden mit diffusen Vorstellungen und Erwartungen. Für manche wird er gar zum kirchenpolitischen Kampfbegriff.

(1) Die einen verstehen unter Kooperation, besonders im Blick auf größere Seelsorgeräume, eine Form von Zusammenarbeit über die Einzelgemeinden hinaus. Man muß sich absprechen, weil zu wenig pastorales Personal zur Verfügung steht: Wer hält wann und wo einen Gottesdienst? Wer übernimmt die Predigt? Läßt sich z. B. die Gemeindekatechese überpfarrlich organisieren? Kooperation – als Konzept zur gegenseitigen Aushilfe.

(2) Andere wenden den Blick auf das Seelsorgeteam einer Gemeinde. Die Hauptamtlichen sollen miteinander kooperieren. Eine Erwartung dabei lautet, daß in einer kooperativen Struktur alle gleich sind: Pfarrer, Diakone, Gemeindereferentinnen, Pastoralreferenten. Alles ist offen, nichts vorentschieden und nur noch zu schlucken. Alles muß besprochen werden. Die Beteiligten müssen sich nach basisdemokratischen Spielregeln einigen. Diese Version ist besonders unter Laienmitarbeiter(inne)n beliebt. Hier sehen sie eine Möglichkeit, endlich ihre theologische und pastorale Kompetenz ins Spiel bringen zu können.

(3) Eine weitere Variation zu diesem Konzept sieht nüchtern ein, daß auch das beste und freundschaftlichste Team einen Leiter oder wenigstens einen Moderator braucht. Doch wer dieser Leiter sein soll, muß sich aufgrund gruppendynamischer Prozesse herausbilden. Derjenige mit der meisten Ausstrahlung und größten Sachkompetenz wird sich durchsetzen.

(4) Ein anderes Konzept hat die kirchenrechtlich abgesicherte Stellung des Pfarrers im Blick. Der Pfarrer ist der Gemeindeleiter und somit auch der Leiter seines Seelsorgeteams. Er ist weisungsbefugt und hat allgemeine »Zuständigkeitskompetenz«. Die anderen sind seine Mitarbeiter, »ko-operieren« mit ihm.

Abgesichts dieser Vielfalt und Gegensätzlichkeit der Inhalte und Modelle ist der Begriff der Kooperation letztlich untauglich. Er löst Erwartungen aus und programmiert Enttäuschungen. Man redet aneinander vorbei. Man setzt den Begriff als Waffe zur Verteidigung und Festigung der eigenen Stellung ein oder als Instrument zur Eroberung neuen Terrains an Zuständigkeit und Einfluß. Ein zu mißverständlicher, diffuser, daher unbrauchbarer Begriff – es sei denn, in diesen Dschungel der Konzeptvarianten könnte eine klare Schneise geschlagen werden. Die folgenden Überlegungen verstehen sich als ein Versuch.

Schlechte Erfahrungen ausräumen

Kooperation riecht förmlich nach Sitzungen. Und von denen hat jeder Pfarrer in den verschiedenen pastoralen Bereichen wahrlich mehr als genug. Nicht wenige sind der Überzeugung, daß viele zu viel denken und zu wenig handeln. Oft hilft nur noch die Selbstironie, die sich in Aussprüchen artikuliert wie: »Die Kirche sitzt, und es sitzt doch nichts.« Oder: »Die Kirche tagt, und trotzdem wird es immer dunkler.« – Bedeutete Kooperation die weitere Vervielfachung von Sitzungsstreß, wäre sie untauglich.

Eine weitere Erfahrung langjähriger Praktiker bremst ebenfalls eine Kooperationseuphorie: die Erfahrung, schneller und kompetenter alleine eine Aufgabe zu erledigen. Da entsteht beispielsweise die Frage nach dem Sinn und Wert eines Arbeitskreises zur Gottesdienstvorbereitung: »Ich habe das ‚Geschäft' gelernt und reichlich Übung. Warum soll ich etwa Jugendliche oder Mütter drängen, sich in mehreren Treffen mühsam einen Gottesdienst zu erarbeiten, wofür ich alleine nur einen Bruchteil der Zeit benötige?« – Wäre der Aspekt der Zeiteinsparung der einzige, wäre Kooperation untauglich.

Kooperation läßt alle die viel näher zusammenrücken, die kooperieren. Das mag den einen gefallen, kann manch anderen jedoch sehr unangenehm werden, weil man sich nun in die Karten schaut. »Invidia clericalis« spielt hier ebenso eine Rolle wie die Angst davor, daß schwächere theologische oder pastorale Kompetenz ans Licht kommt. So pflegen manche den Brauch, an den sogenannten Zählsonntagen, deren Ergebnisse aktenkundig werden, besondere Veranstaltungen durchzuführen. Bewährt hat sich beispielsweise, den Anwesenden die neuen Erstkommunionkinder und Firmlinge vorzustellen. Durch eine solche Aktion sind plötzlich eine große Zahl von Kindern und Jugendlichen im Gottesdienst zu verzeichnen, von denen viele ihre Eltern mitgebracht haben. Man kann also staunen, welch guten Gottesdienstbesuch die Gemeinde von Pfarrer XY anschließend in der Statistik vorweist. – Kooperation? Zu viel Nähe zu Mitbrüdern und pastoralen Mitarbeitern würde eine solche Praxis aufdecken und dem Spott ausliefern.

Was ist Kooperation?

Bevor die Vorteile von Kooperation zu bedenken sind, hier zuerst eine Definitionsannäherung. Kooperation sagt etwas aus über Elemente eines bestimmten *Leitungsstils*:

- Der Pfarrer (als der »Vorgesetzte«) und die pastoralen Mitarbeiterinnen und Mitarbeiter (zunächst die hauptamtlichen, aber auch verantwortliche ehrenamtliche) erarbeiten *gemeinsam* pastorale *Ziele*;
- dabei werden die *persönlichen Ziele, Wünsche* und *Bedürfnisse* aller angemessen berücksichtigt;
- *Wege und Methoden*, die geeignet sind, gesteckte Ziele zu erreichen, werden *gemeinsam* festgelegt;
- die *Entscheidungen* werden miteinander getroffen;
- die einzelnen Mitarbeiter übernehmen *eigenverantwortlich Teilaufgaben*, die der Pfarrer koordiniert;
- die *Ergebnisse* werden gemeinsam gesichtet und ausgewertet.

Alle diese Elemente sind wichtig. Sie bilden gleichsam einen Turm aus tragenden Bausteinen. Zieht man ein Element heraus, stürzt das ganze Kooperationsgebäude zusammen.

- Gibt der Pfarrer z. B. einfach Ziele vor, oder kann er sie den Teammitgliedern nicht einsichtig machen, dann fehlt ihnen von Anfang an die Motivation, sich für diese Ziele einzusetzen. Die Ziele sind nicht ihre eigenen.
- Finden die persönlichen Ziele und Wünsche aller generell keine angemessene Beachtung, entsteht der Eindruck, ausgenutzt und nur als Arbeitskraft gebraucht zu werden.
- Wird übersehen oder kraft Amtsverordnung einfach übersprungen, die Wege zur Erreichung eines Zieles gemeinsam zu erarbeiten und die entsprechenden Entscheidungen miteinander zu treffen, stellt sich bei den Mitarbeiter(inne)n das Gefühl ein, nur als Rädchen im pfarrherrlichen Getriebe von Nutzen zu sein, nicht aber als Menschen mit Kompetenz und kreativen Kräften.
- Wird den einzelnen Teammitgliedern grundsätzlich oder allzu häufig versagt, eigenverantwortlich Teilaufgaben zu übernehmen,

schwinden das Interesse und die Eigeninitiative. Motivation, gesunder Ehrgeiz und Mitverantwortungsbewußtsein können nicht oder zu wenig entwickelt werden.

- Vorgegebene Ziele, Wege, Entscheidungen und Teilaufgaben untergraben das Vertrauen zwischen Pfarrer und Mitarbeiterinnen und Mitarbeitern. Es entstehen statt dessen Frustration und Aggression.
- Werden Ergebnisse nicht gemeinsam gesichtet und ausgewertet, entwickelt sich eine unklare und unsichere Situation. Keiner weiß, wie erbrachte Arbeit von anderen eingeschätzt wird. Kritisches, selbstkritisches und positives, anerkennendes Feedback bekommen keinen Raum. Wer möchte sich solch unklaren und unbefriedigenden Situationen auf Dauer aussetzen?

Gewinn der Kooperation – ein Beispiel

Umgekehrt kann ein kooperativer Leitungsstil ungemein motivierend wirken. Alle Teammitglieder entwickeln Phantasie, gehen mit Interesse an die Arbeit. Die Arbeit ist ihre eigene Sache. Zudem gibt das Team dem einzelnen Rückendeckung bei der Erfüllung seiner Aufgaben.

Konkret kann kooperativer Arbeitsstil in einem Beispiel so beschrieben werden:

Im Seelsorgeteam herrscht allgemeine Unzufriedenheit über die Art der Erstkommunionvorbereitung. Auf Anraten der Gemeindereferentin bringt der Pfarrer das Problem als anstehendes Projekt in die Teamsitzung ein.

(1) In einer ersten Runde tragen alle Teammitglieder ihren Eindruck zu dem Problem vor. Jeder einzelne ist gefragt, denn jeder hat die Erstkommunionkatechese aus anderer Perspektive erlebt. Jeder hat von Gemeindemitgliedern (oft unterschiedlichste) Feedbacks zu hören bekommen.

(2) Gemeinsam trifft die Runde den Beschluß, die Gestaltung und Durchführung der Erstkommunionkatechese zu verändern.

(3) In einer zweiten Runde werden Gedanken, Elemente, Vorschläge für die Neustrukturierung zusammengetragen. Wiederum hat jede(r) die Möglichkeit, eigene Ideen einzubringen. Ein Katalog von Wünschen und Vorschlägen wird erstellt.
(4) Da die Gemeindereferentin für die Erstkommmunionkatechese verantwortlich war und es weiter sein soll, erhält sie den Auftrag, eine neue Werkmappe zum Thema zu suchen sowie Verlauf und Inhalt der Vorbereitung gemäß dem Wunschkatalog neu zu strukturieren. Der Zeitraum, innerhalb dessen sie einen Projektvorschlag erarbeiten soll, wird auf ihren Vorschlag hin festgelegt.
(5) In einer weiteren Runde stellt die Gemeindereferentin den von ihr erarbeiteten Plan vor. Zuerst folgt ein Austausch über Vorteile und Stärken des Vorschlags. Dann kann jeder Einwände und Verbesserungsvorschläge einbringen. Ein Teammitglied gibt beispielsweise zu bedenken, ob die vorgesehene Elternarbeit nicht zu intensiv sei und sowohl die Eltern wie die Gemeindereferentin als Leiterin überfordere.
(6) Nach Berücksichtigung der Verbessungsvorschläge verabschiedet das Team das Projekt: Die Gemeindereferentin übernimmt eigenverantwortlich die Leitung. Die anderen sagen Unterstützung zu.
(7) Die Gemeindereferentin berichtet während der laufenden Erstkommunionvorbereitung von ihren Erfahrungen. Die anderen Teammitglieder schildern ihren Eindruck und geben Feedbacks aus der Gemeinde wieder.
(8) Am Tag der Erstkommunion bedankt sich der Pfarrer nach dem Gottesdienst vor der Gemeinde bei der Gemeindereferentin für die Neugestaltung und Durchführung der Vorbereitungen auf diesen Tag.
(9) Das Team trifft sich noch einmal, um abschließend das Gesamtprojekt miteinander auszuwerten. Die Gemeindereferentin schildert ihre Erfahrungen als Leiterin, die anderen ihre Beobachtungen. Der Pfarrer dankt noch einmal im Team für die geleistete Arbeit. Die Gemeindereferentin dankt ihrerseits für die erlebte Unterstützung.
(10) Das Vorgehen für das kommende Jahr wird in den Kernpunkten festgelegt.

Der Synergie-Effekt

Außer erhöhter Motivation aller Beteiligten und deren Gefühl, mit ihren Fähigkeiten ernstgenommen zu werden, spricht eine weitere Erfahrung für kooperatives Arbeiten und kooperativen Leitungsstil: der Synergie-Effekt. Die Energien der einzelnen fließen zusammen und ergeben ein Mehr an Ergebnis, als wenn jeder für sich alleine gearbeitet hätte.

Diese Erfahrung stellt sich bereits in einer guten Diskussion ein, wenn Gesprächspartner sich wechselseitig ernst nehmen, aufeinander hören und bereit sind, neue Einsichten zu gewinnen. Die Argumente der anderen spornen an, wecken kreative Kräfte, lassen Querverbindungen zu bereits Bekanntem ziehen. Die Gesprächspartner haben bei allem Engagement und aller Ernsthaftigkeit ihre Freude, weil gedanklich, inspirativ in ihrer Mitte etwas Neues entsteht.

In der seelsorglichen Arbeit tritt der gleiche Effekt ein. Zu einem Vorhaben gibt es nie nur eine Wahrnehmung, nie nur einen gedanklichen und praktischen Zugang. Jeder denkt und handelt, beurteilt in seinen eigenen Bahnen, nach seinen eigenen Maßstäben. Viele gemeinsam sehen mehr von der Wirklichkeit, spüren besser, was der gangbare Weg ist, können besser beurteilen, was die Menschen einer Gemeinde brauchen.

Wer diese Ansicht teilt und mit vollem Herzen bejaht, ist bereit und fähig zur Kooperation. Wer dagegen von der eigenen überlegenen Kompetenz überzeugt ist, sollte sich eher als Einzelkämpfer einen Ort suchen.

Kein Allheilmittel

In Gesprächen mit Pfarrern über diese Themen der Zusammenarbeit zeigt sich in der Regel eine doppelte Reaktion. Einerseits findet »Kooperation« als Modell und Stil der Arbeit in den Gemeinden Zustimmung. Vielen erscheint sehr einsichtig, daß dies der Weg ist, die verschiedenen Charismen in den Gemeinden zum Zuge kommen zu lassen. Andererseits stellen die Alltagsprofis die nüchterne Frage: Wenn alles und jedes nach diesem Verfahren in der Gemeinde erarbeitet werden soll, dann löst doch eine Sitzung die nächste ab. Wieviel Zeit bleibt dann noch, konkrete Seelsorgearbeit zu leisten?

Dieser Einwand ist richtig und bedenkenswert. Es bedarf einer Eingrenzung des konsequenten Kooperationsmodells auf Themen und Arbeitsfelder, die Sache des Teams sein sollen: also bedeutsame Gemeindevorgänge und komplexe Entscheidungen, die von vielen zu tragen und zu verantworten sind. Wenn beispielsweise im liturgischen Bereich wichtige Neuerungen oder Umstellungen anstehen, ist es richtig und sinnvoll, daß alle mitdenken, mitentscheiden und mittragen. Gleiches gilt für die Bereiche Gemeindekatechese und Diakonie.

Alltagsgeschäfte und Routinevorgänge soll dagegen der erledigen, dem sie übertragen sind. Jeder kann und soll in seinen Bereichen, für die er nach Vereinbarung zuständig ist, die laufend notwendigen Entscheidungen treffen.

Es empfiehlt sich allerdings, einer möglichst breiten Information über die jeweiligen einzelnen Bereiche an alle Teammitglieder Raum zu geben. Dann können alle die entsprechenden Vorgänge begleiten, auf Anfragen adäquat reagieren, an den Leiter oder die Leiterin des entsprechenden Bereichs verweisen, Vorwürfe gegebenenfalls relativieren.

Kooperation läßt sich lernen

Unter Pfarrern und pastoralen Mitarbeiterinnen und Mitarbeitern gibt es geradezu Naturtalente der Kooperation. Ihr Auftreten und ihre ganze Persönlichkeit strahlen etwas aus, daß jeder gerne mit ihnen zusammenarbeitet. Andere tun sich schwerer. Doch in den Geist und Stil der Kooperation kann man hineinwachsen. Nur müssen zuvor persönlich bestimmte Fragen ehrlich beantwortet und Entscheidungen getroffen werden:

- Halte ich Kooperation für ein sinnvolles und lohnendes Verfahren im pastoralen Dienst?
- Halte ich Kooperation für einen notwendigen Stil des Umgangs in meinem Seelsorgeteam?
- Halte ich für mich selber den kooperativen Leitungsstil für richtig, »zumutbar« und erstrebenswert?
- Kenne ich meine möglichen Widerstände, und bin ich willens, diese zu überwinden?
- Bin ich bereit, mich dafür auf Veränderungsprozesse einzulassen?
- Bin ich bereit, eine entsprechende Weiterbildung zu suchen und Zeit in Lernprozesse zu investieren?

Wer diese Fragen positiv beantworten kann, ist der geeignete Mann für eine kooperative Pastoral. Können nicht alle Fragen mit einem ehrlichen Ja beantwortet werden, bestünde die Gefahr, daß ein sich abgerungenes Bekenntnis zur kooperativen Pastoral ein Lippenbekenntnis bleibt. Auch Kooperations-Kurse, die etwa eine Bistumsleitung »verordnet«, sind wenig geeignet, Begeisterung und Erfolg zu zeitigen.

Verhaltensweisen der Kooperation

Die folgenden Hinweise wollen und können kein Trainingsprogramm zum Lernziel »Kooperativer Führungsstil« sein. Sie möchten ein wenig Gespür dafür vermitteln, wie sich Kooperation »anfühlt«.

Vorbereitung und Absprachen

In der Kooperation treffen sich zwei Linien: zum einen die Anforderung, strukturiert und konzentriert auf ein Ziel hinzuarbeiten, und zum anderen die Notwendigkeit, auf ein menschliches Miteinander, auf die Wünsche und Möglichkeiten der einzelnen zu achten.

Beide Linien lassen sich auch maßlos überzeichnen. Die Maxime »Struktur und Zielorientierung« wird – grenzenlos überzeichnet – dann gnadenlos und unmenschlich. »Menschliches Miteinander« kann – seinerseits überdehnt – dazu verführen, daß sich ein Team zu einer freundschaftlichen Plauderrunde entwickelt. Beide Linien müssen sich am richtigen Punkt – mit Blick auf die Seelsorge – effektiv treffen, so daß beides zu seinem maßvollen Recht kommt.

Ein erster Schritt sorgt dafür, Teamtreffen gründlich vorzubereiten: Es geht um die Vorüberlegung, welche Absprachen heute getroffen werden müssen:

- Ist das Thema, das es zu besprechen gilt, von so grundsätzlicher Bedeutung, daß sich das Team damit befassen sollte?
- Wenn ja, welchen zeitlichen Rahmen braucht dann dieses Treffen?
- Wer leitet und strukturiert das Gespräch?
- Wer trifft am Ende die Entscheidungen?
- Welche wichtigen Informationen sind für die Runde zur Bearbeitung des Themas unerläßlich notwendig und daher (wie) bereitzustellen? Mittels schriftlicher Notiz für alle Beteiligten, mittels Kurzreferat, durch wen? Etc.

Gespräch und Diskussion

Die Diskussion soll möglichst dicht am Thema bleiben, zugleich jedoch sollen alle Teammitglieder zum Zuge kommen können.

- Jeder wird eingeladen – am Beginn empfiehlt sich dazu ein Rundgespräch –, seine Meinung zu äußern. Im Verlauf des Gesprächs achtet der Gesprächsleiter darauf, daß auch »stillere Wasser« zum Fließen kommen können

  »Frau Schäfer, Ihre Meinung interessiert mich. Was denken Sie darüber?«

- Der Gesprächsleiter achtet auch auf die Gesprächsatmosphäre, die es jedem ermöglicht, sich frei zu äußern:

  »Das ist ein schwieriges Problem, das Diskretion erfordert. Wir sind uns einig, daß das, was wir heute besprechen, noch nicht für andere Ohren bestimmt ist. Jeder kann also ohne Scheu sagen, was er darüber denkt.«

- Äußerungen sollen klar, Nachfragen können wichtig sein:
  »Ich verstehe nicht ganz, wie Sie das meinen. Könnten Sie ein Beispiel nennen?«

- Ein Gesprächsbeitrag darf nicht bewertet, abgewertet oder überinterpretiert werden. Es gibt keine »dummen« Beiträge:
  »Ihre Erfahrung zu unserem Thema ist offensichtlich ganz anders. Das ist interessant und bringt eine andere Sicht hinein, die vielleicht etwas ungewohnt ist. Können Sie das noch ein wenig konkreter machen?«

- Es müssen nicht alle gleicher Meinung sein. Die Stärke eines Teams lebt von der Vielfalt. Vorschnelle Harmonisierungen lähmen die Kreativität:
  »Wir sollten uns nicht vorschnell für eine Richtung entscheiden. Es wird besser sein, noch weitere Eindrücke oder Argumente zu sammeln.«

- Anregungen von außen, etwa ein Artikel, ein Referent oder ein Bericht aus einer anderen Gemeinde, könnten hilfreich sein, das Problem in einer anderen Perspektive zu betrachten:
  »Auch andere haben mit diesem Problem zu tun gehabt und darüber nachgedacht. Wir sollten deren Erfahrungen für unsere Überlegungen nutzen.«

ZIEL-ENTSCHEIDUNG UND WEITERES VORGEHEN

Kooperative Diskussion läuft auf die Formulierung eines Zieles hinaus. Entscheidungen stehen an, z. B.:

»Werden wir nun die Erstkommunionfeier im kommenden Jahr wieder am Weißen Sonntag halten oder einen anderen Termin wählen?«
»Wie soll die Erstkommunionvorbereitung im kommenden Jahr aussehen? Es gab ja einige Änderungswünsche in der Gemeinde.«

- Das Ziel muß klar und eindeutig formuliert werden. »Wir werden mal sehen, wie wir das machen können«, als Ergebnis formuliert, nimmt das Scheitern eines Projektes schon vorweg.

- Die Intentionen und Gründe, warum ein Ziel – so und nicht anders – angestrebt wird, sind ebenfalls klar zu formulieren. Nur so kann eine getroffene Entscheidung auch nach außen einleuchtend vermittelt werden.
- Möglichst alle Teammitglieder sollten dem definierten Ziel zustimmen können. Zumindest müßte jeder am Ende in der Lage sein zuzusichern, daß seine (teilweise) abweichende Ansicht ihn nicht blockiert, trotzdem verantwortlich mitzuarbeiten.
- Wenn ein Mitglied überhaupt nicht zuzustimmen vermag, könnte die Zeit des Gesprächs und Argumentierens zu kurz gewesen sein. Soll die Diskussion sinnvollerweise noch für eine bestimmte Zeit fortgesetzt werden? Zeitdruck ist für eine gediegene und für alle akzeptable Zielformulierung auf jeden Fall abträglich.

Die Schritte der Aufgabenverteilung, der Durchführung und Reflexion eines Projektes erfolgen ebenfalls kooperativ, d. h. in gemeinsamer Absprache und Unterstützung. Eine genaue Aufgabenbeschreibung beinhaltet auch eine Abgrenzung der Arbeitsgebiete, damit unter den Teammitgliedern keine Irritation bezüglich der Kompetenz eintritt.

Rückmeldung und Lob

Im kirchlichen Dienst gibt es natürlich keine finanzielle Gewinnbeteiligung und keine Prämien. Dank, Anerkennung und Lob sind jedoch wertvolle Möglichkeiten, Wertschätzung der Person und ihrer Arbeit zum Ausdruck zu bringen.

Der Bischof dankt am Ende des Firmgottesdienstes der Gemeinde und besonders dem Pfarrer für die Arbeit der Firmvorbereitung und der Gestaltung des Gottesdienstes. Die Gemeinde klatscht. Doch der Pfarrer tritt an das Mikrophon und weist darauf hin, daß Herr M., der Gemeindereferent, die gesamte Vorbereitung geleitet hat. Er dankt ihm im Namen der Firmlinge und in seinem eigenen Namen sehr herzlich.

Damit nimmt der Pfarrer Lob und Anerkennung auf, gibt den Dank aber an den weiter, der die Vorbereitungen leitend verantwortet hat. Auf diese Weise wahrt er das »Copyright« für diese Tätigkeit und drückt seine Wertschätzung für die Arbeit des Gemeindereferenten auch öffentlich aus.

Wie der einzelne mit empfangener Anerkennung umgeht, ist eine Frage an seine Spiritualität. Wer sein seelsorgliches Engagement einbringt, um von den Leuten gesehen zu werden, für den ist öffentlicher Dank, Lob und Anerkennung ebenfalls eine »Schaufenster«-Aktion. Alle haben ihn gesehen und bestaunt: Er hat seinen Lohn schon empfangen (vgl. Mt 6,1ff).

Die andere Möglichkeit ist jene, Lob und Anerkennung mit Freude anzunehmen und dafür Gott zu danken (vgl. Lk 1,45ff), in dem Wissen, daß er die Fruchtbarkeit alles seelsorglichen Mühens schenkt.

Konstruktive Kritik

Gelungene Arbeit und alles Mühen in der Seelsorge sind immer des Lobes würdig. Um jedoch jede Lobhudelei zu vermeiden und eine realistische Einschätzung getaner Arbeit zu gewährleisten, ist auch Kritik notwendig, Kritik an einem ganzen Projekt oder an einzelnen Elementen. Konstruktiv und annehmbar ist Kritik dann, wenn der, der beispielsweise ein Projekt geleitet hat, nicht als Person kritisiert wird, sondern seine Arbeit. Das bedeutet:

- Kritik ist so zu formulieren, daß der, dessen Arbeit kritisiert wird, sie nicht als einen persönlichen Vorwurf, als Angriff auf seine Person verstehen muß. Wenn dies gelingt, wird er sich nicht bei jeder Anfrage aufregen und verteidigen.
- Kritik muß sich auf eine Sache, einen Vorgang, eine Handlung, ein Verhalten beziehen.
- Kritik orientiert sich am Vergleich zwischen einem gesteckten Ziel und dem, was erreicht wurde. Ein Vorgang oder ein Verhalten kann nur im Hinblick auf das angestrebte Ziel als Maßstab positiv oder negativ beurteilt werden.

- Kritik darf nicht wie ein Sturm über den Kritisierten hereinbrechen. Sie bedarf der sachlichen Gesprächsatmosphäre, in der auch der Kritisierte regelmäßig zu Wort kommt, seine Motive und Erfahrungen einbringen kann.
- Wenn das, was kritisiert wird, in der Öffentlichkeit geschah, kann im Team darüber gesprochen werden. Wenn es nur im kleinen Kreis, in Einzelkontakten oder über Dritte bekannt wurde, gehört es in ein persönliches Zweiergespräch.

Konflikte bleiben nicht aus

Kooperativer Leitungsstil erfordert einen offenen und fairen Umgang mit Konflikten. Dazu gehört zunächst und vor allem die Einsicht, daß unter Menschen – auch im besten Team – Konflikte unausweichlich sind.

Konflikte kommen zustande,

- wenn mangelhafte und ungleiche Informationen vorliegen;
  »Mir sagt ja nie jemand etwas!«
  »Ich bekomme die wichtigen Dinge immer erst am Schluß mit!«
  »Mit mir muß ja keiner reden!«

- wenn Informationen unterschiedlich bewertet werden;
  »Du hast ja keine Ahnung, was da wirklich vor sich geht!«
  »Das sehen Sie aber viel zu eng!«

- wenn die Erwartungen an ein Projekt unterschiedlich waren, oder wenn es gar für einzelne ein Prestigeobjekt war;
  »Ich hab alle meine Zeit in diese Sache gesteckt!«
  Kommentar: *»Stell dich mal nicht so an!«*

- wenn die angestrebten Ziele nicht wirklich klar oder nicht bei allen gleich waren;
  »Das Ziel, das Sie da anstrebten, war doch völlig unrealistisch!«
  »Ich habe Ihnen ja gleich gesagt, daß dieses Unternehmen zum Scheitern verurteilt ist!«

- wenn die Wege zu einem Ziel unversöhnlich nebeneinanderstehen.

»Ich hab das fest im Griff!«

Dagegen: *»Da wird doch nie etwas draus!«*

Da der Umgang mit Konflikten jedoch sehr heikel und anstrengend sein kann, entwickeln Leiter und Teams manchmal – vielleicht ungewollt – Strategien der Vermeidung:

(1) Eine erste Art der Konfliktvermeidung besteht darin, daß Leiter und Team gleichsam das Schild »Wir bekommen nie Streit!« vor sich hertragen. Die oberste Norm ist die der Harmonie, weil nicht sein kann, was nicht sein darf.

(2) Andere Teams haben die Strategie entwickelt: »Wir reden nicht *darüber*!« Jeder spürt, daß es in den eigenen Reihen brodelt und kocht. Aus Angst vor einer Explosion wird Kritik aber unterdrückt.

(3) In anderen Gruppen wird Kritik umgangen, indem z. B. der Leiter einfach verordnet, was in Zukunft anders gemacht wird: »Das geht so nicht. Ich habe mir das überlegt. In Zukunft wird das so gemacht...!«

Kooperative Konfliktregelung schafft Gesprächsräume. Mit kooperativem Gesprächsverhalten (siehe S. 240f) werden Argumente und Ansichten ausgetauscht. Es steht genügend Zeit zur Verfügung. Die Schritte des Gesprächs sind:

- Wir hatten Ziele und Idealvorstellungen.
- Diese waren offensichtlich unterschiedlich. Darum sind wir nun enttäuscht.
- Am Ende unseres Konfliktes soll in jedem Fall ein gemeinsamer, kreativer Neuanfang stehen.

Wenn es um schwerwiegende Themen und tiefergehende Konflikte geht, kann es gut sein, einen Konfliktberater von außen hinzuzuziehen. Das empfiehlt sich besonders dann, wenn alle das Gefühl haben: Jetzt kommen wir nicht mehr weiter.

Der Quertreiber

In manchen Teams gibt es Quertreiber. Sie verhindern oder erschweren Kooperation, auch wenn die Leitung noch so gut agiert, auch wenn die anderen Teammitglieder noch so hoch motiviert sind.

- Sie meckern und mäkeln an allem herum, so daß jeder Fortschritt behindert oder verhindert wird.
- Sie sind unzufrieden mit dem Thema, mit der Art der Diskussion, mit den übertragenen Aufgaben.
- Sie verhindern das Gelingen eines Projektes, indem sie Absprachen nicht einhalten und eigene Wege gehen.
- Nur ihre eigenen Ideen und Argumente finden sie gut (Anzeichen oder Ausdruck einer ausgewachsenen Profilneurose).
- Sie untergraben die Teamatmosphäre, indem sie die Teammitglieder gegeneinander ausspielen.
- Sie können keine Kritik vertragen und sind bei Nachfragen sofort beleidigt.
- Sie bringen eines mit Meisterschaft zuwege: durch ihr quertreiberisches Verhalten anderen die Freude an der Arbeit zu verleiden.

Solche Mitarbeiter(innen) können nur mit einer erheblichen Portion Gelassenheit ertragen werden. Manchmal hilft es, wenn der Pfarrer als Leiter, vielleicht auch ein Teammitglied, das »noch am besten mit ihm kann«, im persönlichen Gespräch immer wieder nach seinem Befinden fragt, so daß der (im Grunde seiner Seele) ewig Zu-Kurz-Gekommene Aufmerksamkeit bekommt, statt sie sich selber nach seiner Methode (Quertreiber fallen halt auf und bekommen »Zuwendung«) zu holen.

Nüchtern gesehen, hilft dem Quertreiber nur eines: Selbstreflexion, Selbstkritik, eine gesunde Selbsteinschätzung, Arbeit an sich selbst, nötigenfalls ein therapeutischer Prozeß. Wer kann ihm das vermitteln?

Tugenden eines kooperativen Leiters

Ob kooperative Teamarbeit in der Seelsorge gelingt, hängt wesentlich am Leiter. Und das ist in der Regel der Priester. Überblicken wir die bisherigen Überlegungen zum Thema Kooperation, wird deutlich: Diese Art der Leitung ist ohne Übung, Training und Aszese kaum möglich. Über Kooperation »Bescheid zu wissen« – so der Sokratische Irrtum –, ist noch keine Tugend. Wer kooperativ leiten will, muß

- genau hinhören, auch Zwischentöne und verdeckte Appelle verstehen,
- zum Sprechen und zur Mitarbeit ermutigen,
- einen langen Atem und Geduld aufbringen,
- darauf verzichten,
  - selbst alles (am besten) machen zu wollen,
  - das erste oder das letzte Wort zu haben,
  - allein bestimmen zu wollen, wohin der Weg geht,
- Vertrauen und Offenheit im Team erzeugen,
- Mut zum Widerspruch und zum Konflikt haben.

Die Tugendliste könnte fortgeführt werden. Doch schon hier wird deutlich, daß Kooperation nicht nur oder gar vor allem eine Methode, sondern eine ganze Kultur des Umgangs miteinander ist. »So tun als ob« führt zu nichts. Entweder sucht ein Leiter wirklich und ernsthaft die Meinung anderer, oder seine Besserwisser-Art bricht immer wieder dominierend durch. Entweder vertraut er ernsthaft dem Können und der hohe Motivation seiner Mitarbeiterinnen und Mitarbeiter, oder liegt immer wieder auf der Lauer, kontrolliert und regiert in die Arbeitsfelder der anderen hinein.

Kooperation als Geisteshaltung und Lebenskultur – ein Charisma und eine Aufgabe.

✎

Impulse zum Weiterdenken

Biblische Anregungen zur Kooperation

- Unter der Perspektive und zu den Fragen der Kooperation lohnt es sich, den gesamten 1. Korintherbrief zu lesen.
- Wir alle sind Gottes Mitarbeiter. »Ich habe gepflanzt. Apollos hat gegossen, Gott aber ließ wachsen« – 1 Kor 3,5ff.
- Der eine Geist und die vielen Gaben – 1 Kor 12
- Vom Herrschen und Dienen.
  Zur Rechten und zur Linken des Herrn sitzen – Mk 10,35-45

Will ich Kooperation?

- Welche Überlegungen zur Kooperation finde ich gut?
- Was macht mir angst?
- Wie sehe ich meinen eigenen Führungs- und Leitungsstil?
- Wie beurteilen andere meinen Leitungsstil?
- Gibt es Kritik aus dem Seelsorgeteam, aus der Gemeinde?
- Sollte ich, möchte ich etwas verändern?
- Welche Schritte bräuchte es?
- Von wem könnte ich mich beraten lassen?

Kooperation und Communio-Ekklesiologie

Über die Communio-Ekklesiologie wurde seit dem 2. Vatikanischen Konzil viel geschrieben und geredet. Ähnlich wie der Begriff der Kooperation wurde er nicht selten zum Kampfbegriff.

- Welche Korrelationen sehe ich zwischen den beiden Begriffen und dem, was sie umfassen?

»Surfen« auf den Wellen der Zeit

Eine faszinierende Sache: sich auf ein Surfbrett stellen, sich auf der einen Seite der Welle meterhoch tragen lassen und auf der anderen Seite der Welle in die Tiefe hinabgleiten. Doch das will gekonnt sein. Wie schnell verliert man das Brett unter den Füßen und stürzt ins Wasser!

Ein Gefühl der Freiheit und des Einklangs, mit den Elementen eins zu werden, ganz von diesem Erleben erfüllt zu werden, an nichts anderes mehr zu denken. – Ein Erlebnis-«Kick« ganz besonderer Art.

Die Werbung hat verstanden. Zu Traummelodien oder einpeitschenden Rhythmen flimmern die Werbungen über den Bildschirm:
Ein sehniger Supertyp genießt das Wellenerlebnis auf Brettern – mit dem Ergebnis: Nur das Männerdeo X bietet Vergleichbares.
Oder eine weibliche Schönheit schwebt in leichtem Tüll über die Wellen und stellt klar: Die Kombination von duftiger Weiblichkeit, Sexappeal und intensivem Abenteuer liegt im Duschbad Y.
Schließlich das Interview am Surfbrett: »Sie haben den ganzen Tag gesurft, und trotzdem hat Ihr Haar einen solchen Glanz! Wie machen Sie das?« »Nicht ich mache das, sondern mein Shampoo Z.« – Eingeblendete Haarwaschszene. – Abschluß des Werbespots mit wehendem, glänzendem Superhaar: »Hol dir dein Shampoo Z!«

Das Surf-Erlebnis: fester Halt auf dem Brett. Sich selbst im Griff. Sich nach oben tragen lassen. In die Tiefe gleiten. Herr der Wellen sein. Ganz nahe dran sein. Oben bleiben. Nicht abstürzen.

Diese Erfahrung sollten sich auch Seelsorger gönnen und zugleich zur Pflicht machen. Jedoch – »surfen« auf den Wellen der Zeit. Zeitströmungen, Zeitwellen, Zeitgeschehen und Trends wahrnehmen und aufnehmen. Spüren, was der Geschmack der Zeit ist. Sich hineindenken in die Gedanken der Menschen. Sich hineinfühlen in die Gefühle der Menschen. An dem, was in der Gesellschaft vor sich geht, entdecken, was Menschen bewegt. Um Antwort geben zu können auf Fragen, die die Menschen tatsächlich stellen, nicht auf solche Fragen, von denen wir meinen, daß die Menschen sie doch eigentlich stellen müßten.

Wellen der Zeit

Die aktuellen Fragen der Menschen werden gestellt in Zeitungen und Magazinen, in Film und Theater, von Künstlern und Showmastern. Sie mögen durchaus nicht immer dem Geschmack, den Einstellungen und Moralvorstellungen religiös und kirchlich sozialisierter Menschen entsprechen. Doch erwiesenermaßen gilt: Nur das kommt bei den Menschen an, wofür sie eine Antenne haben. Nur das »funktioniert« beispielsweise in der Werbung, was die Menschen an einer sensiblen Stelle packt. Nur das kann ein Showmaster in einer Sendung zum Besten geben, was gesellschaftlich akzeptabel, was mit dem Lebensgefühl der Menschen kompatibel ist.

Während einer Weiterbildungswoche gingen die Teilnehmer in das Theaterstück »Richards Korkbein« von Brendan Behan. Die Texte wie die Inszenierung waren derart antikirchlich und lasziv angelegt, daß ein kirchlich gesinnter Besucher in Bedrängnis kommen konnte. Große Teile des Publikums jedoch klatschten und jaulten teilweise vor Vergnügen. Ein Teil der Weiterbildungsgruppe verließ in der Pause das Theater.
Noch in der Pause, dann nach dem Theaterbesuch oder in den folgenden Tagen drehte sich die Diskussion um die Fragen: Soll man sich so etwas zumuten? Soll man so etwas auch noch mit seinem Besuch unterstützen?
Ein Teil der Theaterbesucher gab zu bedenken: Angenehm oder gar ein ästhetischer Genuß mag eine solche Veranstaltung nicht sein. Doch die Tatsache, daß ein solches Stück möglich ist, von der Presse möglicherweise gute Noten erhält und von vielen Besuchern be-

klatscht wird, sollte zu denken geben. Vielleicht müsse man solche Vorgänge bewußt aufnehmen und aushalten, um das Lebensgefühl in unserer Gesellschaft realistisch einschätzen zu können.

Bin ich bereit, mich als Seelsorger solchen oder ähnlichen Vorgängen auszusetzen? Bei dem geschilderten Fall mag man unterschiedlicher Meinung sein. Doch die Frage bleibt: Wo liegen meine Berührungspunkte mit der Zeit, mit dieser konkreten Gesellschaft, mit dem Lebensgefühl der heutigen Menschen? Wo habe ich meine Hand, mein Ohr am Pulsschlag der Zeit?

Film, Theater, Kunst, Literatur können Freizeit und Vergnügen sein, zugleich aber auch die Möglichkeit, Zeitgefühl in sich aufzunehmen und zu verstehen. Eine sehr interessante Methode ist es in diesem Zusammenhang beispielsweise, in populären Buchhandlungen die Auslagen direkt an der Kasse zu studieren. Welche Bücher nimmt man beim Warten an der Kasse auch noch mit? Was sind die durch Umfragen und anhand von Auflagenzahlen ermittelten Bestseller?

Eine andere Methode, der Gegenwart auf die Spur zu kommen: das ernsthafte Mühen, Leben und Lebensgefühl Jugendlicher wahrzunehmen. Sie sind wie Seismographen der Gegenwart. Sie haben einen ungebremsten und ungefilterten Zugang zu dem, was die Wellen der Zeit an den Strand der Gegenwart und Zukunft spülen.

Solange ein Seelsorger bemüht ist, solche Berührungspunkte zu suchen, zu erkunden, wird er in einem guten Sinn »aktuell« den Menschen begegnen und zu ihnen sprechen können. Wenn er diese Berührungspunkte aufgibt, wird er morgen predigen wie einer, der von vorgestern ist.

Zeitstimmen als Signale Gottes?

Doch gibt es nicht seit biblischen Zeiten den Einwand und die Aufforderung, sich nicht zu sehr auf die »Welt« einzulassen? Das Gegenbild zum Surfen als dem Umgang mit der Welt und der Zeit – man denke auch an das Bild vom Schiff (der Kirche) auf den

Sturmwellen der Zeit (Lk 8,22-25) – ist das Bild des Felsens oder der Burg. »Eine feste Burg ist unser Gott!« Was sollen wir uns auf das Meer hinauswagen, den Absturz und das Ertrinken riskieren, wenn wir doch in einer sicheren Burg sitzen können?

Das Problem ist nur, daß man in einer Burg keine Fische fangen kann. Und der Auftrag des Herrn lautet unüberhörbar und eindeutig: »Kommt her, folgt mir nach! Ich werde euch zu Menschenfischern machen« (Mk 1,17). Wer Menschen für das Reich Gottes begeistern will, muß sich unter die Menschen wagen, muß sich in ihre Nöte, Ängste, Hoffnungen und Begeisterungen hineintrauen, um sie zu verstehen und in ihrer Sprache, unter ihrem Verstehenshorizont die Freundschaft mit Jesus Christus zu verkünden und anzubieten.

Welt ist nie nur die böse Welt, die gottferne Welt, sondern zugleich die Welt, in die hinein Gott seine Wünsche und Pläne spricht. Die »Zeichen der Zeit« und deren oft verschlüsselten Sehnsüchte geben Aufschluß darüber, welche Wege Gott mit einer Generation gehen möchte. Signale der Zeit sind Spuren des Heils (so Bischof Karl Lehmann, Mainz).

Unterscheidung: der Zeitgeist

Was aber ist nun an einem Vorgang in unserer Gesellschaft positiv »Zeitstimme als Stimme Gottes«? Was ist dem gegenüber negativer »Zeitgeist«? Die eingangs erwähnten Werbespots laden zur Unterscheidung ein. Hier der Versuch einer Deutung.

Die Spots signalisieren einerseits den Wunsch nach Identität und die Hoffnung auf Selbstwertgefühl: Ich möchte jemand sein. Ich möchte etwas erleben. Ich möchte mich mit der ganzen Leidenschaft meines Herzens in das Leben hineinstürzen. Mein Leben zugleich im Griff haben. Mich selbst in dieser Welt spüren. Damit spricht der Werbespot intensivste Grundbedürfnisse heutiger Menschen an.

Ohne Zweifel liegt hier eine Spur Gottes, wie Glaube und Kirche heute zu den Menschen finden können. Die Antwort darf nicht heißen: Beherrsche dich! Du kannst nicht alles haben! Bleib auf dem Boden! Sondern: Ja, du suchst mit der ganzen Leidenschaft deines Herzens nach Erfahrung. Du versuchst, die Höhen und Tiefen deines Lebens auszuloten. Du willst wer sein. Du willst spüren, wer du bist. Ganz genau das will Gott für dein ganzes Leben. Mache dich auf die Suche!

Der »Zeitgeist« tritt im Werbespot durch das Lösungsangebot hervor. Dem Zuschauer wird suggeriert, in Deospray, Duschbad oder Shampoo eine materielle Antwort auf jene Grundbedürfnisse zu finden. Die Bedürfnisse werden zum Verkauf von Produkten benutzt und mißbraucht. Sowohl die Art der Antwort auf die Fragen der Menschen wie der Umgang mit diesen Menschen sind in diesen Werbespots typisch für den »Zeitgeist«.

Wer sich als Seelsorger auf das Meer und die Wellen der Zeit einläßt, muß die Anrufe Gottes in den Zeitereignissen gut unterscheiden können von diesem Zeitgeist. Die »Unterscheidung der Geister« ist freilich nicht leicht, mag auch oft genug und allzu rasch subjektiv gefärbt ausfallen. Wichtig bleibt das Wissen und das Mühen um die Unterscheidung.

Die Analyse der Zeitereignisse auf das hin, was Gott an Anregungen gibt, ist eine Arbeit, die notwendig zur Seelsorge gehört. Die Menschen, die das Wort Gottes heute hören sollen – aber auch die, die diese Worte sprechen – sind Kinder ihrer Zeit. Soll das Wort ankommen, treffen und weiterhelfen, muß der Verkündiger mit seiner Zeit vertraut sein. Ansonsten läuft er Gefahr, gleichsam vor einem deutschsprachigen Publikum ein Stück im Kaiserstühler Dialekt aufzuführen, das nur mehr ganz, ganz Einheimische verstehen...

Gegensatzbewußtsein

Sich dem Zeitgeist zu stellen ist das eine, ihn entziffern zu können das andere. Es kommt darauf an, ihn treffsicher erkennen, benennen zu können, um ihn auf diese Weise zu entzaubern. Sonst steht auch der Priester womöglich in der Gefahr, sich in die Zeitumstände einzufügen, ohne es zu merken. Und das wäre nicht mehr Sinn des Surfens oben auf den Wellen der Zeit, sondern käme einem Sturz ins Wasser gleich.

Das bedeutet: Ein Seelsorger muß ein gesundes und deutliches Gegensatzbewußtsein in sich aufbauen und pflegen – wie jeder Christ. Hier trifft jene biblische Formel zu: »*in* der Welt, aber nicht *von* der Welt« (vgl. Joh 15,19; 17,14.16).

Im Bild vom Surfen ausgedrückt: Surfer binden oft ihre Surfbretter an ihrem Fußgelenk fest. Sie wollen verhindern, das Brett zu verlieren. Selbst wenn sie keine Kraft hätten, nach einem Sturz ins Wasser wieder aufs Brett zu steigen, daran festhalten können sie sich immer noch. Anders formuliert: Wer in Gott verankert ist, kann sicher auf dem Meer der Zeit surfen. Er braucht keine Angst zu haben, im Sog des Zeitgeistes unterzugehen.

Doppelstruktur der Seelsorge

Daraus ergeben sich für die Arbeit in der Seelsorge Spannungseinheiten, von der das Gelingen vielen Mühens abhängt.

- Der Seelsorger ist – im Bild gesprochen – jemand, der mit der Heiligen Schrift in der einen und der Zeitung in der anderen Hand seine Arbeit verrichtet.
- Er besitzt festen Halt in seiner christlichen Identität und ist zugleich frei, in großer Offenheit und Flexibilität auf die Welt zuzugehen.
- Der Priester ist jemand, der sich fest in der lebendigen Tradition der Kirche verwurzelt weiß, vertraut mit dem Wort Gottes und den Sakramenten. Dies befähigt ihn und macht ihn schwindelfrei, aus der Kraft heilvoller Vergangenheit angstfrei durch die Gegenwart in die Zukunft zu gehen.
- Er hat – nach dem Bild des Lieblingsjüngers Johannes – das Ohr am Herzen Gottes und die Hand am Pulsschlag der Zeit (so Josef Kentenich).
- Ein »weiser« Seelsorger, beschenkt mit der »sapientia« Gottes, ist einer, der sowohl das Wort Gottes wie auch die Dinge dieser Welt und Zeit von innen »gekostet« und »geschmeckt« (sapere) hat. Er verbreitet keine Theorien, sondern spricht von dem, was er gesehen und gehört hat.

Impulse zum Weiterdenken

Berührungspunkte

Welche Berührungspunkte habe ich in die heutige Gesellschaft und Zeit hinein?

- Film, Theater, Literatur?
- Malerei, Architektur, Musik?
- Menschen und Gruppen inner- und außerhalb der Kirche?
- Wo begebe ich mich bewußt in die Auseinandersetzung mit gesellschaftlichen Entwicklungen und geistigen Strömungen?

Zwischen zwei Polen

Kreuzen Sie spontan auf der folgenden Skala an, wie Sie sich selbst einschätzen:

(1) Wohin neigen Sie gegenwärtig?
(2) Wie sähe Ihrer Meinung nach ein ausgewogener Zustand aus?
(3) Welche Richtung ist in der kommenden Zeit für Sie eher angezeigt?

Tradition	5 4 3 2 1 0 1 2 3 4 5	auf Neues zugehen
Sicherheit	5 4 3 2 1 0 1 2 3 4 5	Risiko
Identität	5 4 3 2 1 0 1 2 3 4 5	offen nach außen
mehr Bibel	5 4 3 2 1 0 1 2 3 4 5	mehr Zeitung
rel. Literatur	5 4 3 2 1 0 1 2 3 4 5	Belletristik
kirchliche Feste	5 4 3 2 1 0 1 2 3 4 5	Veranstaltungen der Kulturszene

Zeichen der Zeit

Glaube ich daran,

- daß Gott tatsächlich durch die Zeichen der Zeit seinen Willen für die Zeit ausdrückt?
- Daß er Hinweise für meine Seelsorge gibt?

Übungen

- Analyse von einigen Werbespot-Reihen:
  Welche Sehnsüchte und Hoffnungen der heutigen Menschen werden hier verarbeitet?
- Analyse einer Tageszeitung:
  Welche Ängste und Befürchtungen stehen hinter berichteten Ereignissen und Kommentaren?
- Analyse einer Fernsehprogramm-Übersicht:
  Welche Arten von Sendungen kommen vor?
  Wie ist die Gewichtung?
  Was drückt sich hier aus?
- Analyse eines Kommentars in den Nachrichten:
  Welches Thema wird gewählt?
  Welche Sehnsucht, Hoffnung, Angst der Menschen wird angesprochen?
  Wie werden diese kommentiert, bewertet?

6

Dem Leben eine Form geben

Rhythmen des Lebens

Das Leben des Menschen ist wesentlich durch rhythmische Muster bestimmt. Der Pulsschlag formt den Takt, das Metrum unseres Lebens. Mit Beginn des leiblichen Lebens im Mutterleib bis zum Tod sendet das Herz Blut durch unsere Adern, durch den ganzen Körper. Regelmäßiger Pulsschlag, eine bestimmte Anzahl von Pulsschlägen in der Minute und ein bestimmter Blutdruck sind eindeutige Zeichen des Lebens, Signale unserer Gesundheit, zu wenig oder zu viele Impulse dagegen Notrufsignale und Herzrhythmusstörungen sogar alarmierend.

Neben dem gleichbleibenden Metrum gibt es rhythmische Zyklen, die unser Leben bestimmen: einatmen und ausatmen, wachen und schlafen, Spannung und Entspannung, Aktivität und Ruhe, der Bio-Rhythmus.

Wer sich in diese Lebensrhythmen einfügt und auf sich acht gibt, lebt gesund, schöpft aus ihnen Energie, kann etwas leisten. Er fügt sich damit in den ganzen Kosmos, der von solchen Rhythmen bestimmt ist, in dem sich z. B. die Erde in einem Tageszyklus um sich selbst dreht und in einem Jahresrhythmus die Sonne umkreist.

Eine Lebenskultur, die dem Menschenleben entspricht, wird also notwendigerweise die rhythmische Grundstruktur der Schöpfung berücksichtigen. Wenn etwas aus dem »Lebensrhythmus« geraten ist, geschieht Heilung dadurch, daß z. B. die Rhythmen des Herzens, der Atmung, der Spannung und Entspannung wiederhergestellt werden.

Die neutestamentliche Erzählung von der Heilung des Gelähmten führt uns vor Augen, wie alle Arten von Kranken im Teich Betesta Gesundheit suchten. Ein Engel des Herrn stieg zu einer bestimmten Zeit in den Teich hinab und brachte das Wasser zum Aufwallen. Wer dann als erster hineinstieg, wurde gesund, an welcher Krankheit er auch litt (Joh 5,1ff).

Hier gilt der Glaube an den heilenden Rhythmus von Zeit und Wasser. Nur die Wunderkraft Jesu kann diese Heilung überbieten.

Tagesrhythmus

Die Festlegung von Ordnungen entlastet. Man muß sich nicht immer wieder neu für eine Sache, einen Vorgang, ein Verhalten entscheiden. Man kann seine Kraft und seine Entscheidungsmöglichkeiten auf etwas anderes, Neues, Wichtigeres richten. Das ist allgemein gültige Alltagserfahrung. Die Frage ist nur, wie weit ich meinen Tagesablauf so organisiere, daß dieser Entlastungseffekt tatsächlich eintritt.

Da ist die leidige Sache mit dem Aufstehen. So mancher quält sich am Morgen nach nächtlichen langen, lautlosen Diskussionen aus seinem Bett. Eine generelle Regel könnte sein: Die Zeit des Aufstehens wird am Vorabend festgelegt. Außer bei plötzlicher Krankheit bestimme ich vorab, wann ich aufstehe, und zwar sowohl an Arbeitstagen wie an arbeitsfreien Tagen. Wichtig ist dabei nicht zuerst die Uhrzeit. Während des Urlaubs kann auch die Mittagessenszeit einmal der richtige Zeitpunkt sein. Wichtig nur, daß ich den Rhythmus von Wachen und Schlafen bewußt wahrnehme und einteile. Zielloses Dahindösen kann körperlich und geistig genauso fertig machen wie Schlafentzug.

Was fürs Aufstehen gilt, ist auch notwendig für viele andere Vollzüge des Tages. Je mehr die Gestaltung eines Tages in der freien Verfügung des einzelnen liegt, desto wichtiger eine solche Strukturierung. Der Tagesablauf und die vielfältigen Aufgaben eines Pfarrers ändern sich in der Regel täglich. Wenn er kein organisatorisches Raster besitzt, besteht die Gefahr des wahllosen und atemlosen Herastens hinter den einzelnen Aktionen.

Außer den Essenszeiten mögen auch Gebet und Gottesdienst den Tag ordnen. Das Studengebet von Laudes bis Komplet spannt den ganzen Tag in die Perspektive des Dienstes vor Gott. Nutze ich diese Chance zur Strukturierung des Tages? Feilsche ich um die einzelnen Horen, oder gehören sie ohne Diskussion zum Ablauf meines Tages? Reize ich etwa meine Tageszeit so aus, daß ich abends keine Kraft mehr zur Vesper und Komplet habe und nur noch atemlos, erschöpft ins Bett falle?

Ignatius von Loyola, der Meister strukturiert spirituellen Lebens, fordert von seinen Brüdern ein »Partikular-Examen«, eine Gewissenserforschung an jedem Tag. Dabei geht es nicht um zwanghafte Kontrolle von Lebens-Rubriken, sondern um ein bewußtes, tägliches Fortschreiten in der Gegenwart Gottes.

Manchmal empfiehlt es sich, sich über einen gewissen Zeitraum schriftlich Rechenschaft über seine Arbeitsstrukturen zu geben. Für jeden Tag skizziere ich, was ich an den einzelnen Tagen Stunde für Stunde getan habe. Der Überblick über einen bestimmten Zeitraum gibt die Möglichkeit, Zufriedenheit oder Unzufriedenheit, Streßerfahrung, kraftzehrende Arbeitsaufteilung u.ä. auszumachen und zu korrigieren.

Gleiches gilt für das persönliche und geistliche Leben. Eine zeitweise schriftliche Überprüfung meiner Tagesordnung oder -unordnung zeigt mir untrüglich, wie ich mich und meinen Lebensalltag organisiere, welche eigentlich natürlichen Rhythmen ich beachte oder mißachte, welche Strukturen ich mir und meinen vielen Aufgaben gebe oder entziehe.

Wochenrhythmus

Bekanntlich versuchte man in kommunistischen Ländern, einen Zehn-Tage-Rhythmus einzuführen. Man wollte die christlichen Wurzeln verwischen und zugleich die Produktivität der Wirtschaft steigern. Die Experimente scheiterten, weil die Menschen über einen größeren Zeitraum als sieben Tage keine Spannkraft entwickeln konnten. Es bleibt nicht ungestraft, über größere Zeitintervalle die Zyklen von Spannung und Entspannung, von Arbeit und Ruhe zu mißachten.

So macht auch die Gestaltung des Wochenrhythmus einen nicht unbedeutsamen Bestandteil der Lebenskultur aus. Der Wochenrhythmus eines Pfarrers ist wesentlich durch die Gottesdienste am

Sonntag bzw. am Wochenende geprägt. Zwar mag an anderen Wochentagen das äußere Arbeitspensum weitaus größer sein. Die geistige, spirituelle Spannkraft streckt sich jedoch zum Samstagabend und Sonntag hin aus. Wenn an Tagen, an denen fast die gesamte übrige Bevölkerung – mehr oder weniger – Erholung, Freizeit und Ruhe genießt, der Priester das Zentrum seiner Wochenarbeitszeit erlebt, worin kann dann für ihn ein sinnvoller Rhythmus bestehen?

Für viele Priester ist ein »freier Tag« zur wichtigen, unerläßlichen Zäsur der Arbeitswoche geworden. Bei aller Schaffenskraft, bei allem Willen, ganz für die Gemeinde da sein zu wollen, braucht jeder so etwas wie rhythmisch wiederkehrende »Aus-Zeiten«. Jedem obliegt es, für sich solche Zeiten konsequent einzuplanen. Dabei spielt freilich die persönliche physische und psychische Konstitution des einzelnen eine wesentlich Rolle.

Von solchen Rekreationszeiten können weder das Bild vom selbstlosen Priester, noch ein bischöfliches Dekret, noch die oft maßlosen Anforderungen einer Gemeinde dispensieren. Es müßte zur Erhaltung der eigenen Arbeitskraft persönlich verpflichtend gehören, solche Aus-Zeiten einzuhalten. Und nicht erst dann, wenn sich körperliche Streßsymptome einstellen, wenn der Körper jene Aus-Zeiten erzwingt.

Das Ideal einer Ganzhingabe an den priesterlichen Dienst im Sinn der Berufung soll dadurch nicht reduziert werden. Doch ist für die Erfüllung der priesterlichen Sendung sehr wesentlich, daß Leib, Seele und Geist dazu fähig und bereit bleiben. Eine Berufs-Aszese, die den Rhythmus von Arbeit und Ruhe, Einsatz und Entspannung nicht zuläßt, schießt über jedes Ziel hinaus. Vielleicht ist sogar für viele die Einhaltung eines solchen Rhythmus' die notwendigste Aszese.

Monatsrhythmus

Die Hälfte der Menschheit ist unausweichlich in einen Monatsrhythmus eingepannt. Priester gehören zwar zur anderen Hälfte, doch spielt der Monatsrhythmus dennoch auch für sie eine keineswegs unbedeutende Rolle, und sei es nur in der Form des Kalenders, den die meisten mit sich im Jackett herumtragen, auf jeden Fall aber, wenn es in Gremien und Sitzungen um mittelfristige Planungen und Terminabsprachen geht.

Wenn viermal sieben Tage durchlebt sind, ergibt sich eigentlich erfahrungsgemäß die Notwendigkeit, über Zurückliegendes zu reflektieren und auf Kommendes hin Vorausschau zu halten.

»Sein Ruf verbreitete sich immer mehr, so daß die Menschen von überall herbeiströmten. Sie alle wollten ihn hören und von ihren Krankheiten geheilt werden. Doch er zog sich an einen einsamen Ort (in die Wüste) zurück, um zu beten« (Lk 5,15f).

Dies ist nicht selten auch das Lebens- und Erlebensgefühl von Priestern: bedrängt, gefordert von allen Seiten. Und – einige nehmen die Reaktion Jesu für sich in Anspruch und ziehen sich zurück an einen einsamen Ort, um einen »Wüstentag« zu halten.

Die Wüste schweigt, und der Mensch kehrt hin ins Schweigen. Der »Wüstentag« kann anleiten, über manch Gelungenes, aber auch über das eigene »ungläubige Herz« nachzudenken, das manchmal so verhärtet, weil ratlos und überlastet ist. Ein solcher Tag bereitet neu und aus unerschöpflicher Quelle schöpfend wieder auf die Sendung vor, die vor längerer Zeit übernommen und immer wieder neu ergriffen werden muß (vgl. Lk 4).

Wer solche Tage über längere Zeit ausläßt, läuft Gefahr, sich immer weniger bewußt zu sein, wofür er sich einsetzt.

Jahresrhythmus

Im alten Ägypten waren Leben, Kultur und Religion völlig geprägt und durchwirkt von der Erfahrung, daß jährlich der Nil über seine Ufer trat und fruchtbaren Schlamm zurückließ. So umfaßte das ägyptische Jahr drei Jahreszeiten: Achet, *die Zeit der Überschwemmung,* Peret, *die Zeit, in der das Wasser wieder abfloß und die Aussaat begann,* Schemu, *die Erntezeit.*

Das Opet-Fest *im zweiten Monat der Nilflut war ein Höhepunkt des religiösen Feierns. Kultbilder wurden durch die Sphinxallee vom Tempel in Karnak zum Tempel von Luxor getragen. Was es bedeutete, wenn der Nil seine Leben spendende Flut verweigerte, zeigt die biblische Josephsgeschichte.*

Dieser Umgang mit der Zeit hat sich im Grunde erhalten. Persönliche und kulturelle Eckdaten und solche in der Natur bestimmen unser Zeitempfinden. – Für Priester und Pfarrer kreuzen sich im Laufe eines Jahres verschiedene Jahresrhythmen:

- das persönliche Jahr zwischen zwei Geburtstagen,
- das »Priesterjahr« zwischen zwei Gedenktagen der Weihe,
- das bürgerliche Kalenderjahr,
- der Wechsel der Jahreszeiten in der Natur durch Frühling, Sommer, Herbst und Winter,
- das Schuljahr mit seinen Rhythmen von Schul- und Ferienzeiten,
- das Kirchenjahr mit seinem ganzen Spektrum an Vielfalt für Liturgie, Brauchtum und Veranstaltungen,
- das Katechesenjahr mit dem Rhythmus der Erstkommunion- und Firmvorbereitung.

Jeder dieser Jahresrhythmen hat seine eigenen Gesetzmäßigkeiten und Bräuche, jeder seine eigenen Themen, jeder hat seinen eigenen Wert, weil er je eigen das Leben prägt.

Ohne unser persönliches Zutun sind wir mehr oder weniger in diesen Jahresrhythmen gehalten. Doch gibt es die Erfahrung, daß Menschen diese Jahresspannen fremd werden:

- Da feiern viele ihren Geburtstag nicht mehr. Werten sie damit nicht ihr individuelles, von Gott geschenktes Leben ab?
- Manchen Priestern ist ihr Weihetag schon lange kein Anlaß mehr, seiner zu gedenken, weil sie vielleicht auch zu ihrem Beruf innere Distanz entwickelt haben. Vergleichbares gilt für Ehepaare und ihren Hochzeitstag.
- Andere verlieren die Nähe zur Natur und ihren Vorgängen, versuchen eine Jahreszeit z. B. durch einen Flug in andere Länder zu überspringen.

- Das Kirchenjahr mit seinen Feiern kann, nicht zuletzt für die Liturgieträger, zum nur äußerlichen Geschehen werden.

Freie Zeiten, Urlaub, Exerzitien, theologische und pastoralpraktische Weiterbildungswochen bieten Möglichkeiten, die verschiedenen Jahresrhythmen wieder mit echtem Leben, mit Anteilnahme und Engagement zu füllen.

»Auftanken« ist das beliebte Bildwort für diesen Vorgang. Ein Öltank reicht je nach Größe ein bis zwei Jahre zur Beheizung eines Hauses. Der Tank der eigenen physischen, psychischen, geistigen und geistlichen Kraft ist ebensowenig unerschöpflich. Ich muß die entsprechenden Quellen suchen, um neue Kraft zu gewinnen.

7-Jahre-Rhythmus

Ohne in eine überstrapazierte Zahlenmystik zu verfallen, kann nicht übersehen werden, daß die Zahl Sieben im Leben der Menschen eine einzigartige Rolle spielt. Über die 7-Tage-Rhythmen und die Jahres-Rhythmen hinaus gibt es den Rhythmus von sieben Jahren.

Als Zahl der Vollendung und der Vollkommenheit spielt die Sieben bereits auf den ersten Seiten der Bibel eine Rolle. Gott ruhte am siebten Tag nach seinem Schöpfungswerk und heiligte den Tag.

Die Schrift kennt über den Wochenrhythmus hinaus das Sabbatjahr. Nach sechs Jahren der Bebauung des Landes sollte das Land ein Jahr ruhen, brach liegen. Dieses Brachjahr deutete man als Sabbatruhe für das Land (vgl. Lev 25,2ff). Nach siebenmal sieben Jahren feierten die Menschen im alten Israel das Jubeljahr, in dem jeder zu seinem Grundstück und zu seiner Sippe zurückkehren sollte (vgl. Lev 25,8ff).

Diesen Rhytmen und Bräuchen liegt menschliches Lebenswissen zugrunde. Ökologische und soziale Erfahrungen legen nahe, darauf zu achten, daß Natur und Mensch Schonung und Neuordnung brauchen. Geschieht dies nicht, kommt es einem Raubbau der Natur und der menschlichen Gemeinschaft gleich, sie werden ihrer Ressourcen »beraubt« und damit zerstört.

Auch andere Beobachtungen bestätigen die Wirklichkeit und Sinnhaftigkeit eines 7-Jahre-Rhythmus. So werden die Zellen des Körpers mit Ausnahme des Gehirms alle sieben Jahre ausgetauscht. Die menschliche Natur erneuert sich selbst.

Die Berufssoziologie gibt weitere interessante Hinweise. Wenn jemand eine verantwortungsvolle Aufgabe, etwa im Management, übernimmt, braucht er etwa einen Zeitraum von sechs bis sieben Jahren, um Probleme in den Griff zu bekommen. Danach beginnt er, das Erreichte zu verwalten. Die Zielsetzung des Aufbaus weckt Energien und fördert Kreativität. Ist das Ziel erreicht, entfällt diese Motivation. Kreative Leute suchen sich dann entweder eine neue Aufgabe oder strukturieren ihre Arbeit so um, motivieren sich dadurch neu und haben ein nächstes Ziel auf Augen.

In manchen kirchlichen Bereichen weiß und handelt man seit langem nach diesen Erkenntnissen. Viele Orden und geistliche Gemeinschaften wählen ihre Oberen für sechs Jahre. In manchen französischen Bistümern gibt es inzwischen den Beschluß, daß ein Pfarrer für sechs Jahre in einer Gemeinde bleibt und möglicherweise eine Verlängerung um den gleichen Zeitraum erhält.

Lebensphasen

Der größte Spannungsbogen des Lebens ist das Leben des einzelnen Menschen selbst. In diesen Bogen sind die einzelnen Phasen – Kindheit, Jugend, Erwachsenenzeit und Alter – eingespannt. Jede hat ihre eigene Prägung. Keine kann, soll das Leben gelingen, übersprungen oder ausgespart werden.

Für die Zeitspanne des Lebens und Arbeitens als Priester ergeben sich etwa folgende Perspektiven. Für diejenigen, die als »Spätberufene« in diesen Dienst als Priester eintreten, gelten diese Perspektiven entsprechend.

Identitätsfindung als Priester (25-35 Jahre)

Die Vorbereitungszeit des Studiums birgt die Chance, sich mit den Zielen und Idealen des Priesterseins vertraut zu machen.

Intensiveres Gebetsleben, seelsorgliche Hinwendung zu Menschen in verschiedenen Lebenssituationen, liturgische Vollzüge, zölibatäre Lebensform werden bereits im Priesterseminar und in pastoralen Praktika kennengelernt und eingeübt.

Der priesterlicher »Ernstfall« tritt jedoch erst mit und nach den Weihen ein. Die spezifischen Anfragen an den Priester als Seelsorger werden erst in der Praxis vor Ort erfahren. Entgegengebrachtes Vertrauen kann besonders am Anfang überwältigend und zugleich erschreckend sein. Die schier endlosen Anfragen motivieren und ermutigen (»Ich werde wirklich gebraucht!«) und belasten zugleich (»Wo bleibe ich selbst?«).

Ganz konkret und praktisch vollzieht sich hier die Identitätsfindung als Priester, besonders während der ersten Dienstjahre: Pastoralausbildung, Kaplans- bzw. Vikarszeit, erste Pfarrerjahre. In einem Zeitraum, in dem andere ihre Karriere, ihre Ehe und Familie aufbauen, findet der junge Priester in seine Berufsrolle, in seinen Berufsstil, in seinen persönlichen Lebensstil hinein. Er entwickelt Schritt um Schritt seine priesterliche Lebenskultur.

Nach Erik H. Erikson (in: »Identität und Lebenszyklus«) ist dies die Zeit, in der der Mensch Intimität und Distanzierung ausbildet. Wenn die eigene Identität (»Wer bin ich selbst?«) Konturen bekommen hat, kann ich mich den Fragen nach den anderen widmen (»Wer bist du?« – und: »Wer ist mein Du?«). Gleichzeitig wächst die Fähigkeit und Bereitschaft, mit Gegebenheiten, Situationen und Menschen frei umzugehen, sie je und je an mich heranzulassen oder in ihrem Einfluß auf mich zu begrenzen oder – wenn nötig – von mir fernzuhalten. Gelingt diese doppelte Formfindung von Identität und Distanz als dynamische, dialogische Spannung nicht, besteht die Gefahr, mich entweder in unnahbarer Selbstbezogenheit oder mich auflösender Opferbereitschaft zu verlieren.

In der Fülle der Kraft (35-45 Jahre)

Es folgt die Zeit der Fülle an Arbeits- und Lebenskraft. Andere haben ihren Platz in der Gesellschaft gefestigt, haben Familie und erziehen ihre Kinder. Nach Erikson die Zeit der »Generativität«.

Unweigerlich begleitet den Priester in dieser Zeit die Frage nach der eigenen »Fruchtbarkeit«. Die bewußte Entscheidung, Fruchtbarkeit nicht in eigenen, leiblichen Kindern zu erleben und sichtbar zu machen, wird besonders in dieser Phase von vielen als hart empfunden. Die Aussage eines gestandenen Pfarrers »Ich glaube, mir macht es noch mehr aus, keine Kinder zu haben, als nicht verheiratet zu sein!« bringt die Härte dieses Verzichts zum Ausdruck.

Für den Priester steht hier ein Verwandlungsprozeß (Sublimierung) des Wunsches an, sein Leben, seine Lebenskräfte in das Leben eigener Kinder weiterzugeben. Natürlich weiß jeder Priester theoretisch, daß es darum geht, diese emotionale Gestaltungskraft in seelsorgliche Beziehungen zu investieren. Doch weiß er auch, daß dieses Wissen ein ebenso emotionales und entscheidenes Ja braucht. Daher steht in dieser Phase möglicherweise eine zweite, ausgereifte Entscheidung zur eigenen priesterlichen Existenz und Lebensform an.

Die Krise (45-55 Jahre)

In der »Midlife-Crisis« an der Schwelle zur zweiten Lebenshälfte geht es auch für den Priester um eine erste große Bilanz: Hat sich mein Leben bisher gelohnt? Habe ich bisher gelebt, was ich wollte? Habe ich das Empfinden, Entscheidendes versäumt, entbehrt, nicht gelebt zu haben? Wie fällt für mich ein Gewichten zwischen den ursprünglichen Idealen, Bewirktem und Erreichtem und erlebten Enttäuschungen aus? Habe ich Enttäuschungen, Härten kreativ umsetzen können, oder haben sie mich erschöpft und irgendwie leer werden lassen?

Hinzukommt häufig die noch nicht gänzlich vollzogene »Beziehungsklärung« mit den älter gewordenen Eltern. Sie sind die Repräsentanten für all das, was ich in mein Leben als Priester mitgebracht, und auch zu einem großen Teil für das, was ich in meinen Beruf eingebracht habe. Zu große Nähe oder zu große unerlöste Distanz bedürfen jetzt vielleicht noch der – vor allem und zuerst inneren – Aussöhnung.

Wie möchte ich, daß jetzt – etwa auch im Blick auf eine andere Pfarrerstelle – mein Leben weitergeht? Bedarf es – an welchen Stellen? – einer Kurskorrektur nach innen, nach außen?

Aus der Fülle der Erfahrung (55-65 Jahre)

Diese Phase beruflichen Wirkens kann sich je nach diözesanen Vorgaben und persönlicher Befindlichkeit bis zum 75. Lebensjahr (so sieht es der Kodex vor) erstrecken. Sie ist einerseits von allmählich nachlassender Kraft, aber auch von hohem »Know-how« und einer Fülle von Lebenserfahrungen gekennzeichnet. Was an körperlichen Kräften vielleicht fehlt, kann durch Erfahrung wettgemacht werden.

Eine Versuchung dieser Phase lauert darin, die nachlassenden Kräfte kaschieren zu wollen: Der eine nimmt wie bisher alle Arbeiten und Anfragen an, obwohl er sich und seinen Kräftehaushalt dadurch in arge Bedrängnis bringt. Ein anderer bürdet jüngeren Mitarbeitern immer mehr auf, um so das Gesamtarbeitsniveau aufrechtzuerhalten. Auch der Blick zum noch rüstigeren Nachbarpriester könnte verführen, so zu tun, als sei man gerade »im besten Mannesalter«.

Wie auch immer, die trügerische Absicht sollte als das entlarvt, was sie ist: ein in dieser Phase endgültig unzeitgemäßes Manöver, das Bild des hochleistungsfähigen, engagierten Priesters vor sich selbst und den anderen aufrechtzuerhalten. Zu wenig kommt in den Blick: Nach dreißig der gar vierzig anstrengenden Berufsjahren hat jeder vor sich selbst, vor den anderen und vor Gott ein Recht darauf, »nicht mehr so zu können«. Wer diese Situation nicht akzeptieren mag, nimmt sich selbst die Chance, sein Leben rund werden zu lassen. Er ist versucht, seine Pensionierung als persönliche Niederlage und als ein Aufgeben zu erleben. Heil liegt auf dem anderen Weg: sich mit Freude und Zufriedenheit mit dem eigenen Alter anzufreunden. »Man sollte aufhören, wenn einen die Leute noch vermissen« – dieser Ausspruch eines zur rechten Zeit sich selbst pensionierenden Politikers sei auch verdienten Priestern empfohlen. Die Reaktion der Menschen wird entsprechend sein: Den ersten werden sie bedauern und bemitleiden, den zweiten bewundern und anerkennen.

Integration und Loslassen (Alter)

Die Art und Weise, die Lebenskultur, mit der ein Priester lebt und wirkt, stellt auch die Weichen, wie die letzte Phase, das Alter, verläuft.

Eine Möglichkeit heißt »Integration« (Erikson). Integration gelingt dem, der die Sorge für das Reich Gottes, für die Menschen und ihre Gemeinschaft bewußt gelebt hat, der enttäuschte Ideale – durch sie gereift und nicht vergrämt – kreativ in seelsorgliche Energie umsetzen konnte. Der sich auf das Leben, die Freuden und Leiden der Menschen, ernsthaft eingelassen hat. Der den persönlichen Verzicht auf Ehe und Familie – über alle Erschütterungen hinaus – in Liebe zu Jesus Christus und seiner Gemeinde umwandeln konnte. Der all die Wege – vielleicht auch Umwege – und Zyklen seines Lebens wertschätzend und auch dankbar annehmen kann.

Dieser Priester wird leichter all die Verantwortlichkeiten und »Chef«-Plätze abgeben. Er schaut gelassen und froh auf die Nachrückenden und kann seinen Lebens- und Berufsweg letztlich erfüllt von Dankbarkeit in die Hand Gottes, seines »Arbeitgebers«, legen. Wer einem solchen Menschen begegnet, empfindet Ehrfurcht vor diesem gelungenen Leben und kann aus diesem Vor-Bild Hoffnung und Wegweisung für das eigene Leben und Arbeiten schöpfen.

Wer dagegen in seinem Alter nicht zu dieser Integration findet, wird eines Tages unzufrieden, ja gar verzweifelt sein, an allem und jedem herumnörgeln. Unversöhntheit mit dem eigenen Leben, vielleicht sogar Ekel und Lebensüberdruß reizen ihn, Menschen und Institutionen nur mehr zu kritisieren und verächtlich zu machen. Und das alles in dem meist unbewußten Gefühl, am eigenen Leben vorbeigelebt zu haben.

Lebensabschnitte bewusst leben

»Selig der«, der diese verschiedenen Lebenszyklen bewußt zu durchleben vermag, denn er wird sich eine große menschliche und priesterliche Reife erwerben.

Um zu dieser Reife zu gelangen, würde es beispielsweise darum gehen, die Schnittstellen zwischen den genannten Phasen bewußt gestalten. Große Exerzitien, eine »Sabbatzeit« (es muß nicht immer gleich ein ganzes Jahr sein), viele Gespräche mit einem erfahrenen Priester oder Berater können dabei wohltuende Begleiter sein.

Bistumsleitungen, denen nicht nur die Arbeitskraft ihrer Priester, sondern auch ihr menschliches Vorankommen am Herzen liegt, bieten ihrerseits Hilfen an: Reflexionszeiten, Beratung, Kurse zum Übergang. Sie achten auf adäquate Arbeitsbedingungen während der einzelnen Lebensphasen. Vor allem sind sie um eine Atmosphäre besorgt, in der sich jeder in seiner spezifischen Situation wertgeschätzt und akzeptiert erlebt.

✎

Impulse zum Weiterdenken

Welche Lebens-Rhythmen sind mir wichtig?

Wenn ich die verschiedenen Lebensrhythmen bedenke, welche sind mir zur Zeit persönlich besonders wichtig?

- Tagesrhythmus
- Wochenrhythmus
- Monatsrhythmus
- Jahresrhythmus
- 7-Jahres-Rhythmus

Mit welchem Lebensrhythmus kann ich weniger anfangen? Gäbe es vielleicht gerade da etwas Gutes zu entdecken?

Meine Lebensphase

In welcher Lebensphase befinde ich mich gegenwärtig?

- Wie würde ich für mich diese Phase charakterisieren?
- Was gelingt mir in bezug auf die genannten Merkmale gut?
- Was gelingt weniger?
- Worauf könnte ich besonders achten?

Meine bisherigen Lebensphasen

Habe ich die bisherigen Phasen in der beschriebenen Weise erlebt?

Schreiben Sie Ihre bisherigen Lebensjahre tabellenmäßig auf, und versuchen Sie, diese Jahre in Ihre individuellen Lebensphasen einzuteilen:

- Was war in diesen Phasen für mich besonders kennzeichnend?
- Von welchen erfreulichen Erfahrungen zehre ich noch heute?
- Welche Verwundungen tun heute noch weh?

Meine zukünftigen Lebensphasen

Wie stelle ich mir meine zukünftigen Lebensphasen vor?

- Wie lange möchte ich aktiv als Priester arbeiten?
- Wo bin ich mit den Gepflogenheiten meines Bistums in dieser Frage einverstanden, wo nicht?
- Wie möchte ich dafür sorgen, daß ich am Ende frohen Herzens auf meine Arbeits- und Lebenszeit zurückschauen kann?

Arbeit und Freizeit

Wie steht es mit meinem Rhythmus zwischen Arbeit und Freizeit, zwischen Arbeit und Gebet?

- Bin ich damit, wie ich es gegenwärtig handhabe, zufrieden?
- Wieviel Zeit habe ich pro Tag für mich persönlich, für das Gebet?
- Wieviel Zeit nehme ich pro Woche für mich?
- Wann waren meine letzten Exerzitien? Wie habe ich sie erlebt? Wirken sie noch nach?
- Habe ich ein Hobby? Kann ich es genügend in meinen Lebensrhythmus einbauen?
- Was möchte ich verändern?

Das zweite Standbein

Der primäre Arbeitsbereich ist der erste Ort des Interesses.

Doch ist es sinnvoll, sich ein »zweites Standbein« zu erwerben. Nicht, um vor den eigentlichen Aufgaben zu flüchten, sondern um im guten Maß Distanz zu ihnen gewinnen, um dann wieder mit neuer Energie an die Arbeit zu gehen.

- Habe ich ein solches zweites Standbein außerhalb meines Arbeitsbereichs: in einem Freundeskreis, in einer Priestergemeinschaft, in einem Arbeitskreis, in einem Privatstudium, in einem speziellen Bereich der Seelsorge, in Weiterbildungsaufgaben für andere Seelsorger, in ...?
- Möchte ich mir in einem Bereich noch weitere und neue Kompetenzen erwerben?
- Wie kann ein solches Standbein für mich ein regelmäßiger Ausgleich zu meiner Arbeit sein?

Anschaulich glauben - leben mit Symbolen

Eines der bekannten Bildmotive in Jerusalem ist der Blick aus der »Dominus-flevit-Kapelle«. Hinter dem Altar befindet sich ein Rundbogenfenster. Den oberen Teil bildet ein Ornamentikfenster, in dessen Mitte ein Kelch mit einer Hostie zu sehen ist. Der untere Teil gibt den Blick frei auf Jerusalem: in der Mitte der Tempelplatz mit dem Felsendom und dessen goldener Kuppel; um den Felsendom herum die vielen Türme der Kirchen und die Hochhäuser – »typisch« Jerusalem.

Über die künstlerische Qualität des Fensterarrangements mag man streiten. Dennoch: Wer dieses Bild in Ruhe in sich aufgenommen hat, dem geht es nicht mehr aus dem Sinn. Nicht umsonst wird dieses Bild per Postkarte in großer Zahl als Gruß aus Jerusalem in die ganze Welt verschickt. Nicht ohne Grund taucht dieses Bild immer wieder in Kirchenzeitungen und kirchlichen Zeitschriften als Bildmotiv auf.

In gelungener Weise kommen in diesem Bild zwei Seiten der Wirklichkeit zum Vorschein. Der Blick auf Jerusalem läßt uns die Welt schauen, so wie sie ist. Die Konturen unseres Lebens, so wie sie sich in der Skyline einer Stadt präsentieren. Ein Meer von Häusern, in denen sich Hunderttausende von Menschenschicksalen abspielen. Die Hochhäuser als Zeichen technischer Errungenschaften und des manchmal babylonischen Willens, noch höher hinaus zu wollen. Doch auch mit den Türmen und Kuppeln von Kirchen und Gebetsstätten, die darauf hinweisen, daß die Menschen nach mehr als dem alltäglichen Leben suchen.

Die andere Seite der Wirklichkeit: der Versuch, das Leben zu verstehen. Im Fenster der »Dominus-flevit-Kapelle« wird das Leben in der Darstellung von Kelch und Hostie eucharistisch gedeutet. Der Herr weinte über die Stadt, die ihre Propheten tötete und die gesandten Boten steinigte (Lk 13,34f; 19,41ff). In dieser

Stadt läßt er sein Leben zerbrechen wie ein Stück Brot, gibt er sein Leben hin wie die Trauben, die sich zu Wein keltern lassen: Lebenshingabe für die Menschen, für diese konkrete Stadt, für diese konkrete Welt.

Ein Bild für priesterliche Existenz

Dieses Bild sagt m. E. auch Wesentliches über das Leben und die Aufgabe des Priesters: einerseits der klare und unverstellte Blick auf die Lebenswirklichkeit, andererseits die Deutung dieses Lebens vom Altargeschehen aus. Einerseits ganz bei den Menschen sein und tiefere Fragen stellen als nur die nach Essen und Trinken, nach Machen und Haben, andererseits den Menschen in Brot und Wein das Paschamysterium als Deutemuster für ihr Leben anbieten.

Wendet man in derselben Kapelle seinen Blick auf die Vorderansicht des Altares, entdeckt man ein Mosaik. Eine Henne birgt ihre Küken unter ihren Flügeln – mit dem Hinweis auf das Herrenwort: »Wie oft wollte ich deine Kinder um mich sammeln, so wie eine Henne ihre Küken unter ihre Flügel nimmt; aber ihr habt nicht gewollt« (Lk 13,34b).

Dieser bildhafte Hinweis sagt ein Weiteres über die priesterliche Existenz aus – zunächst über Jesus Christus selbst. Er will den Zerstreuten und den im Glauben noch Kleinen Schutz gewähren. Damit will er anbieten, worum in den Psalmen so oft gebetet wird: »Birg mich im Schatten deiner Flügel!« (Ps 17,8; vgl. Ps 36,8; 57,2; 61,5 u. a.). In diesem weiblich-mütterlichen Bild begreift sich Jesus Christus als die anschaulich gewordene Liebe und Sorge Gottes um die Menschen.

Doch jene Worte sprechen auch enttäuschte Liebe aus: »Ich habe gewollt« – »Aber ihr habt nicht gewollt«. Trauer liegt in den Worten Jesu, weil die Menschen nicht zuließen, daß er seinen messianischen Auftrag erfüllt.

Ein Bild für den Priester auch heute? Der Priester – einer, der sammeln und unter den Flügeln des Herrn versammeln will. Einer, der im Schatten Gottes Schutz und Geborgenheit anbietet. Einer, der in fürsorglicher Weise Menschen nachgeht, um ihnen zu helfen, ihr Leben zu verstehen und zu deuten. Einer, der oft genug enttäuscht ist über Zurückweisungen.

Anschaulich glauben

Hier sollen diese Gedanken zum Priestersein als Beispiel dienen, wie in Bildern, Zeichen und Symbolen viel existentieller, unmittelbarer ausgedrückt werden kann, was sonst in dogmatischer Denk- und Sprechweise definiert wird.

Bilder, Zeichen und Symbole erschließen die Wirklichkeit in eigener Weise. Sie machen sozusagen nicht den Umweg über den Kopf, sondern treffen direkt das Herz, aus dem sie kommen. Sie lassen intuitiv schauen oder erahnen, was gemeint ist. Sie lassen eine Wirklichkeit gleichsam bis in die hintersten Verzweigungen unserer Seele vordringen.

Ferner vermögen sie auszudrücken, was zum Innersten und zum Geheimnisvollen unseres Lebens gehört: Freundschaft, Liebe, Hingabe, Begeisterung – Gott als Wirklichkeit in unserem Leben, unsere Hinwendung zu ihm, die Bereitschaft, uns in seinen Dienst zu stellen.

Der Blick z. B. zu dem Fenster der »Dominus-flevit-Kapelle« kann darum dem, der sich aufschließt, mehr erschließen als ein theologischer Traktat. Darum ist es sinnvoll, ja notwendig, all das, was mir wichtig ist, in solchen Bildern, Zeichen und Symbolen anzuschauen oder in Symbolhandlungen zu erleben.

Umgekehrt könnte man sagen: Was mir nicht in irgendeiner Weise anschaulich vor Augen tritt, gerät in Gefahr, mir völlig aus dem Blickfeld zu schwinden. Symbole sind Sicherungen, daß das Wesentliche seinen Platz in meinem Leben behält. Somit gehören Bilder, Symbole, Zeichenhandlungen zu jeder Lebenskultur. Sich selbst, sein Leben, seinen Glauben in Symbolen auszudrücken, kann geradezu als Maßstab für die Reife einer Kultur gelten.

Das eigene Leben zeichenhaft verstehen

Ein Pfarrer berichtet von einem Gespräch während einer Geburtstagsparty:

»Als nach einer Party-Stunde die üblichen Freundlichkeiten ausgetauscht waren, saßen etwa zehn Personen in einer Runde. Da es sich inzwischen herumgesprochen hatte, daß ich der Pfarrer war, eröffnete ein vornehmer Herr das Gespräch: ›Na, Herr Pfarrer, der Kirche ging es auch schon einmal besser.‹ Die üblichen Klischees über die Kirchensteuer und die Reichtümer des Vatikans kamen ebenso zur Sprache wie schlechte Erfahrungen mit Vertretern der Kirche. Schließlich landete das Gespräch, wie Gespräche dieser Art so oft, beim Zölibat.
Die einen bedauerten mich. Andere wetterten gegen die herzlose Amtskirche, die uns Priestern so etwas auflaste. Einer behauptete rundweg, ihm könne keiner vormachen, daß nicht jeder Priester seine Freundin habe. Ein anderer bezweifelte, daß die Sache mit dem Zölibat überhaupt jemand ernst meinen könnte. Schließlich fragte eine Frau, was für mich diese Lebensform bedeute.
Mir war äußerst unwohl in meiner Haut, da ich Hemmungen hatte, mich vor diesen sich ausnahmslos sehr selbstsicher gebärdenden Herrschaften zu äußern. Nach dem Motto ›Hic Rhodos, hic salta!‹ versuchte ich folgenden Gedankengang: Der Priester redet von Gott und vom Sinnangebot des Glaubens. Wie kann er nun klarmachen, daß er nicht einfach als Funktionär der Kirche Ansichten zu vertreten hat, sondern es persönlich *ernst meint? Er muß es mit seinem Leben bezeugen. Der Zölibat ist eine so einschneidende Sache, daß ihn nur der übernimmt, der es ernst meint. Er will mit dem Verzicht auf Ehe und genitale Sexualität, mit seiner Lebensform darauf hinweisen, daß es mehr gibt als das, was wir sehen, essen und genießen können. Sein Leben selbst soll eine Verkündigung sein.*
Die Partyrunde war sehr besinnnlich geworden. Die Reaktionen zeigten, daß die Gedanken verstanden worden waren: ›Das hat mir noch nie einer so erklärt, obwohl ich eigentlich katholisch bin.‹ ›Wenn das so ist, dann Hut ab‹ ›Ich bewundere dieses Ideal. Aber kann man dieses Ideal leben?‹«

Diesem Pfarrer ist es offensichtlich gelungen, den Zölibat als Möglichkeit leibhaftiger, persönlicher Verkündigung verständlich zu machen. Er deutet das eigene Leben als Zeichen. Als Zeichen für die Ensthaftigkeit seiner Verkündigung als Priester. Als Zeichen, das über die Begrenztheit der irdischen Wirklichkeiten hinausweist. Als Zeichen der Offenheit für Gott.

Er sieht sich selbst als jemand, der ganz konkret vor den Menschen steht, dem man die Hand gibt, mit dem man redet, der seinen Verstand und seine Gefühle für eine Botschaft einsetzt und hergibt.

Und jene Partygäste, die wohl wenig religiös und kirchlich sozialisiert und engagiert waren, verstanden das Zeichen: »Verrückt! Aber da muß doch etwas dran sein! Der hat schließlich auch nur das eine Leben zu leben!«

Form und Gehalt

Zeichen leben davon, daß das, was sie bezeichnen, verstanden wird. Das gilt für die Lebensform des Zölibats genauso wie für liturgische Zeichen und Zeichenhandlungen. Zeichen, die zu anderen Zeiten entstanden sind, stehen in Gefahr, daß ihre äußere, wahrnehmbare Form zwar erhalten bleibt, ihr innerer Gehalt, ihre Aussage aber verlorengeht, nicht mehr verstanden wird.

Wenn das so ist, dann stehen Priester mit ihrer Lebensform gleichsam an der Wand des Unverständnisses; sie müssen sich unter Umständen für sich selbst entschuldigen. Dann haben Jugendliche keine Lust, einen »langweiligen«, weil unverstandenen Gottesdienst zu besuchen. Dann ist der gestaltete Wortgottesdienst gerade noch annehmbar, die in ihren Formen festgelegte Eucharistiefeier aber »zum Vergessen«.

Ein Priester, der dauernd mit zeichenhaften Formen und Handlungen umgehen muß, unterliegt leicht derselben Gefahr. Zwar weiß er als Theologe und Liturge, was die Formen bedeuten, unter Umständen bedeuten sie ihm persönlich aber nichts oder nichts mehr. Der dauernde Umgang mit Formen, die auf Heiliges verweisen, neigt dazu, für das Heilige abzustumpfen.

Damit das geistliche Leben spannend bleibt

Darum ist es eine ständige Aufgabe, den Umgang mit Zeichen und Symbolen so zu gestalten, daß das geistliche Leben spannend und attraktiv bleibt.

Ein erster Test, inwiefern diese Dimension der persönlichen Spiritualität für mich lebendig ist, kann in der Betrachtung aller in meinem Haus oder meiner Wohnung vorhandenen Zeichen und Symbole bestehen. Im Laufe eines Lebens sammeln sich religiöse Zeichen an, die ich bei bestimmten Gelegenheiten kaufte, mitbrachte, an die Wand hing oder aufstellte. Andere Zeichen erinnern an eine Studienreise oder einen Urlaub. Oder ich besitze Bilder, die mir jemand geschenkt oder vererbt hat.

Wenn ich mit neuem Blick auf diese Zeichen schaue: Welche bedeuten mir heute noch etwas? Welche wirken noch heute in meinem Bewußtsein, in meinem Lebensgefühl?

Oder: Welche Bilder und Zeichen stellen für mich persönlich mein Priestersein dar? Was sind mir wertvolle Zeichen, die mich an das erinnern, was ich im Laufe der vergangenen Jahre als Berufung und Sendung erfahren habe?

Fotos sind ikonische Zeichen. Sie geben eine Situation, eine Landschaft, eine Menschengruppe wieder, denen ich begegnet bin. Fotoalben sind wahre Schätze an Aussagen über mich selbst: Welche Situationen, Eindrücke waren mir damals so wertvoll, daß ich sie im Bild festhalten wollte? Welche der vielleicht Tausende von Bildern habe ich noch in meinem Gedächtnis? Welche sagen etwas über mein geistliches Leben aus?

Leben mit Symbolen

Neben dem mehr erinnernden Umgang mit Zeichen und Symbolen, können diese auch zu Mitteln werden, aktiv und kreativ im geistlichen Leben zu wachsen. Sie können aktueller Ausdruck dafür sein, wie meine Spiritualität sich entwickelt und entfaltet. Hier einige Beispiele, die zum lebendigen Umgang anregen mögen.

Beispiel 1: Der Abt Menas

Pfarrer P. war vor langer Zeit während einer Fortbildungstagung auf die koptische Ikone »Christus und der heilige Menas« gestoßen. Dieses Bild, dessen Original aus dem 6. Jahrhundert stammt, traf ihn tief. Hier fand er genau den Ausdruck dafür, was er selbst in seinem Verhältnis zu Jesus Christus macnhmal fühlte und noch öfter ersehnte: an der Seite Jesu stehen können – und der Herr legt seine Hand auf mich. Dieses Bild paßte auch zu den Worten des Psalmes 139, die er mit Ergriffenheit betete: »Du umschließt mich von allen Seiten und legst deine Hand auf mich.«

Als Pfarrer P. mit seiner Gemeinde eine Israelfahrt unternahm, fand er in Jerusalem eine gute Kopie der Ikone. Heute steht sie in der Gebetsecke seines Arbeitszimmers, in der er fast immer sein Stundengebet verrichtet.

Die Freundschaft, die Gefährtenschaft mit Jesus Christus ist ein Gedanke, der Pfarrer P. nicht nur intellektuell, sondern auch emotional tief berührt. Das, was er zunächst nur in den Wortzeichen des Psalmes 139 ausdrücken konnte, findet er in dieser Ikone idealtypisch dargestellt. Was diese Grundidee, sein persönliches Ideal vom Priester, ausmacht, trifft ihn durch dieses Bild mehr, als alle Worte es ausdrücken können.

Seitdem wirkt dieses Bild in seinem Haus so, wie es die Ikonographie eigentlich meint: Der in der Ikone Dargestellte ist gegenwärtig. Im Bild von der Freundschaft zwischen Jesus Christus und Abt Menas erlebt er seine eigene Nähe zu Christus sichtbar, greifbar, gegenwärtig.

Beispiel 2: Wechselrahmen

Pfarrer S. hatte an einem Seminar zum Thema »Kirche und Kunst« teilgenommen. Er war begeistert, wie Kunst lebendig in das Leben der Gemeinde und in ihre Liturgie einbezogen werden kann, und wie umgekehrt Leben sich in der Kunst verdichtet.

Seit dieser Seminarerfahrung hat er in seinem Arbeitszimmer einen großen Wechselrahmen hängen, einer von der einfachen Art, bei dem Bilder mit zwei Handgriffen gewechselt werden kön-

nen. Mit Hilfe dieses Rahmens arrangiert er nun seine private »wechselnde Ausstellung«. Immer wenn ihn ein Bild, ein Foto, ein Poster, ein aktuelles Plakat besonders anspricht, wird es hier aufgehängt. Gelegentlich ist auch eine Zeitungsseite zu sehen, die von einem Ereignis berichtet, das ihn ins Nachdenken gebracht hat. Diese »Kunstwerke« betrachtet, meditiert er. Tagelang läuft er nur daran vorbei, wirft einen mehr oder weniger bewußten Blick darauf. Ein anderes Mal nimmt er das Dargestellte in sein Gebet mit.

Durch diese Art des Umgangs mit persönlich eindrucksvollen, inspirierenden Erlebnissen vermeidet Pfarrer S., daß alles nur wie ein Nebelschleier an seinem inneren Auge vorbeizieht. Er hält sozusagen seinen Alltag, sein Leben an und nimmt eines der Bilder über eine gewisse Zeit gleichsam als einen Gesprächspartner in seinen Lebensalltag. Es darf in seine Seele sinken, ihn anrühren und prägen. Es darf sich mit seinem Glauben, seinen Hoffnungen, seinem Priestersein verbinden. Das sind geistliche Tiefenbohrungen, die nicht verlorengehen.

Beispiel 3: Meditationsbild

Vor Jahren hatte Pfarrer M. das Meditationsbild von Nikolaus von der Flüe in Großformat in seiner Kirche als »Hungertuch« aufgehängt. Es war damals von der Gemeinde gut aufgenommen worden, nicht zuletzt aufgrund der Predigten, die er zu dem Tuch gehalten hatte.

Während einer Wallfahrt nach Flüeli zur Einsiedelei des Nikolaus bekam das Tuch eine ganz neue, lebendige Bedeutung für ihn. Intensiver mit der Spiritualität dieses Mannes konfrontiert, erhielten die Bilder, über die er selbst gepredigt hatte, neue Kraft. In seiner Klause, von der aus Nikolaus durch ein kleines Fenster in die angebaute Kapelle schauen konnte, hatte man einen Druck des tiefsinnigen Meditationsbildes angebracht. Die Atmosphäre des Raumes mit der Bank und dem Stein, auf dem Nikolaus schlief, hinterließ zudem einen intensiven, bleibenden Eindruck.

Hungertuch und Wallfahrt inspirierten Pfarrer M., über ein eigenes Meditationsbild nachzudenken. Er sammelte Elemente zu einem Bild, die er an einer Wand seiner Wohnung anordnete: Szenen aus der Bibel, besonders Szenen, die Jesus als den Seelsorger zeigen, Szenen aus dem Leben von Heiligen, die ihm besonders nahestehen, Bilder des Lebens, mit denen er oft zu tun hat, so das Bild einer Taufe und einer Trauung. Seine Meditationswand ist noch immer im Wachsen. Manche Bilder werden auch durch neue oder intensivere ersetzt. Diese Bilder betrachtet Pfarrer M. nach einer bestimmten Ordnung an verschiedenen Tagen.

Bilder des Glaubens und Bilder des Lebens werden für ihn zu Bildern seines eigenen Glaubens und seines Auftrags als Priester. Er meditiert seine Grundszenen des Glaubens und des Lebens und läßt sie tiefer und tiefer in sich eindringen.

Beispiel 4: Altar meines Lebens

»Dort baute Abraham Gott einen Altar.« Diese oft wiederkehrende Formel der Abrahamserzählung hatte es Pfarrer L. angetan. Während einer Israelreise besuchte er u. a. die Stätten von Sichem und Mamre in Hebron, wo die Tradition solche Altäre ansiedelte. Der Stein im Felsendom zu Jerusalem erinnert, so zumindest nach jüdisch-christlicher Tradition, an den Altar, den zu bauen Abraham am schwersten fiel, der Altar für seinen Sohn Isaak auf dem Berg Morija.

Seit diesem Besuch sammelt Pfarrer L. kleine Steine von profilierten Orten, die er besucht. Die vielen Steine bauen den lebendigen Altar seines Lebens zusammen.

Die Idee ist faszinierend: Keines der bedeutsamsten Ereignisse des Lebens geht verloren, sondern bleibt symbolisch gegenwärtig in einem Stein. Die vielen Steine lassen ein Leben und seine Wege zu einem Altar für Gott werden, auf dem Freude und Leid, Schönes und Schweres dargebracht wird, – ein Projekt, das wächst wie das Leben selbst.

✎

Impulse zum Weiterdenken

Mein Bild vom Priester

Besitze ich ein Zeichen, ein Symbol, das ausdrückt, was Priestersein für mich bedeutet?

- ein Bild?
- einen Gegenstand?
- einen Text?

Welches Bild, welchen Text hatte ich für mein Primizbild gewählt?

- Kann ich heute damit noch etwas anfangen?
- Welche Perspektiven möchte ich heute ergänzen?
- Welches Bild, welchen Text würde ich heute wählen?

Zeichen meines Lebens

Fertigen Sie eine Liste aller Bilder und Gegenstände in Ihrem Haus / Ihrer Wohnung an, die Sie an etwas Bedeutsames erinnern.

- Was bedeuteten sie mir, als ich sie erwarb oder geschenkt bekam?
- Was bedeuten sie mir heute?

Was hält mein geistliches Leben spannend?

Welche genannten Beispiele des »Lebens mit Symbolen« sprechen mich an? Was finde ich gut daran?

- Wodurch hält, was macht mein geistliches Leben lebendig?
- Wodurch wächst bei mir geistliches Leben in Zeichen?
- Hätte ich Lust, ein solches Zeichen für mich zu »erfinden«?
- Gab es während der letzten Exerzitien, Besinnungstage o. ä. ein Zeichen oder Symbol, das mich besonders anrührte?

Nachwort

Die Lebenskultur des Priesters mit seinen Idealen, Enttäuschungen und kreativen Neuanfängen ist nichts Statisches, sondern immer wieder im Fluß, muß sich immer wieder erneuern. Sie nimmt Maß am Evangelium im Blick auf die Menschen und die Zeit heute. Das gilt für die Lebenskultur des einzelnen, für das Priesterbild der Kirche insgesamt und für das Priestersein in so vielen unterschiedlichen Kulturräumen der Erde im besonderen.

Die Elemente einer solchen Lebenskultur wurden in verschiedener Weise durch die einzelnen Kapitelthemen hindurch angesprochen. Einige habe ich als Impulse vorgestellt, andere weiter ausgeführt. Einige sind mehr zur persönlichen Besinnung geeignet, andere auch für das Gespräch und die Diskussion mit anderen Priestern.

Am Ende stehen zwei Wünsche. Zum einen wünsche ich jedem einzelnen, daß er bei der persönlichen Betrachtung und Reflexion aus diesen Texten Anregung und Kraft zieht, seine Lebenskultur aktiv zu gestalten. Niemand braucht sich durch äußere Umstände bestimmen und vereinnahmen zu lassen.

Zum anderen wünsche ich jedem, daß er die Möglichkeit und den vertrauten Rahmen hat, sich im Kreis von Mitbrüdern und vertrauten Menschen über die Fragen einer gelungenen Lebenskultur auszutauschen. Jeder möge sich ermutigt fühlen, die Lebenskultur des Priesters nicht nur »im stillen Kämmerlein«, sondern im geschwisterlichen Miteinander zu entfalten.

Priester sein

Franz Kamphaus
Priester aus Passion
4. Auflage, 301 Seiten mit 8 s/w-Abbildungen, gebunden
ISBN 3-451-23234-0

Auf dem Weg zu einer neuen Gestalt von Kirche wandelt sich auch das Bild vom Priester. Im leidenschaftlichen Hören auf das, »was der Geist den Gemeinden sagt«, gibt dieses Buch lebendige Impulse nicht nur für Priester, sondern für alle, die sich für den Dienst am Evangelium in den Gemeinden verantwortlich wissen.

Bernhard Häring
Heute Priester sein
Eine kritische Ermutigung
2. Auflage, 152 Seiten, gebunden
ISBN 3-451-23758-X

Wieder wagt Bernhard Häring sich an ein heißes Eisen: Wie steht es eigentlich mit den Priestern in der Kirche? Wie hat Jesus sie gewollt? Sind die Herren im Talar so, wie der Mann aus Nazaret es sich erhoffte? Und vor allem: Wie müssen Priester heute sein, damit es mit ihnen und mit der Kirche auch morgen weitergeht? Fragen, denen sich Bernhard Häring kompetent wie kaum ein anderer zuwenden kann.

Verlag Herder

Priester sein

Henri J. M. Nouwen
Du bist der geliebte Mensch
Religiöses Leben in einer säkularen Welt
Aus dem Englischen von Bernadin Schellenberger
7. Auflage, 128 Seiten, gebunden
ISBN 3-451-22964-1

Die so einfache und so befreiende Botschaft dieses Buches heißt: »Jeder Mensch ist von Gott geliebt.« Wer das zu glauben wagt, bricht auf zu einer geistigen Reise, die zur Erfüllung der tiefsten menschlichen Sehnsucht führt.

Henri J. M. Nouwen
Selsorge, die aus dem Herzen kommt
Christliche Menschenführung in der Zukunft
Aus dem Englischen von Bernadin Schellenberger
8. Auflage, 80 Seiten, Paperback
ISBN 3-451-21442-3

»Der christliche Gemeindeleiter der Zukunft ist dazu berufen, mit der Erfahrung völliger Entbehrlichkeit in dieser Welt zu leben; das einzige, was er mitbringen soll, ist er selbst in aller Ungeschütztheit und Verwundbarkeit. Auf genau diese Art ist auch Jesus zu den Menschen gekommen und hat ihnen Gottes Liebe offenbart« *(Henri Nouwen)*.